◎探索科学奥秘，激发智力潜能的理想读本◎

图说科学百科

王小彬　主编

光明日报出版社

图书在版编目（CIP）数据

图说科学百科 / 王小彬主编 . -- 北京：光明日报出版社，2012.6（2025.1 重印）

ISBN 978-7-5112-2377-7

Ⅰ.①图… Ⅱ.①王… Ⅲ.①科学知识 – 普及读物 Ⅳ.① Z228

中国国家版本馆 CIP 数据核字 (2012) 第 076445 号

图说科学百科

TUSHUO KEXUE BAIKE

主　　编：王小彬	
责任编辑：李　娟	责任校对：日　央
封面设计：玥婷设计	封面印制：曹　诤

出版发行：光明日报出版社

地　　址：北京市西城区永安路 106 号，100050

电　　话：010-63169890（咨询），010-63131930（邮购）

传　　真：010-63131930

网　　址：http://book.gmw.cn

E – mail：gmrbcbs@gmw.cn

法律顾问：北京市兰台律师事务所龚柳方律师

印　　刷：三河市嵩川印刷有限公司

装　　订：三河市嵩川印刷有限公司

本书如有破损、缺页、装订错误，请与本社联系调换，电话：010-63131930

开　　本：170mm×240mm	
字　　数：205 千字	印　　张：15
版　　次：2012 年 6 月第 1 版	印　　次：2025 年 1 月第 4 次印刷
书　　号：ISBN 978-7-5112-2377-7	

定　　价：49.80 元

出版说明

PUBLICATION DIRECTIONS

　　为拓宽少年儿童的阅读视野，帮助其系统、全面地学习和掌握科学各领域的一些基本知识，我们根据当代少年儿童的审美需要和认知规律，组织编写了这本《图说科学百科》，激发少年儿童学习科学的兴趣，使其在愉快的阅读体验中掌握丰富的科普知识。

　　全书按学科种类共分8部分，包括：基础科学、地理、天文、动物、植物、医学、交通通信、应用科学与当代新科技。各个部分除分别介绍该学科有趣的基础知识外，还介绍了各个领域的最新发展和前沿知识。在编写过程中，既注重用准确且通俗易懂的文字科学地揭示其内涵，又注重用生动有趣的相关知识链接拓展其外延。这样做有助于开阔广大少年儿童的阅读视野，使之全面、科学地理解科学知识。书中将知识点化成短小有趣、浅显易懂的知识小品，为广大少年儿童朋友们学习科学知识提供了一条捷径。

　　本书精心编入了大量的插图，有人物、动植物、地理现象照片，有示意图、解析图，还有很多根据文字内容精心绘制的图表等。每幅图片配以准确、精练的图注，有的还做了简单明了的解析，使深奥难懂的知识浅显化。这样一来，不仅深入挖掘了图片内涵，又对相关知识作了补充与拓展，让少年儿童朋友们在接受完整、全面知识信息的同时获得更加鲜明而深刻的印象，从而培养他们的认知能力。

　　信息量丰富的多彩版面，简洁大方的版式，生动流畅的文字，直观明了的解析图、示意图等，都符合少年儿童的欣赏品味和阅读取向，使少年儿童在轻松愉悦中学习知识、开阔视野，提升创新能力和实践能力。愿《图说科学百科》能为广大少年儿童朋友的成长及成材提供有益的帮助。

目录
CONTENTS

天　文

动　物

目录
CONTENTS

交通通信

应用科学与当代新科技

基础科学

Basic Science

黄金分割律的发现

黄金分割律很早就被人们发现了。公元前 4 世纪古希腊数学家攸多克萨斯曾对"如何在线段 AB 上选一点 C，使得 $AB : AC = AC : CB$？"这样一个问题进行过深入细致的研究，最终发现了世界上赫赫有名的黄金分割律。

然而 C 点应设在何处呢？要解决这个问题，我们可以先设定线段 AB 的长度是 1，C 点到 A 点的长度是 x，则 C 点到 B 点的长度是 $(1-x)$，于是

$$1 : x = x : (1-x)$$

解得 $x = \pm\frac{\sqrt{5}}{2} - \frac{1}{2}$

去掉负值，得

$x = \frac{\sqrt{5}}{2} - \frac{1}{2} = 0.618$。

"0.618"就是唯一满足黄金分割律的点，叫作黄金分割点。

后来，人们慢慢地发现了更多黄金分割点深层而有趣的秘密。

100 多年前，一位心理学家做了一个非常有趣的实验。他别出心裁地设计了许多不同的矩形，并邀请许多朋友前来参观，请他们从中挑选一个自认为最美的矩形。最后，592 位来宾选出了 4 个公认为最美的矩形。

这 4 个矩形个个都协调、匀称，让人看了倍感舒适，确实能给人一种美的享受。大家不禁要问，这些矩形的美是从何而来的呢？

◀ ◢ 只要你留心，就会发现生活中有很多符合黄金分割率的例子。例如芭蕾舞演员的优美动作，女神维纳斯像。可以说，在生活中哪里有黄金分割，哪里就有美。

该心理学家亲自对矩形的边长进行了测量，结果发现它们的宽和长分别是：5，8；8，13；13，21；21，34。其比值，又都非常接近0.618。

5∶8＝0.625；8∶13＝0.615；
13∶21＝0.619；21∶34＝0.618。

这太令人惊讶了！

难道这些纯粹是一种巧合吗？

只要你留心观察，就不难发现"0.618"的美丽身影。一扇看上去匀称和谐的窗户，一册装帧精美的图书，它们宽与长的比值都接近0.618。经验丰富的报幕员，决不会走到舞台的正中央亮相，而是站在近乎舞台长度的0.618倍处，给观众一个美的享受。

哪里有"0.618"，哪里就有美的影子。我们如果去测量一下女神维纳斯雕像其躯干与身长的长度，就会发现二者的比值也接近0.618，难怪我们会觉得维纳斯奇美无比呢！

一般人的躯干与身长之比大约只有0.58，这就是为什么芭蕾舞演员在翩翩起舞时，不时地踮起脚尖的原因，他们在人为地改变那个比值，以期接近那个完美的0.618。

所有这些都不是偶然的巧合，因为它们都在有意无意地遵循着数学上的黄金分割律。

人们珍视这一定律，故在其名上冠以"黄金"二字。黄金分

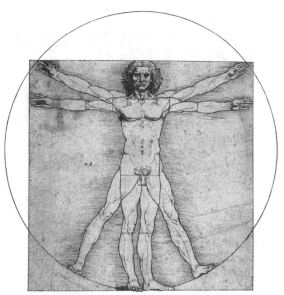

❋ **黄金分割**
在公元前4世纪，古希腊数学家攸多克萨斯就发现了黄金分割率。达·芬奇也认为人体的结构就符合黄金分割率。

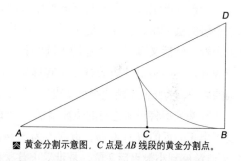

❋ 黄金分割示意图，C点是AB线段的黄金分割点。

割律在生活中的应用极为广泛。艺术家们发现，如果在设计人体形象时遵循黄金分割律，人体的身段就会达到最优美的效果；音乐家们发现，如果将手指放在琴弦的黄金分割点处，乐声就变得格外洪亮，音色就变得更加和谐；建筑师们发现，如果在设计殿堂时遵循黄金分割律，殿堂就显得更加雄伟壮观，在设计别墅时遵循黄金分割律，别墅将变得更加舒适；科学家们发现，如果在生产实践和科学实验中运用黄金分割律，就能够取得显著的经济效益……

黄金分割律的应用极为广泛，给人们的生产、生活带来了无穷的好处。

人类对圆周率的探索历程

在所有的几何图形中，圆是我们人类最早认识的几何图形之一，在这个简单而美丽的几何图形中却包含着一个神秘的数值，那就是圆周率 π。为了探索这个奥秘，人类历经了数千年的努力。

圆周率指的就是圆的周长与其直径的比值，通常以"π"来表示。古人关于这个比值的看法莫衷一是：古埃及人认为，这个比值应该是 3.16，古印度人认为是 10，而古罗马人则认为是 3.12……

公元前 3 世纪时，古希腊著名数学家阿基米德第一个研究圆周率。首先，他画了一个内接于圆的正三角形，然后又画了一个外切于圆的正三角形。众所周知，正多边形的边数越多，其周长就越接近于圆的周长，为此他不断地增加多边形的边数。

当阿基米德将正多边形的边数增加到 96 时，这样就得出正的近似值为 22/7，取其值为 3.14，这样将 π 值精确到小数点后 2 位，是世界上首次计算出来的圆周率值。为纪念阿基米德的这一伟大贡献，人们将 3.14 叫作"阿基米德数"。

在我国最早的几部数学著作中，凡涉及圆周率的时候，一概采用了"径一周三"的方法，即认为圆的周长是直径的 3 倍，相当于 π 等于 3。这一圆周率的数值是非常粗糙的，后人遂将其称为"古率"。

公元 3 世纪时，我国数学家刘徽创造性地提出了"割圆术"，开启了我国古代圆周率研究史上的一个新纪元。刘徽最后计算出 π 的近似值为 3927/1250，相当于取 π 等于 3.1416。这个 π 的近似值在当时的世界上是处于绝对领先地位的，

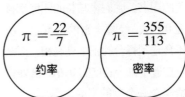

$$\pi = \frac{22}{7}$$
约率

$$\pi = \frac{355}{113}$$
密率

◤ 中国南朝数学家祖冲之将圆周率精确到小数点后 7 位。他还创立"约率"和"密率"2 个相当精确的分数来使用。

后人称其为"徽率"。

刘徽之后 200 多年，我国著名数学家祖冲之立足于前人的研究成果，更进一步，从圆内接正六边形算起，一直算到圆内接正 24567 边形。

为了完成这项复杂的计算工程，并力求做到计算准确，祖冲之对至少 9 位数字反复进行了多达 130 次以上的运算，其中的开方运算和乘方运算就有近 50 次之多，有效数字多达 18 位，第一次将 π 值精确到了小数点后 6 位，并确定出圆周率值在 3.1415926

和 3.1415927 之间。

祖冲之用"约率"22/7 和"密率"355/113 这 2 个分数来表示圆周率。其中，分子、分母在 1000 以内时，祖冲之用"密率"来表示圆周率。直到 1573 年，德国数学家奥托才重新得到 355/113 这个分数值，祖冲之为数学的发展做出了杰出的贡献，人们为了纪念他，便特意将 355/113 命名为"祖率"。

在西方，对圆周率的研究主要建立在阿基米德的研究成果之上。若干年来，许多数学家经过艰苦计算，越来越精确地确定了圆周率的数值。

1596 年，德国数学家鲁道夫将 π 的精确值推进到小数点后 15 位，从而创造了圆周率研究史上的一个奇迹。然而他并未就此罢手，后来又把 π 值精确到小数点后的 35 位。鲁道夫差不多将其生命都投入到了对圆周率的计算当中。鲁道夫去世后，人们为了纪念他，便将他呕心沥血算出的这一 π 值称为"鲁道夫数"，并铭刻在他的墓碑上。

1767 年，德国数学家兰伯特提出"π 是无理数"的假想，并对其进行了研究证明。他明确指出：π 的小数部分一定是无限而又不循环的，这从理论上宣告了彻底解决 π 的精确值问题的所有努力的破产。

然而人们的积极性并未因兰伯特的断言而受到影响，反而更加热衷于对 π 的计算。1841 年，英国的卢瑟福将 π 算到小数点后 208 位，其中正确的有 152 位。9 年之后，他又重新计算 π 值，将 π 值推进到了小数点后第 400 位。

英国学者威廉·欣克采用无穷级数的方法，耗尽 30 年心血，终于在 1873 年将 π 算到小数点后的 707 位，这是在电子计算机问世之前人类计算 π 值的最高历史纪录。

颇具戏剧性的是，76 年后有人却发现欣克的 π 值因计算疏漏，将第 528 位小数 5 写成了 4。这就意味着他后面的计算结果全部作废。

改写这一历史的是美国的几个年轻人。

1949 年，世界上第一台计算机问世，这几个小伙子用它来计算 π 值，连续奋战了 70 个小时，把 π 的值计算到小数点后的 2037 位。

从此以后，由于计算机技术的飞速发展，在先进的计算手段的辅助下，人们求出了更加精确的圆周率。

1984 年日本的计算机专家，在超级电子计算机上，连续工作一天一夜，将 π 值算到了 1000 万位小数，它成为当今世界上最精确的圆周率。据说，目前人类已经可以将 π 值计算到 2.0132 亿位小数。

▧ 随着电子计算机的发展，人类对 π 的计算越来越精确。日本科学家已经将 π 计算到小数点后的 2.0132 亿位。

阿基米德
浮力定律的发现

◈ 王冠

浮力定律又叫阿基米德定律，它的发现者是古代著名的科学家阿基米德。

阿基米德在反复实验之后，总结出一条规律，那就是物体浸在任何一种液体中时，该物体浸入的体积都等于所排出的液体的体积，因此，物体所受的液体浮力一定与所排开的液体重量相等。这就是流体静力学中的一条重要规律——浮力定律。

关于这个定律的发现，还有一个有趣的故事呢。

传说，当时叙拉古国王希罗想要制作一顶纯金的皇冠，就让大臣交给珠宝工匠一锭称过重量的金子。珠宝工匠夜以继日，很快就制好了精美绝伦的皇冠。国王看了十分高兴。然而这个国王是个多疑之人，他担心工匠在皇冠中掺了假，盗走一部分黄金。于是，命令左右大臣去调查此事。

大臣们束手无策，国王无奈，只好请来了他的远房亲戚——著名的宫廷科学家阿基米德，希望他能解决这个难题。

阿基米德答应了国王的请求，回到家后就开始思考解决难题的办法。他冥思苦想、茶饭不思。日子一天一天地过去了，阿基米德还是一筹莫展，他几乎想放弃这项任务。

国王等了一阵子不见回信，便派人催阿基米德进宫汇报情况。由于阿基米德整天泡在实验室里工作，胡子拉碴，一副脏兮兮的样子，于是他决定先洗个澡再进宫去。阿基米德

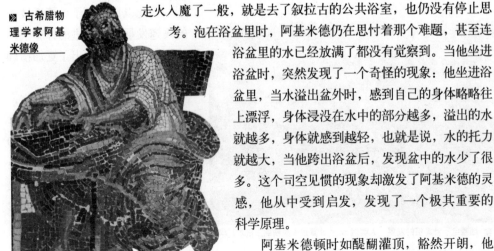

❯❯ 古希腊物理学家阿基米德像

走火入魔了一般，就是去了叙拉古的公共浴室，也仍没有停止思考。泡在浴盆里时，阿基米德仍在思忖着那个难题，甚至连浴盆里的水已经放满了都没有觉察到。当他坐进浴盆时，突然发现了一个奇怪的现象：他坐进浴盆里，当水溢出盆外时，感到自己的身体略略往上漂浮，身体浸没在水中的部分越多，溢出的水就越多，身体就感到越轻，也就是说，水的托力就越大，当他跨出浴盆后，发现盆中的水少了很多。这个司空见惯的现象却激发了阿基米德的灵感，他从中受到启发，发现了一个极其重要的科学原理。

阿基米德顿时如醍醐灌顶，豁然开朗，他

大叫起来："解决皇冠的办法找到啦！"欣喜若狂的他顾不上洗澡，一边喊一边向皇宫狂奔而去。

赶到皇宫的阿基米德并没有急着告诉国王他的发现，而是请求国王允许他先做一个实验。国王虽然心急如焚，但也只能点头同意。阿基米德在国王和大臣们面前进行了如下实验：他取来与皇冠一样重的一块白银和一块黄金，依次将白银、黄金和皇冠浸入一个盛满水的容器里，仔细观察在3种情况下溢出水的数量。结果，浸入皇冠时所溢出的水的数量，介于黄金和白银所排溢的水的数量之间。通过这种方法，阿基米德得知这顶皇冠不是纯金也不是纯银，而是金子和银子的混合物。阿基米德立即告诉国王：皇冠一定掺了假，绝不是纯金制成的！国王得知这一消息之后，自然没有轻饶了那个造假的珠宝匠。

⊠ 巨大的游轮依靠浮力漂在水中

阿基米德作为一名科学家，并没有浅尝辄止，仅仅满足于皇冠问题的解决，经过反复实验，终于发现了伟大的浮力定律。后来，人们为了纪念这位伟大的科学家，就将浮力定律命名为"阿基米德定律"。

发现身边的科学

稍有生活常识的人都会知道，游泳时，在水中搬起一块较大的石头，你会发现，这块石头变轻了。不信？当你把这块石头拿出水面时，你就会发现我讲的没错。理由是：一个浸入液体（或气体）中的物体，重量会减轻，而且减少的程度恰恰等于它所排开的液体体积（或气体体积）的分量。这种重量损失就称为浮力。下面我们做一个实验：将巧克力糖的锡箔包装纸捻成彩色的小球，按压结实，放入装满水的牛奶瓶中，再在瓶口安装一个有吸力的小挂钩。用不同力量按压挂钩的橡皮部分，这时，你会看到，里面的小球活泼地上升、下降或者浮在中间。这是怎么回事呢？

原因很简单：锡箔重于水。小锡箔球之所以能够漂浮在水中，是因为小球中存有空气。手指所施加的压力，被水传播，压缩了球中的空气，它们的浮力减少，所以就下沉了。

实│验│课│堂

阿基米德洗澡时找到了解决问题的办法

牛顿发现万有引力定律

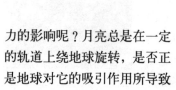

▲ 牛顿的望远镜

在英国北部林肯郡，有一个名叫乌尔斯索普的村庄。1642 年 12 月 25 日清晨，名扬世界的伟大的物理学家艾萨克·牛顿在此诞生了。

牛顿从小就非常喜欢数学，并且非常留心观察周围的事物，他还热衷于动手制作各种各样的机械玩具。

牛顿勤奋好学，当他以优异的成绩考取著名的剑桥大学三一学院时，才只有 19 岁。

牛顿于 1665 年毕业后，被剑桥大学的研究室留用，从此，开始了他的科研生涯。不久以后，为了躲避一场传染病，牛顿重返家乡。

在家乡休养期间，牛顿对宇宙间的吸引力问题进行深入的探索和思考，他提出了这样一个假设：如果地球的引力没有受到阻力，月亮是不是也会受到地球的吸引

力的影响呢？月亮总是在一定的轨道上绕地球旋转，是否正是地球对它的吸引作用所导致的呢？他又进一步推测：如果地球对月亮有吸引力，那么太阳对它的各个行星也必定有吸引作用，否则各个行星不会围绕着太阳运转。

牛顿对这个问题的思考起源于他的一次偶然经历。一天，牛顿躺在一棵苹果树下，专心致志地思考着地球引力的问题。忽然，一只苹果从树上掉下来，刚巧落在牛顿的脑袋上。苹果落地在一般人看来是再平常不过的自然现象。而看着滚落到一旁的苹果，牛顿却陷入了沉思：苹果为什么不是飞上天去而是掉到地上来呢？如果说苹果往下掉是因为它本身有重量，那么重量又是从何而来的呢？他想，大概在地球上隐藏着某种力量，这种力量能把一切东西都

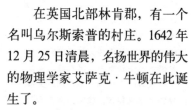

▲ 《数学原理》一书被评价为科学史上最伟大的著作。在这本书中，牛顿为以后 300 年的力学研究打下了基础。

▼ 牛顿像

吸引向它。每一件物体的重量，也许就是受这种地球吸引力影响而产生的。这说明地球和苹果之间互有引力，推而广之，这种吸引力充斥在整个宇宙空间。就这样，牛顿将思考的问题由一只落地的苹果引向星体的运行这样的大问题上来了。

经过反复的思考和推敲后，牛顿得出这样一个结论："质量与质量间的相互吸引是宇宙的永恒定律。"从恒星到恒星，从行星到行星，在广阔的宇宙间，到处都有这种相互吸引的交互作用，这种作用迫使宇宙间的任何事物都在既定的时间，依照既定的轨道，向着既定的位置运动。牛顿将这种存在于整个宇宙空间的相互吸引作用称为"万有引力"。

自1605年开始，牛顿开始运用严密的数学手段对物体运动的规律和理论进行更进一步的研究和论证。牛顿从力学的角度分析后得出：开普勒所提出的行星运动的三个定律都建立在万有引力

☆ 18世纪讽刺牛顿万有引力理论的一幅漫画

的基础之上。于是，牛顿决定从这些定律入手，通过一系列严密的数学推论，用微积分证明万有引力的存在。开普勒第一定律所表明的是，太阳作用于某一行星的力就是吸引力，它与太阳中心到行星的距离的平方成反比；而开普勒第二定律则表明，太阳沿着太阳和行星的连线方向对行星施加作用力；然而，太阳对于不同行星的吸引力都遵循平方反比关系，这则是开普勒第三定律要表明的。在这些论证的基础上，牛顿进一步对天体运动进行了深入的分析研究，最终得出了著名的万有引力定律。

地球　月亮

☆ 地球与月球之间存在着吸引力。

富兰克林与避雷针

❀ **本杰明·富兰克林**
18世纪仅次于乔治·华盛顿的最有名的美国人，避雷针的发明者。

雷电是大自然的一种自然现象，它像一把双刃剑，既可以被人们利用服务于人类，也可能给人类造成危害。经过漫长的探索过程，人们逐步认识并掌握了它。避雷针的发明，是人类有效地掌握雷电的开始，人类对雷电的研究必将更加深入、全面。

避雷针是由富兰克林发明的。富兰克林用不导电的材料把一根金属棒固定在高楼顶部，而后用一根导线将其与大地相连。这样，打雷时天空中产生的强大的电荷可以通过金属棒直接流入地下，这样便可以避免对建筑物和人造成伤害。

富兰克林设计避雷针的灵感，很大程度上得益于莱顿瓶的实验。1751年夏天，富兰克林住处附近的一座教堂被雷电击毁。他惊奇地发现，天空中的雷电现象和科学界著名的莱顿瓶内外两层箔片相连的爆炸现象具有异曲同工之处。

莱顿瓶是一种能够聚集电荷的瓶子，由荷兰莱顿大学的科学家们研制出来。长久以来，人们认为是上帝制造了天空中的雷电，打雷是神在发挥威力，认为人类根本无法控制这种现象。随着科学技术的进步，到1745年时，人们对摩擦生电的原理已经有所了解，但是由于摩擦产生的电量非常之小，因此对电的性质还无法进行深入的研究。

莱顿大学的科学家经过长期研究，终于研制出这个叫莱顿瓶的装置。它的构造很简单，就是在普通玻璃瓶的内壁和外壁上分别贴上银箔，内壁银箔通过导线与带电体连接起来，外壁接入地下。这样，当带电体不断接收电荷时，内壁的银箔上就会聚集大量的电荷。运用莱顿瓶，就是把内外两层箔片用导线连接起来，由于大量正负电荷相碰，就会产生强烈的火花和爆炸声。

◎**小问答：外出时遇到雷雨天气应该怎么办？**

如果外出时不慎遇到了雷雨天气，千万不要挪动，而是要原地停下来。因为一个击中树木的闪电，通过其在地下传播的巨大电能，会危及在树木附近跑动者的安全。由于电能随着击中点的距离而逐渐减弱，所以有可能使跑动者一只脚上的电压高于另一只脚。这种跑动电压，会在体内释放，因为身体的导电性能要强于大地。在身处空旷的野外时也不要并起双腿，蹲在地上低凹处，以避免成为雷击目标。

❀ **富兰克林的雷电现象实验**

知识窗→避雷针

　　避雷针实际上是一个金属杆，由导线接地，可以将雨云上的闪电导至地下，以免发生触电危险。大多数高层建筑物上都安装有避雷针。雷电天气，云层下部的负电荷吸引大地上的正电荷，正电荷向上升至云层，抵消云层下部的一部分负电荷，这样就有可能阻止发生雷击，而一旦发生雷击，电流也可以通过避雷针和导线进入大地，而不致造成损害。

❈ **雷电——大自然的一种自然现象**
富兰克林就是在这样一个雷电交加的天气里冒着生命危险成功地进行了他的"风筝"实验。

　　由莱顿瓶的实验受到启发，富兰克林由此推测，天上的雷电与摩擦产生的电完全一样。为了证实推测，极富冒险精神的富兰克林做了一个大胆的决定，那就是在雷雨天气放风筝，以此收集那些云层中的电荷。放风筝的绳子实则就是一根导线，它可以把天空中的电荷引入莱顿瓶。事实证明，天空中的雷电与摩擦产生的电确实相同。就这样，在风马牛不相及的两种现象中，富兰克林却找到了它们隐含的共同的原理。

　　这一原理极大地启发了富兰克林，他进行了大胆设想，他认为可以把狂暴不羁的雷电导入地下，从而避免它对人类的伤害。经过不懈的努力，避雷针终于在富兰克林的手中诞生了。

　　当今随着城市发展的需要，几十层、近百层的高楼鳞次栉比，避雷装置对这些建筑物来说更是不可或缺的了。尽管有许多新的避雷装置不断问世，但万变不离其宗，它们都是在富兰克林发明的避雷针原理的基础上设计出来的。

白光由光谱中不同波长的光混合而成。

红外线与紫外线的发现

三棱镜将白光分解成它的组成色光

阳光是由波长长的红光到波长短的紫光的各种波长的光混合而成的。

⊠ 赫歇尔
英国天文学家，现代天文物理学先驱，红外线的发现者。

⊠ 三棱镜的折射现象
三棱镜能将白光分成七色光，在被分解的光的外围还有人肉眼无法看见的红外线和紫外线。

著名的大科学家牛顿曾做过一个实验，发现太阳的"白光"通过三棱镜可以被分解为红、橙、黄、绿、蓝、靛、紫7种有色光。在相当长的一段时间内，人们一直认为太阳光只能分解成这7种颜色。然而，英国物理学、天文学家赫歇耳对此却提出了质疑：在这7种可见光的"外"面，也就是在那些看不见的领域中，果真什么"东西"都没有吗？为了证实这个疑问，1800年，赫歇耳做了下面这个实验：

他让阳光通过三棱镜折射到侧面的白色纸屏上，由此得到了七色彩带，这同牛顿的发现是一样的。不同的是，赫歇耳不仅在每种色区内都放了1支温度计，还在红光以"外"和紫光以"外"的附近区域各放了1支完全相同的温度计。

温度计显示：在七彩光的照射下，7个可见光区的温度都升高了；而紫光外区域的温度却没变。奇怪的是，红光外区域的温度不仅升高了，而且还略高于红光区的温度。

实验结果令赫歇耳大为吃惊，因为并没有光线照射在红光外区域啊！它的温度为什么也会升高呢？赫歇耳不禁联想到，在离红光区更远的区域，温度会不会升得更高呢？他又做了一个实验，将温度计移到离红光区更远的区域。令人不解的是，这时的温度非但没有增加，反而降到了室温。赫歇耳被搞迷糊了，他又做了许多实验，最终确认，在红光外附近区域确实存在红外线或者"红外辐射"，而且红外线也和可见光一样遵守反射、折射定律，但与可见光不同的是，

缩短的调羹

将一把调羹垂直插入一只装满了水的水桶内，平行看着水桶水面，就会发现，水中的调羹一下子变短了，这是怎么回事呢？

其实，这是人产生的一种错觉，这个错觉的产生，主要是因为被插入水中的调羹所反射的光线，在水面上被折射成一个角度，所以才看到调羹的尖端比实际大大靠上，反射到人眼中，调羹就短了许多。印第安渔民用箭或矛在水中捕鱼时，总是向更深的地方瞄准，就是这个道理。

实 | 验 | 课 | 堂

三棱镜将一束光分解后，我们就能看到构成白光的不同颜色。三棱镜不同程度地折射不同的波长，并将其散射出去形成一张可见光谱，这样我们就能看到这些光了。红光折射率最小，紫光最大。

红外线更容易被空气吸收。所以，红外线在刚发现时被称作"不可见辐射"。

赫歇耳发现红外线后，科学家们又开始了更深入的探索，以期发现紫光以外区域中的秘密。他们在想，紫光以外区域的温度计示值为何没有升高呢？这里会不会存在不可见光呢？许多科学家采用物理方法做了大量实验，可仍是一无所获。

而德国物理学家里特尔却独辟蹊径，他舍弃物理方法，采用化学方法来探测紫光外区域的情况。1810 年，他将一张浸有氯化银溶液的纸片放在七色彩带的紫光区域以外附近的区域。没过多久，里特尔就发现纸片上的物质明显地变黑了。他又做了许多研究，最后确定纸片之所以变黑一定是受到一种看不见的射线的照射。他称这种射线为"去氧射线"，这就是我们现在所熟知的"紫外线"。此外，他还研究了各种辐射对氧化银分解作用的大小，也就是各种辐射所产生的能量的大小，并据此判断出紫外线的能量比紫光的能量大。

任何一种科学发现，都要以造福人类为其最终目的，否则它就失去了存在的意义。红外线和紫外线的发现，同样也给人类带来了极大的福音。

和太阳一样，宇宙中的很多天体都会辐射出大量的红外线。科学家们发明了红外望远镜，便运用此种望远镜对外层空间进行探测，从而更准确地探测到这些天体发出的红外线。红外线在人类生产和生活实践中的应用不胜枚举，如监视森林火情、估计农作物长势和收成、寻找地热和水源，以及金属探测、遥感、烘干、加热和"红外显微镜"等。

紫外线的主要应用在其化学作用方面。紫外线的荧光效应可用在照明的日光灯和能杀虫的黑光灯上。它的照射具有明察秋毫的能力，可以轻易地辨别出极其细微的差别来，比如紫外线能够清晰地分辨出留在纸上的指纹。另外，紫外线在治病和消毒方面也得到了广泛的应用。不过，人体吸收过多的紫外线会给身体带来伤害，因此，应该避免日光的强烈照射，避免在不穿戴防护用具的情况下进行电弧焊接等操作。

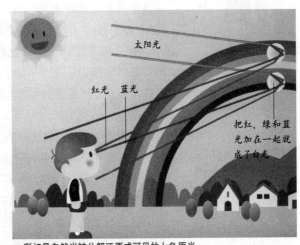

太阳光

红光 蓝光

把红、绿和蓝光加在一起就成了白光

▨ 彩虹是自然光被分解还原成可见的七色原光。

赫兹
捕捉电磁波

赫兹像

电磁理论的建立是一项系统而又繁复的工程，它的完善几乎耗尽了几代科学家的心血。法拉第为其奠定了坚实的基础，麦克斯韦（英国物理学家，1831～1879）最早预言世界上有电磁波的存在，而赫兹则是向世界推广麦克斯韦的理论并使其得到世界公认的科学家。

1857年2月22日，亨利希·赫兹诞生于德国汉堡一个中产阶级家庭里。中学毕业后，他继续在德累斯顿高等技术学校学习工程学。当时，他的理想是成为一名建筑工程师。1877年秋天，赫兹在柏林铁道兵团服役满一年退伍后，进入慕尼黑大学，继续攻读工程学。在此期间，赫兹选修了著名物理学家菲利浦·冯·约里的物理课和数学课。教授授课深入浅出，非常生动，使赫兹获益匪浅。从此以后，赫兹对物理和自然科学产生了浓厚的兴趣。

为了能听到著名的数学家亥姆霍兹和物理学家基尔霍夫的课，赫兹申请转入柏林大学学习。很快，这两位老师就将赫兹视为自己的得意门生，并决定从各方面对其进行培养。

1880年3月15日，赫兹获得了柏林大学博士学位，随后在亥姆霍兹研究所做了2.5年助手。此时正值麦克斯韦发表了电磁场理论，下面介绍麦克斯韦的电磁场理论的主要内容。

(1)变化的磁场产生电场。在变化的磁场中放一个闭合电路，电路里将会产生感应电流（图1），这就是我们所说的电磁感应现象。麦克斯韦从场的观点研究了电磁感应现象，认为电路里能产生感应电流，是因为变化的磁场产生了一个电场，这个电场驱使导体中的自由电荷做定向的移动。麦克斯韦还把这种用场来描述电磁感应现象的观点，推广到不存在闭合电路的情形。他认为，在变化的磁场周围产生电场，是一种普遍存在的现象，跟闭合电

赫兹的电磁波实验装置复制品

赫兹通过这个装置发现了电磁波。在此基础上，人们利用电磁波推动社会的发展与进步。

路是否存在无关（图2）。

(2)变化的电场产生磁场。既然变化的磁场可以产生电场，那么变化的电场是否也可以产生磁场呢？一个静止的电荷，它产生的是静电场，即空间各点的电场强度将随着时间而变化。另一方面，运动的电荷在空间要产生磁场。用场的观点来分析这个问题，就可以说：这个磁场是由变化的电场产生的。例如在电容器充放电的时候，不仅导体中的电流产生磁场，而且在电容器两极板间周期性变化着的电场也产生磁场（图3）。

变化的磁场产生电场，变化的电场产生磁场，这是麦克斯韦理论的两大支柱。按照这个理论，变化的电场和磁场总是相互联系的，形成一个不可分离的统一的场，这就是电磁场。电场和磁场只是这个统一的电磁的2种具体表现。

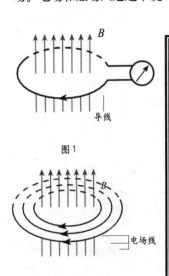

图1

图2 变化的磁场产生电场
（磁场增强时）

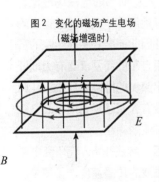

图3 变化的电场产生磁场

知识窗→麦克斯韦

麦克斯韦是继法拉第之后电磁学的集大成者，他依据库仑、高斯、欧姆、安培、法拉第等前人的一系列发现和实验成果，建立了第一个完整的电磁理论体系，奠定了现代的电力工业、电子工业和无线电工业的基础。

麦克斯韦出身于英国爱丁堡一个贵族家庭。父亲是一个律师，但主要兴趣在于制作各种机械和研究科学问题。父亲这种对科学的强烈爱好，对麦克斯韦一生产生了深刻的影响。麦克斯韦小时候记忆力惊人，8岁就能背诵密尔顿的长诗，而且对很多事情都充满了好奇心，喜欢动手制作小玩具。麦克斯韦在10岁时作为插班生进入爱丁堡中学，15岁那年就在爱丁堡皇家学会学报上发表了他的第一篇论文《论椭圆之制图法》，初次显露出数学才能。

1854年，他从剑桥大学三一学院毕业，获得了数学博士学位。麦克斯韦从剑桥大学毕业后留校从事光学色彩理论的研究工作。后来，又转而从事电磁学研究。

1856年，为了照顾父亲，麦克斯韦辞去了剑桥大学的工作，到家乡附近的学院担任自然哲学教授。

1871年，麦克斯韦应聘到剑桥大学任实验物理教授，负责筹建卡文迪许实验室的工作。

1873年，麦克斯韦的代表作——《电磁学理论》终于出版。它全面地总结了19世纪中叶以前对电磁现象的研究成果，建立了完整的电磁理论体系。

» 麦克斯韦像

遗憾的是，该理论在当时并没有得到社会的承认，甚至遭到了一些人的公开非难。1879年，亥姆霍兹以"用实验建立电磁力和绝缘体介质极化的关系"为题，设置柏林科学院悬赏奖金，希望通过实验证明麦克斯韦的理论。

赫兹参与了这一课题，花费了几年的时间，对有关电磁波的各种不同的观点进行了深入的研究与分析。为了深入研究"电火花实验"，赫兹做了大量的比较和鉴别工作，在此基础上他精心设计了一个电磁波发生器，想通过一系列实验证实麦克斯韦曲高和寡的电磁场理论。

赫兹首先在2块边长为0.4米的正方形锌板上分别接上2个0.3米长的铜棒，然后在铜棒的一端又焊上一个金属球，让铜棒与感应圈的电极相连。通上电后，只要2根铜棒的金属球相互靠近，就会有电火花产生，并从一个球跳到另一个球。这些火花说明电流是循环不止的，在金属球之间产生的高频电火花便是电磁波。根据麦克斯韦的理论，电磁波由此就能被送到空间去。

赫兹为证明该理论，又制作了一个电波环，以捕捉这些电波，确定它能否被送到空间。顾名思义，电波环是一个环状物，是用粗铜线弯成的，环的两端有2个小金属球，球的间距可以调整。赫兹就是用这个装置来接收莱顿瓶辐射的电磁波的。小金属球之间一旦产生火花，就表明接收到了电磁波。在实验中，只要改变金属球的间距，就可以调整接收天线的谐振波片，而谐振的时候，火花就产生了。赫兹把这个电波环放到离莱顿瓶10米远的地方，当莱顿瓶放电时，果然不出所料，铜丝线圈两端的铜球上产生了电火花。赫兹解释道，电磁波从莱顿瓶发出后，被电波环捕捉住，也就是说，电磁波不仅产生了，还传播了10米远。

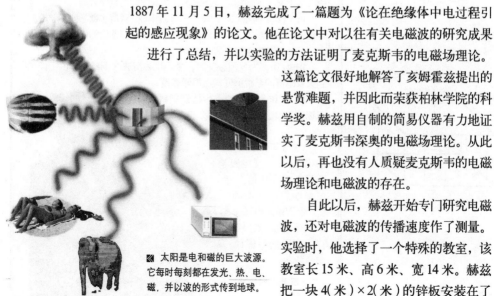

1887年11月5日，赫兹完成了一篇题为《论在绝缘体中电过程引起的感应现象》的论文。他在论文中对以往有关电磁波的研究成果进行了总结，并以实验的方法证明了麦克斯韦的电磁场理论。

这篇论文很好地解答了亥姆霍兹提出的悬赏难题，并因此而荣获柏林学院的科学奖。赫兹用自制的简易仪器有力地证实了麦克斯韦深奥的电磁场理论。从此以后，再也没有人质疑麦克斯韦的电磁场理论和电磁波的存在。

自此以后，赫兹开始专门研究电磁波，还对电磁波的传播速度作了测量。实验时，他选择了一个特殊的教室，该教室长15米、高6米、宽14米。赫兹把一块4(米)×2(米)的锌板安装在了

❇ 太阳是电和磁的巨大波源。它每时每刻都在发光、热、电、磁，并以波的形式传到地球。

离波源 13 米处的墙面上，当电磁波从波源发射出来，经锌板反射后，便在空间形成了驻波。赫兹首先用检波器对电磁波的波长进行检测，接着根据直线振荡器的尺寸计算出电磁波的频率，最后通过驻波法计算出了电磁波的传播速度。赫兹于 1888 年 1 月发表《论电动效应的传播速度》一文，文中提出了电磁波在真空中的传播速度同光一样快。

接下来，赫兹又进行了电磁波的折射、反射、偏振等一系列实验。实验证明，同光波一样，电磁波同样具有折射、反射和偏振等物理性质。

赫兹不仅是一位严谨的科学家，还是一位极负责任感的老师。1893 年 12 月 7 日，作为波恩大学的教授，赫兹抱病坚持上完了他一生中的最后一堂课。第 2 年元旦，年仅 37 岁的赫兹便因病去世了。

为了纪念这位年轻的科学家为人类做出的贡献，人们以他的名字来命名"赫兹矢量"、"赫兹波"、"赫兹函数"等物理学概念，并以"赫兹"作为频率的单位。

知识窗→电磁波的产生及特点

电磁波的产生：如果在空间某处发生了变化的电场，就会在空间引起变化的磁场，这个变化的电场和磁场又会在较远的空间引起新的变化的电场和磁场。这样，变化的电场和磁场并不局限于空间某个区域，而要由近及远向周围空间传播开去。电磁场这样由近及远地传播，就形成电磁波。

电磁波的特点：根据麦克斯韦的电磁场理论，电磁波中的电场和磁场互相垂直，电磁波在与二者均垂直的方向传播。图 1 表示做正弦变化的电场或磁场所引起的电磁波在某一时刻的波的图像。波峰表示在该点的电场强度 E 或磁感应强度 B 在正方向具有最大值，波谷表示在该点的电场强度 E 或磁感应强度 B 在反方向具有最大值。两个相邻的波峰（或波谷）之间的距离等于电磁波的波长。在传播方向上的任一点，E 和 B 都随时间做正弦变化，E 的方向平行于 x 轴，B 的方向平行于 y 轴，它们彼此垂直，而且都跟波的传播方向垂直，因此电磁波是横波。

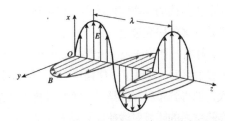

图 1 沿 z 轴传播的电磁波在某一时刻的波的图像

电磁波在空间以一定的速度传播，其波长 λ，频率 f(或周期 T)和波速 v 之间的关系遵从波动的一般关系，即

$$v=\lambda/T=\lambda f$$

图 2 表示经过一个周期 T 电磁波向前传播的情形。经过一个周期 T，电磁波传播的距离等于波长 λ。

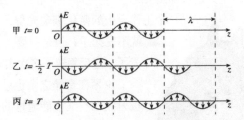

图 2 电磁波以一定速度在空间传播（为求简单只画出了 E 矢量）

麦克斯韦从理论上预见，电磁波在真空中的传播速度等于光在真空中的传播速度，即电磁波在真空中的传播速度 c=3.0 × 10^8 m/s。这个预见后来得到了证实。

从场的观点来看电场具有电能，磁场具有磁能，电磁场具有电磁能，电磁波的发射过程就是辐射能量的过程，电磁波在空间传播，电磁能就随着一起传播。

伦琴与 X 射线的发现

☒ 德国物理学家伦琴像

19 世纪末物理学领域有 3 大发现是具有里程碑意义的，分别是 X 射线的发现、放射性的发现、电子的发现。其中 X 射线的发现是一个偶然的巧合，说起来有这么一个小故事。

X 射线的发现起源于对阴极射线的研究。所谓阴极射线就是真空管内的金属电极在通电时其阴极发出的射线，射线受到磁场影响，具有能量。19 世纪末，关于阴极射线的本质问题吸引了许多科学家投入研究。德国维尔茨堡大学的物理学教授伦琴就是众多的研究者之一。

1895 年 10 月间，身为彼茨堡大学校长的伦琴教授有一次在学校物理研究所大楼的实验室内研究阴极射线时，发现了一件怪事：有一包用黑纸包得很好的照相底片全部感光了。他试验了多次，都得到了同样的结果。伦琴敏感地注意到这种情况以前从未发生过，他怀疑是刚装在实验室内的阴极射线使底片感光了。

为了把这件怪事弄清楚，也为了使底片自动感光的事不再发生，同年 11 月 8 日傍晚，年过半百的伦琴，一手拄着手杖，一手拿着一本厚厚的科学专著，和往常一样，独自来到实验室，继续研究阴极射线，他关上了所有的门窗，接通了电源，检验黑纸是否漏光。就在这时，他忽然看到一道绿色的荧光在漆黑的实验室里闪烁。伦琴感到很奇怪，便自言自语道："这光是从哪儿来的？"他立即打开电灯，发现原来发光物是离放电管 2 米远处的一个工作台上的氰化钡荧光屏。他一关掉阴极射线管的电源，荧光屏就不发光了；但是只要一接通阴极射线管电源，荧光屏就又发光了。他反复做了多次实验，终于证明确实是荧光屏在发光。

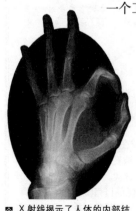

☒ X 射线揭示了人体的内部结构，现在被用来治疗癌症。

伦琴在奇怪之余也感到很兴奋。有一点他觉得很奇怪：阴极射线在空气中能通过的距离只有几厘米，而阴极射线管又已经被厚厚的黑纸包裹起来了，2 米远处的荧光屏又怎么可能会因此而发光呢？兴奋的伦琴冥思苦想，不禁喃喃自语："射线管是通电的，那么荧光屏发光的原因是什么呢？难道是射线中有某种未知射线，射到荧光屏上引起它发光吗？"想到这儿，伦琴随手把一本书挡在射线管和荧光屏之间，想看看这样荧光屏还会不会发光，结果是荧光屏依然会发光。他将荧光屏再移远一些，上面仍然发光。原来这种射线竟然能够穿透固体物质。

一次，伦琴偶然把手伸到射线管和荧光屏之间，手的影子竟然出现在荧光屏上。再仔细一看，荧光屏上赫然出现了一只黑色的手骨骼的影子，这简直令伦琴瞠目结舌。伦琴怀疑是自己看错了，他把眼睛狠狠地揉了几下，又定睛细望，眼前清清楚楚出现一只手的骨骼，他试着弯弯手指，握握拳头，屏幕上的手也跟着做出同样的动作，看到这一幕时，伦琴高兴极了。

1895 年 12 月 22 日，伦琴做了一个更有意义的实验。这天，他的夫人来到实验室，伦琴让她把手放在黑纸包严的照相底片上，然后用这种射线对准照射了 15 分钟。显影后，底片上呈现出伦琴夫人的手骨像，手指上的结婚戒指也清晰可见。这成了一张有历史意义的照片。夫人惊奇地问："什么射线有这么大的魔力？"伦琴回答："无名射线。"夫人顺口说："又是一个 X！"此刻伦琴心头一亮，接着他说道："那就叫它 X 射线吧！"

1895 年 12 月 28 日，伦琴公布了他的发现，立即震惊了全世界。他那生物骨骼的 X 射线照片，引起了人们的好奇心。几天后，全世界的报纸都报道了这个重大发现。差不多有名望的科学家都重复做了这个实验。在美国报道伦琴发现 X 射线的新闻 4 天后，就有人用 X 射线发现了患者足部的子弹。于是，X 射线很快被应用于医学，从而创立了 X 射线学。X 射线的发现为后来物理学的发展提供了一个有力的工具。

X 射线的发现给伦琴带来了巨大的荣誉。1901 年，诺贝尔奖第 1 次颁发，伦琴就由于这一发现而获得了这一年的物理学奖。

如今，X 射线已经被广泛应用于晶体结构研究、医学、金属探测和透视等方面，人类因此受益匪浅。

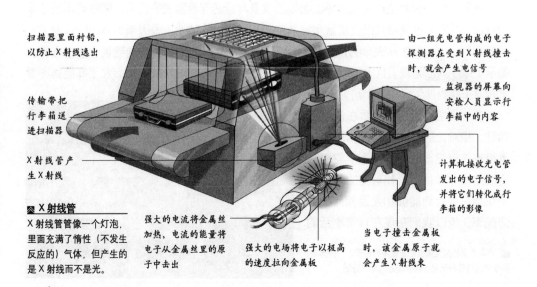

扫描器里面衬铅，以防止 X 射线逸出

由一组光电管构成的电子探测器在受到 X 射线撞击时，就会产生电信号

传输带把行李箱送进扫描器

监视器的屏幕向安检人员显示行李箱中的内容

X 射线管产生 X 射线

计算机接收光电管发出的电子信号，并将它们转化成行李箱的影像

❀ X 射线管
X 射线管就像一个灯泡，里面充满了惰性（不发生反应的）气体，但产生的是 X 射线而不是光。

强大的电流将金属丝加热，电流的能量将电子从金属丝里的原子中击出

强大的电场将电子以极高的速度拉向金属板

当电子撞击金属板时，该金属原子就会产生 X 射线束

爱因斯坦
与他的相对论

◤ 爱因斯坦像

自 17 世纪以来，人们一直将牛顿力学视作全部物理学，甚至是整个自然科学的基石，并运用它来研究所有物体的运动。进入 20 世纪后，科学家们发现传统的理论体系在解释一些新的物理实验中产生的现象时已经无能为力。曾经对牛顿力学坚信不疑的科学家们陷入了迷茫，尽管他们无力调和新发现和旧理论之间的矛盾，但他们仍然不曾对牛顿力学产生过丝毫的怀疑。就在这场物理学革命中，爱因斯坦选择了与其他科学家明显不同的方向，最终在牛顿力学的基础上，成功地提出了狭义相对论。

爱因斯坦的狭义相对论建立在相对性原理和光速不变原理这两条基本原理之上。

根据狭义相对论的两条基本原理，可以推导出一些前人无法想象的结论。比如，宇宙飞船上的一切过程都会比在地球上慢半拍。而宇宙飞船的速度越快，这种时间的延迟就会越明显。打个比方说：假如飞船以每秒 3 万千米的飞行速度飞行的话，那么飞船上的人过了 1 年，地球上的人就过了 1.01 年；假如飞船以每秒 29.99 万千米的速度飞行，那么飞船上的人过了 1 年，地球上的人已经过了 50 年了。这是多么不可思议啊！

此外，狭义相对论还可以推导出物体的质量与运动有着紧密的联系，即随着运动速度的增加，其质量也会增加以及质量和能量可以互相转换的结论。爱因斯坦得出的质能关系式为：$E=mc^2$，其中 m 表示物体的质量，c 表示光速，E 是同 m 相当的能量。这个方程式揭示了原子内部隐藏着巨大能量，并成为原子能应用的主要理论基础，启发了高能物理学家和原子核物理学家的科学研究。

有一点需要说明：物质在低速运动时，相对论的效应不易显示出来，也很难被察觉，因此牛顿力学与相对论的结论非常接近。相对论力学只适用在当速度大到能够和光速相比拟的情况下。所以我们在现在日常生活的

◤ 1933 年爱因斯坦提出能量聚集的新理论，并邀请科学界的精英与记者一起参加他的学术论坛。

各个领域中，还必须应用牛顿力学的原理和方法。

1912 年 10 月，爱因斯坦任教于苏黎世大学。在此期间，他继续钻研，进一步充实和丰富了狭义相对论的思想。1913 年，爱因斯坦发表了一篇论文，题为《广义相对论和引力理论纲要》。这篇重要的论文是爱因斯坦和他的老同学数学教授格罗斯曼合作写成的。这篇论文的发表具有重大的意义，它为广义相对论的建立扫清了障碍。

爱因斯坦于 1921 年获得诺贝尔奖，这是从瑞典皇家科学院获得的证书。

爱因斯坦演算的质能方程 $E=MC^2$ 的草稿

1915 年，爱因斯坦终于完成了创建广义相对论的艰巨工作。次年，他发表了《广义相对论的基础》一文。在这篇总结性的论文中，他提出了与 200 年来在科学界占垄断地位的牛顿引力方程不同的新的引力方程。人们称誉这篇论文为 20 世纪理论物理学的巅峰。

后来，爱因斯坦又在广义相对论的基础上提出了 3 大预言：光线在太阳引力场中将发生弯曲；水星近日点运动；引力场中的光谱线向红端移动。

1919 年 5 月 29 日，发生了一次日全食，英国分别派出了 2 支天文考察队，在 2 个地点进行了独立观测。这次被清晰地拍摄下来的日食的星光照片结果证实了爱因斯坦的预言是正确的。光线不但如爱因斯坦所言是弯的，就连弯曲的程度和数值也和爱因斯坦的计算结果相吻合。爱因斯坦的其余 2 个预言也在后来相继得到证实。

爱因斯坦被誉为"20 世纪的牛顿"，他的广义相对论如今已成为现代物理学最主要的理论基础，从而宣告了原子理论时代的到来。这一理论成为 20 世纪以及以后世纪里宇宙航行和天文学主要的理论基础。这位著名的科学家于 1955 年 4 月 18 日在美国普林斯顿与世长辞，但他的名字将永远留在人们心中。

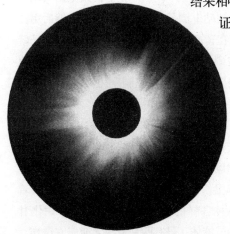

1919 年 5 月 29 日发生日全食时，英国考察队的观测结果证明了爱因斯坦预言的正确性。

扫码获取更多资源

诺贝尔发明炸药

很久以来，人类便一直在研究火药。黑火药是中国的四大发明之一，俗称火药。火药发明后，阿拉伯人将这一技术传入了欧洲，一直应用到 19 世纪。在使用过程中，人们发现黑火药有致命的弱点：威力不大，而且不容易引爆。为了满足飞速发展的工业需要，科学家们开始寻找一种新的爆破动力，而在这一领域做出杰出贡献的当属瑞典科学家阿尔弗雷德·伯纳德·诺贝尔。

◎ 在实验室工作的诺贝尔

诺贝尔，生于 1833 年，卒于 1896 年，出生于瑞典斯德哥尔摩，他所发明的先进炸药既为人类带来了福音，也给人类带来了灾难。

1846 年，意大利人索布雷罗把甘油和浓硝酸、浓硫酸混合在一起，合成了硝化甘油。硝化甘油和甘油可不一样。甘油是一种黏稠液体，略带甜味，是制造肥皂的副产品。从外表上看，硝化甘油和甘油完全相同，都呈黄色，但前者的爆炸力非常强，威力也远远大于原来使用的黑火药，用火引发后甚至能炸开坚固的岩石。硝化甘油极易爆炸，还曾炸伤发明家索布雷罗本人。后来，索布雷罗与荷兰化学家德弗里奇相继研制出硝化甘油药物，用它可以扩展和疏通堵塞的血管，治疗心绞痛等病。时至今日，硝化甘油药物也是治疗心脏病的一剂药方。

1859 年，曾经做过诺贝尔家庭教师的化学家西宁，带了一小瓶硝化甘油来见诺贝尔，要让他的学生见识见识硝化甘油的爆炸威力，他在铁砧上倒了一点儿硝化甘油，然后用锤子敲打，硝化甘油立即发生了爆炸。当时诺贝尔正在苦心研制炸药，见此情景，一下子就被硝化甘油的极强爆炸力吸引住了，他决定要找出一种控制硝化甘油爆炸的方法，并找到爆破的新动力。

从此，诺贝尔全身心投入到实验中去，他与弟弟埃米尔·诺贝尔在斯德哥尔摩海伦坡联手建立了一个实验室。在那里，诺贝尔凭着一种惊人的毅力做着各种各样的实验。他一直在想：硝化甘油是液体，只有两种方法才能使它爆炸，要么提高它的温度，要么给它以重力冲

◎ 诺贝尔的实验室

击。如何才能寻找到一种安全简易的引爆装置呢？诺贝尔试验了无数次，可每次实验都以失败而告终，但他毫不泄气。诺贝尔在实验中发现，将水银溶解在浓硝酸中，与酒精起作用，会生成雷酸汞。雷酸汞不仅具有极大的爆炸力，而且敏感度很高，可以与烈性炸药、硫化锑、氯酸钾等混合使用，受到摩擦或撞击会引起爆炸。

工夫不负有心人。一天，诺贝尔又一次亲自点燃导化剂，只听见"轰"的一声巨响，炸药爆炸了。顿时，滚滚浓烟弥漫在诺贝尔的实验室内外，实验室被炸得一片狼藉。闻讯赶来的人们都以为诺贝尔这下死定了。可意想不到的是，过了一会儿，诺贝尔竟然从瓦砾堆中爬了出来。他顾不上自己被炸得皮开肉绽，鲜血淋漓，含泪跳了起来，狂呼不已："我成功了！我终于成功了……"

1863 年，诺贝尔的这套雷管——雷酸汞引爆装置取得了发明专利。雷酸汞雷管的发明是自黑火药发明后，炸药科学上一个最大的进展。一直到今天，人们仍在使用这一伟大发明。

这项发明的意义和价值是难以估量的。它也为诺贝尔在经济上带来了极为可观的收入。此时正逢世界各地采矿业蓬勃发展，诺贝尔抓住时机，建立了硝化甘油公司。后来，他又与人合作，在德国汉堡组建了诺贝尔炸药公司，产品广销英、美、葡、澳等国。

为了表彰诺贝尔为全人类做出的巨大贡献，1868 年，瑞典科学院授予他金质奖章。1896 年 12 月 10 日，这位科学巨匠辞别了人世。他去世以后，人们遵照他生前的嘱托，将其大部分遗产作为设立诺贝尔奖奖金的基金，每年的基金利息用来奖励为人类科学文化事业做出杰出贡献的后人。

■ 现代陆战武器的炮弹中的最基本成分就是炸药，它在战争中发挥了极大的作用。

■ **诺贝尔奖章**

为了奖励那些在科学、文学以及世界和平领域中有突出贡献的人士，诺贝尔在逝世前将他的大部分遗产捐献出来，成立了诺贝尔基金会，用每年的利息作为奖金。

门捷列夫 发明元素周期表

❖ 门捷列夫像

化学元素周期律是自然科学的基本定律之一，它是由著名的俄罗斯化学家德·伊·门捷列夫发现的。有意思的是，这个发现居然是梦神的恩赐。

当时，化学家所知道的元素总共达 63 种。每一种元素都可以与其他元素和物质化合成几十、几百、甚至几千种化合物，包括氧化物、酸、盐、碱。这些化合物里有气体、液体、晶体、金属等，而且，这些元素各不相同，性质各异。

这些化学物质的性质，连续讲几个月都讲不完。但讲得越多，听的人反而对物质的性质就越感到糊涂。身为俄罗斯著名的彼得堡大学化学教授的门捷列夫心想：这些化学物质难道真的毫无次序，只是很偶然地组合在一起的吗？

门捷列夫不相信元素之间没有规律，于是他下决心寻找。

当时门捷列夫正在写《化学原理》一书，可就在写第 2 卷时，门捷列夫遇到了困难。这一卷主要是对化学元素进行描述。但是如何描述它们？它们究竟是以什么样的次序排列的呢？门捷列夫思考良久，也不得要领，仍然在元素的迷宫里徘徊。

平时，门捷列夫总是从清晨就开始工作，一直工作到傍晚5点半钟，6点半吃"午饭"，然后继续工作到深夜。这回，门捷列夫决定暂时停止写书，他用铅笔在笔记本上面涂涂画画，试图找出元素排列的一些规律。然后，他就开始把纸剪成卡片。卡片剪好后，他把各个元素的名称、原子量、化合物的化学式和主要性质都写在每张卡片上。他比以前更辛苦，

❖ 发荧光的氟化物
在氟石之类的矿物中可以找到天然氟。氟化物由于有杂质而形成颜色不同的立方晶体。很多氟化物在紫外线光下发出荧光。

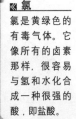

❖ 氯
氯是黄绿色的有毒气体。它像所有的卤素那样，很容易与氢和水化合成一种很强的酸，即盐酸。

❖ 溴
溴是深红色的液体，会挥发出令人窒息的红褐色有毒蒸气。周期表中只有 2 种液态元素，溴是其中之一。除了应用于摄影外，溴的化合物还是温和的镇静药。

❖ 碘
碘是深紫色的固体，很容易挥发出紫色的蒸汽而变成气体。碘化物能用于染料和作为工业催化剂。碘溶在水中可用来测定淀粉。

废寝忘食，竟一连干了 3 天 3 夜。他把写好的卡片分组，以不同的方式来排列它们，希望排出一种能体现各种元素之间内在联系的次序，拟制出一张表格。但令人失望的是，仍然毫无结果。

一天，门捷列夫真是累极了，竟然在工作室里睡着了。他睡得特别沉、特别香，居然还做了一个梦。睡梦中的他依然没有停止思考。突然，他的梦中竟然出现了一张元素周期表，各种元素都各就各位，犹如一个个训练有素的士兵。门捷列夫醒过来之后，立即拿起笔，在纸上记下在梦中出现的那张表，然后进行推算。经过反复验算，他发现梦中的那张表居然是如此的完美，需要修改的地方只有一处而已。

就这样，年仅 35 岁的门捷列夫在化学元素符号的简单排列中，发现了化学元素周期律。按元素周期律的排列演算，有的元素当时还没有被发现，但门捷列夫预先为它们在周期表中留出了空位。这张试排的元素周期表终于在 1869 年 3 月发表了。

元素周期表完成之后，门捷列夫想进一步研究。他甚至丢下《化学原理》的著述工作，夜以继日地投入到这项研究工作中来。次年，他发表了一篇重要论文。根据周期律，他预言了类硼、类铝和类硅这 3 种还没有被当时的科学界发现的化学元素，并详细描述了它们的性质。

出乎意料的是，门捷列夫的这些预言却引来不少科学家的嘲讽，但门捷列夫坚信周期律的科学性一定能经得起实践的检验。

果然，事隔不久，1875 年 8 月 27 日，法国化学家用科学的方法发现了一种新元素——镓。门捷列夫发现，这种新元素其实就是他 5 年前预言过的类铝。镓的发现充分证明了门捷列夫的预言，化学元素周期表的科学性也得到了证实。化学元素周期律取得了第 1 次胜利。

化学元素周期律的发现引起了世界科学界的轰动，它的发现使门捷列夫的名字也同时享誉全球。

4 年后，即 1879 年，瑞典的一位化学教授又发现了一种被命名为钪的金属元素，它

◥ 镍合金

银色的钱币是用镍合金制造的。镍与另外 2 种过渡金属——铁和铬，可以制成不锈钢。镍是种既能抗腐蚀又不会失去光泽的金属。它的合金也有这种特点。另一种有趣的铁镍合金称作殷钢。这种合金不受温度变化的影响，几乎不热胀冷缩，所以可用在精密测量仪器上。

◥ 锌

锌常用于电池。普通用的手电筒的电池外壳是锌。

◤ 金块

地壳中大多数元素都含有杂质。但是，有几种过渡金属却是天然纯净的。其中最重要的有铜、银、金和铂。数百年来，黄金一直是最珍贵的，它是世界上最不会发生变化的元素之一。

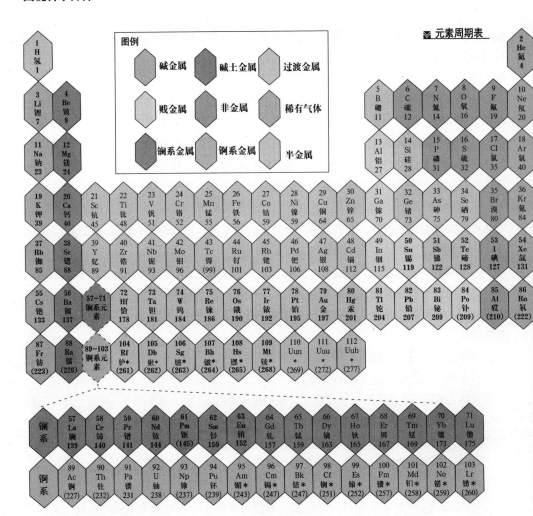

与门捷列夫所描述的类硼的性质完全一样。元素周期律获得了第 2 次胜利。

1885 年是门捷列夫和其元素周期表最辉煌的一年，德国化学家温克勒发现了一种叫锗的新元素。这个锗恰好可以填入周期表的第 32 格，代替当时暂住其中的类硅。预言中类硅与真实中的锗在性质上几乎没有差别。元素周期律取得了第 3 次胜利。

从此，再没有人怀疑元素周期律的准确性了。

门捷列夫的元素周期表激励着世界上的许多科学家去探索尚未被发现的元素。欧洲几十家很有名望的实验室都在紧张地工作着，很多科学家渴望和期待获得新的发现，以进一步揭开化学物质的谜底。后来，实践一次又一次地证明了门捷列夫曾经预言过的其他一些元素的性质是正确的。

地　理

Geography

认识地球的结构

　　大家都知道，地球是个圆圆的球体，上面遍布着高山、陆地和各种动植物。目前，人们对地球外部的状况已经有了相当程度的了解，但地球内部又是什么样子呢？囿于技术条件的限制，人们对于地球内部还知之甚少，但也有些初步的成果。

　　早在 18 世纪，人们就知道了地球的平均密度为 5.52 克／厘米^3，而地球表面岩石的平均密度是 2.67 克／厘米^3，两者相差 1 倍多。这说明地球内部一定存在着某种重物质，但究竟是什么样的物质，人们还没有办法测量出来。

　　19 世纪中期以后，地震仪的发明成为人类探测地球内部奥秘所迈出的重要一步。

　　所谓地震仪就是预测地震的仪器。地球物理学家使用地震仪后，经过测量发现，每当发生强烈的地震时，受到巨大冲击的地下岩石会产生弹性震动，并以波的形式向四周传播，这种弹性波就是地震波。地震波分为纵波（P 波）和横波（S 波）。纵波可以通过固体、液体和气体传播，传播速度较快；横波只能通过固体传播，传播速度较慢。随着所通过物质的性质变化，纵波和横波的传播速度都会发生变化。

　　利用地震仪探测地球内部奥秘并取得巨大成就的人是前南斯拉夫的地震学家莫霍洛维奇和美国地震学家古登堡。莫霍洛维奇在对萨格勒布地区于 1909 年 10 月 8 日发生的一次强烈地震的研究中发现，地震波在传到地面下 33 千米处发生了折射现象。而这一地区正是地壳和地壳下面物质的分界面，后人称这一分界面为"莫霍面"。1914 年，古登堡发现在地表下面 2900 千米处，纵波的传播速度突然急剧变慢，横波完全消失，这说明存在着另一个不同物质的分界面，后人称其为"古登堡面"。这样，地球内部以莫霍面和古登堡面为界，由外而内分为地壳、地幔和地核三个圈层。

❀ 莫霍像

莫霍洛维奇（Andrija Mohor-ovi-cic，1857～1936），前南斯拉夫著名科学家。他首先发现了地壳与地幔之间的不连面。他还注意到地震波通过这两个圈层时，波速会发生变化。

地球重要数据	
1、直径	12.756 千米
2、距太阳的平均距离	1.496 亿千米
3、环绕太阳的速度	27.79 千米／秒
4、质量（地球＝1）	1
5、体积（地球＝1）	1
6、平均密度（水＝1）	5.52
7、表面引力（地球＝1）	1
8、地表平均温度	15℃
9、卫星数量	1

　　从地面到莫霍面之间的很薄的一层固体外壳就是地壳层。整个地壳布满了高低不平的岩石，平均厚度为 17 千米，大陆部分平均厚度 33 千米，高山地区甚至厚达 60～70 千米，海洋地壳平均厚度仅有 6 千米。地壳最薄的地方是距圭亚那海岸 1520 千米的大西洋底部，只有 800 多米厚。人们很有可能首先钻穿这里而到达地幔。

　　地幔是指地壳和地核之间的中间层，是从莫霍面以下到古登堡面以上的一层固体物质。该层可传递横波，其深度从 5～70 千米以下到 2900 千米，主要成分为铁镁的硅酸盐类，铁镁含量由上而下逐渐增加。地幔分为上地幔和下地幔，从莫霍面到 1000 千米深处是上地幔。地下 50～250 千米是上地幔顶部，这

▼ 地球结构剖面图

地球从内到外依次分为地核、地幔和地壳三层。除地幔为液体外，其余部分都由固体构成。

外地核是地球唯一的液态圈层，厚度为 2000 千米，由铁、镍组成，但可能还含硫等其他物质

地幔的厚度为 2900 千米

地球的外圈层包括地壳和上地幔的顶部，它们一起构成岩石圈

固态的内地核半径为 1370 千米，由铁、镍组成，它处于高温状态，但因受有压力而不致熔化

地球最厚的部分是下地幔，它由含硅酸盐矿物的石类物质组成

上地幔呈固态，其顶部较软的层面是岩石圈的组成部分。上地幔与下地幔的差别在于所含矿物不一样

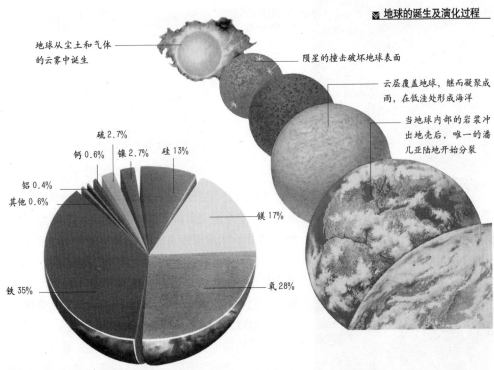

地球从尘土和气体的云雾中诞生

陨星的撞击破坏地球表面

云层覆盖地球，继而凝聚成雨，在低洼处形成海洋

当地球内部的岩浆冲出地壳后，唯一的潘几亚陆地开始分裂

硫 2.7%

钙 0.6%　镍 2.7%　硅 13%

铝 0.4%

其他 0.6%

镁 17%

铁 35%

氧 28%

地球的主要成分是铁、氧、镁和硅。上面的示意图显示了构成地球的各种化学成分的百分比。

里存在一个软流层，岩浆可能就是发源于此。地下 1000～2900 千米深处是下地幔。下地幔的温度、压力和密度都比上地幔大，物质状态可能是可塑性固体。地壳和上地幔顶部合起来叫作"岩石圈"，主要由岩石组成。

地球的中心部分是地核，其温度、压力和密度就更高了，物质成分近似于铁镍陨石，又叫"铁镍核心"。按照地震波的传播速度又可分为外核和内核。外核在 2900～5000 千米深处，物质接近液体；内核在 5000 千米以下深处。美国科学家做了大量的模拟试验后发现，地核温度从内向外逐渐降低，地球中心的温度大约是 6880℃，内外核相交面的温度为 6590℃，外核与地幔的相交面的温度是 4780℃。此外，地球内核的压力极大，每 6.5 平方厘米为 2200 万千克，是地球上海平面大气压的 330 万倍。

近年来，计算机技术的飞速发展为人们认识地球内部提供了很大的帮助。借助大型计算机，研究人员从地面上 3000 个监测站收集到大量的地震观察情报并对之进行了综合分析，绘制成一张总图，结果发现地核结构与海洋相似，充满了低密度流体，地核表面还布满"山头"和凹凸不平的地带，甚至还发现有一阵铁微粒洒到地核上，仿佛铁雨。

看来，地核并非平淡无奇，而是非常神奇的，有待于我们进一步去认识。

地球上的生物圈

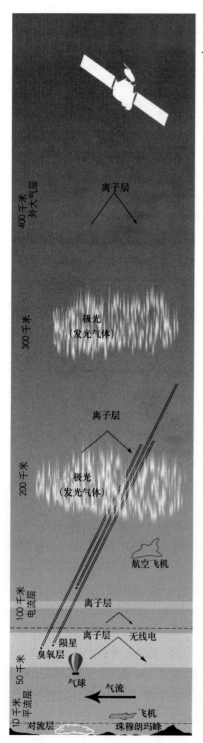

谈起生物圈并不是一个令人感到陌生的话题，而且它与人类关系密切。人类生存在生物圈内，其生存与发展和生物圈状况的好坏有着直接的联系。那么到底什么是生物圈呢？我们的答案是：生物圈是地球表面的大气圈、岩石土壤圈和水圈的接触地带，它们之间相互作用，相互渗透，形成了生命孕育、发生和发展的环境，在三圈相邻的区域内集中生活了地球上绝大多数的生物。也可以这么说，在地球环境内，凡是有生命存在的大环境就可以叫作"生物圈"。

■ 大气圈

大气圈是生物圈中至关重要的第一大圈层，它覆盖在整个地球表面，无色、无味，由多种气体组成，主要成分是氮和氧。大气层可以保护地球生物免受太阳紫外线的过多伤害，也可避免一些宇宙射线的危害，还有一项重要的功能在于可以防止地表温度剧烈变化并且防止水分过多损失。

我们把大气圈分为对流层、平流层、中间层、热层和逃逸层等5层。这是根据大气的温度、密度等物理性质在圈层垂直方向上的不同所划分的。

对流层是最贴近地面的一层，它的范围是从地面到10千米高空，由于这一层大气的热量来源主要是地面，因此，高度越高，气温越低，空气内上低下高的温度状况使这里的空气对流运动显著。这一层对天气变化影响显著，易成云致雨，夏季的暴雨天气就是在这一层形成的。

《 大气层结构示意图

大气圈从内到外分为对流层、平流层、中间层、热层和逃逸层。这主要是根据大气的密度、温度等物理性质区别的。

沉积岩形成示意图

沉积岩是地壳上的主要岩石之一，是坚硬的地壳外表的组成成分之一。

平流层分布在从对流层顶到 50 千米高空的范围，这一层空气稀薄，尘埃和水汽很少。由于平流层的上部是臭氧层，可以吸收太阳光中的紫外线，使这层的空气温度上部高下部低，这样的温度结构造成气流多以水平运动为主，故这一层宜于高空飞行。

中间层指从平流层顶到 85 千米高空的范围，由于这一层的热量来源主要是平流层顶部臭氧层吸收的太阳热量，所以这里的气温与高度成反比，这造成了强烈的对流运动。

热层是从中间层顶到 800 千米高空的大片范围，大气稀薄是这一层的显著特点。由于是大气圈的外层，接受太阳辐射比较直接，大气温度迅速升高到达 1000℃ 以上。这一层又叫电离层，因为这一层大气中的氧和氮的分子受太阳紫外线和宇宙射线的作用，发生电离分裂，变成大量的自由电子和离子。

逃逸层指暖层顶以上的大气，这一层也叫外层。这里的大气密度与海平面大气密度相比相差巨大，只有它的几百亿分之一，变得更加稀薄。地球大气向星际空间过渡的层次就是这一层。

随着科技的发展，当人类把人造卫星送上天后发现：在 320 ~ 1000 千米的大气层，由于其主要由氦组成而应叫氦层。而且人们在它上面还发现一个氢层，其实就是一个质子层，它可向外延伸到 64000 千米的高空。

■ 岩石土壤圈

岩石土壤圈是与人类生活关系最密切的圈层，是它支撑起了地球。人类就生活在地球的表层——地壳上。地壳主要由各种岩石组成，是地球的外套。各种化学元素化合形成矿物，矿物组成岩石。

据地质学家的研究，有 90 多种化学元素自然存在于地壳中，其中氧、硅、铝、铁、钾、钙、钠、镁 8 种元素分布最广，在整个地壳重量中占 97.1%，其中的氧和硅更是地壳组成的基本元素。

我们根据地震波传播的速度和地壳化学组成的差异不同，将地壳分成 2 层。上层含硅、铝较多，叫硅铝层，主要由花岗岩类组成，比重较小；下层硅、铝成分相对减少，镁、铁成分增多，叫硅镁层，主要由玄武岩类组成，由于组成元素不同，这一层的比重较大。在大洋地壳中，硅铝层很薄，甚至缺失，硅镁层却普遍存在。海洋地壳主要由玄武岩构成，而大陆地壳除了有些地区地表有由于地质作用造成的很薄的变质岩、沉积岩外，主要是由上层的花岗岩和下层的玄武岩构成。

地壳除了各种组成它的岩石外，还附着土壤。

土壤与植物的关系是最直接的，它是陆生植物生存的基础。有了它，粮食作物、草原、森林和多种其他植物才能获得它们需要的矿物元素、有机肥料和水分等。而植物又是整个地球生态系统中食物链上的最基层，这个环节如果出了问题后果可想而知，由此我们可以看出土壤的重要作用。

那么，土壤是怎样形成的呢？首先，暴露于地表的岩石受太阳光热的作用，与空气、水等长期接触，就被风化，成为疏松的成土母质。这种母质由于从岩石脱胎而来，因而含有矿物质养分，也具有蓄水性，这都是土壤形成的基础。这种成土母质中慢慢开始寄存了一些微生物和低等生物，有机物质在成土母质中逐渐积累，这是高等植物可以生长的前提。高等植物死后，被埋在土下形成腐殖质，这些都是微生物的作用。腐殖质胶体能够吸收钙离子使土粒团聚，这是腐殖质胶体在发挥聚合作用。年深日久，成土母质就发育成具有一定肥力的土壤层，当然，这个过程与气候条件密不可分。

■ 水圈

地球上的水圈，包括海洋水、江河水、湖泊水、冰川固体水、陆地岩层和土壤下的地下水，还包括大气中的水汽等。总之，地球上不管以何种形态存在的水都属于水圈的范围。

地球上的水在陆地、天空和海洋间不停息地循环着。水的循环又分为小循环和大循环。

水的小循环是指：水汽从海洋蒸发之后，大部分又回到海洋；水汽从陆地蒸发后，大部分又落回到陆地。

那水的大循环呢？我们都知道大气水的主要来源是江洋大海。海洋水蒸发成的水汽，有一部分在气流的作用下被带到大陆上空，陆地上的降水就是这些水汽在适当的天气条件下形成的。降落在陆地上的水，一部分下渗变成地下水，一部分形成地表径流，一部分重新蒸发变为水汽回到大气中，水又回到了海洋。这就是水的大循环。

水循环对于整个生物圈而言有很重要的作用的，它使大气降水、地下水、地表水、土壤水之间能够相互转化，同时对天气和气候的变化也有影响。这一过程，通过降水、地表径流、入渗、地下径流、蒸发和植物蒸腾等各个环节，紧密联系了水圈、大气层、岩石土壤圈和生物圈，使它们之间能够进行能量交换。同时，物质迁移也是水循环的一个结果，因为水在运动中会夹带泥沙和溶解物质，每到一处它都会沉积物质、侵蚀岩石，使地球的面貌有所改变。

在大气、岩石土壤和水圈之间，能量交换和物质循环无时无刻不在进行着，这使生物圈保持了稳定和平衡。人类活动必须遵循自然规律，如果擅自破坏了生物圈的平衡，就会受到大自然的惩罚，酿成恶果。

南极冰盖下的秘密

地球上最冷的地方非南极莫属，这里的平均气温为−79℃。地球上有记录的最低温度就是在这里产生。俄罗斯科学考察队员曾测到一个令人吃惊的低温：−89.2℃！

如此低的气温是南极终年为冰雪所覆盖的主要原因。南极大陆总面积约为1400万平方千米，裸露山岩的地方还不到整个南极大陆的7%，其余超过93%的地方全都覆盖厚厚的冰雪。从高空俯瞰，南极大陆是一个高原，它中部隆起，向四周逐渐倾斜，巨大而深厚的冰层就像一个银铸的大锅盖，将南极罩得严严实实。因此，南极大陆上的冰层又被人们形象地称为冰盖。南极冰盖最厚的地方甚至达到了4800米，平均厚度也有2000米。当南极处于冬季时，海洋中的海水全部都冻成了海冰，大陆冰盖与海冰连为一体，形成一个巨大的白色水源，面积超过了非洲大陆，达3300平方千米。

由于南极大陆的真面目被严严实实地掩藏在冰盖之下，人类想要了解它就更加困难了。但人类的探索欲望是非常强烈的，许多国家都投入了大量的人力和物力组织实施南极科考活动，并取得了一些具有重要科学意义的成果。

经过考察，人们发现南极大陆蕴藏着很多宝贵的资源。如1973年，美国在罗斯海大陆架上发现了石油和天然气。据说南极石油储量十分惊人，仅南极大陆西半部分所蕴藏的石油就可能是目前世界年产量的2～3倍。此外，人们还陆续在这里发现了约200余种矿物，包括金、铜、铂、铅、镍、钼、锰等金属和钴、铀等放射性矿物。

科学家们认为，既然南极有如此丰富的资源，那么南极大陆在地球早期肯定不会是如此寒冷，那时的气候肯定非常温暖。对于此种推测，科学家们

◈ 科学家开发南极用于工农业生产。

是这样解释的：在 1 亿年前，地球上存在着一块更大的陆地——冈瓦纳大陆，这块大陆包括现在的南极洲等许多地方。这里气候温暖，成片茂密的热带雨林随处可见。后来，海底扩张，大陆漂移，一部分大陆变成了今日的非洲、南美洲、澳洲、塔斯马尼亚岛、印度次大陆和马达加斯加岛；而另一部分则继续向南漂移，成为现在的冰雪世界——南极大陆。

人们发现，在南极冰层中还隐藏着无数的秘密。各国的科学家们每次到南极考察都有不少的收获。他们曾在冰层里发现了来自宇宙的类似于宇宙尘埃的宇宙空间物质、实验原子弹时的人工反射性降落物、陨石以及各个时期人类留下的垃圾等。为了弄清楚这些物质的分布状态，人们对冰层的各部分进行垂直取样。通过分析，发现了许多极具研究价值的信息，为人类研究地球和宇宙的关系，以及近年来地球的污染程度提供了科学依据。此外，科学家们还可以通过分析冰层中所含的气体成分，了解地球古代和现代空气的成分及其变化等情况。

我们常常可以看到媒体对科学家赴南极考察的报道会用到这么一个词——"钻取冰核"。为什么要在南极冰原上钻取冰核呢？原来，各个"冰期"以及火山喷发、风雨变化都会在冰原中留下痕迹。科学家认为，如果能充分地了解这些信息，那么人类就可以预测以后的命运了。南极冰盖是在低温环境下经过千百万年的日积月累形成的。因此，人们在这里可以发现大量的地球演变信

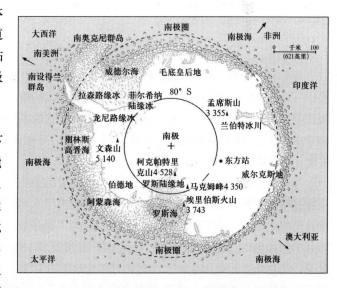

息，这里就像是一个珍贵的地球档案馆，成为各国科学家向往的"天然研究室"。他们通过对从南极冰盖 2083 米深处取出的冰芯进行分析，得出了其中的氧同位素、二氧化碳、尘埃以及微量元素等信息，揭示了最近 16 万年中地球气候变化的情况。

更为神奇的是，科学家在冰层中居然找到了细菌的影踪。美国科学家宣布，他们在南极腹地很深的冰层下找到了细菌生存和繁衍的证据。这种类似于放线菌的菌种是在南极孚斯多克湖上面的冰层里被发现的，这里也是俄罗斯科考人员测量到地球上最低气温的地方。科学家认为，这种细菌通常生活在土壤里，可能是随着小块土壤被风刮到湖泊里并被埋在

35

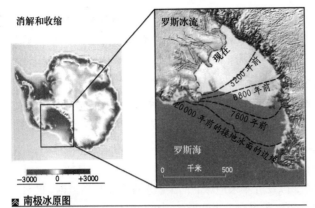

消解和收缩

罗斯冰流

现在

5200年前

6800年前

20000年前的接地冰面的边缘

7600年前

罗斯海

千米

0   500

-3000   0   +3000

❀ 南极冰原图

自从最后一纪冰川期以来的冰原厚度变化（左上图），致使大约530万立方千米的冰块消失（图中红色），其中很大一部分来自西南极洲。在罗斯海区域，冰原抵达海底的接地边缘收缩得尤其迅速（详见右上图），它在过去7000年间向内陆撤退了700千米。

了那里，或者它们原本就长在湖里，后来被冰冻结在那里，永远也出不来了。据介绍，这些细菌可能已在湖里呆了50万年以上了。

冰雪的覆盖给人类了解南极造成了很大的困难，那么，如果冰减少或消失是否就会改变这种情况呢？如果真的发生了这种情况，那对人类来说将是一场巨大灾难。根据科学家的计算，如果南极冰盖完全融化，那么海平面将平均升高50～60米。如此一来，地球上许多沿海的低海拔地区将会成为一片泽国。

近年来，地球变暖的问题引起了人们的关注。人们对此进行了各方面的探讨，南极——地球的冰库自然也在人们的考虑范围之内。人们担心南极冰层是否会因大气变暖而融化消失。科学研究表明，现在南极大陆与2万年前的冰川活动极大期相比，西部的冰层减少了约2/3，全球海平面因此升高了11米；而在南极大陆的东部冰层厚度则没有多大变化，既没增多，也没减少。

尽管导致冰层减少的因素很多，但有一个重要因素几乎已经为全世界所公认，那就是全球变暖。在整个20世纪，地球的平均气温上升了0.6～1.2℃。南极大部分地区的温度升高得更快，变暖情况更为严重。其中，温度升高最快的是与南美洲毗邻的南极半岛。这片向南美洲方向延伸、长度超过1500千米的狭长陆地，气温竟然上升了约10℃，是地球平均水平的10倍！南极变暖的情况在过去的50年里尤为严重，南极半岛上至少有7个大冰架已消失了，其中包括一个存在了2000多年的冰架。对此，一些科学家发出了严正警告：南极洲一些地区的冰层正在飞快地消失，人类从事的过度的工业活动违背了自然规律，导致地球气候变暖的情况越来越严重，这样下去后果将不堪设想。

目前，全世界的海平面每年都以2毫米的速度上升，各国科学家纷纷对此进行了研究。美国哥伦比亚大学拉蒙特多然蒂地球观测站的斯坦·雅各布认为，导致海平面上升的一个重要原因就是南极冰层的融化。如果真像这些科学家所推断的那样，气候变暖造成了海平面的大幅度上升，那么，南极西部冰原终将受此影响而坍塌。

冰川流入冰架

冰川到达海洋，缝隙增多、增大

美国地球物理学家罗伯特·宾德斯查德勒多年来一直在研究冰川。据他猜测，南极西部冰原数千年来一直处于坍塌的过程中。同时他还承认，南极西部冰原的坍塌并非杂乱无章，而是呈有序性；并且他还预测，西部冰原会在一千年后完全坍塌。

冰原坍塌的过程早已开始的观点也得到很多研究人员的认同。美国科罗拉多州博尔德国家冰雪研究中心的研究人员泰勒·斯坎姆分析了卫星图像后说："我看到一个冰原正在坍塌。"不过，他认为造成冰原坍塌的还有许多未知因素，各种变化只有经历数千年的时间才会显现出来。以上各种论断孰是孰非，目前科学界尚无权威定论。

在研究了过去150年的气候之后，科学家说："气候是头愤怒的野兽，我们正在惹它发火。"这绝对不是危言耸听。虽然探索冰层下的秘密很重要，但是，假如南极冰层真的因大气变暖而完全融化，那么全球海平面至少要上升50米，世界将会变成一片汪洋，从而淹没地球上的绝大部分耕地，后果真是不堪设想。因此，人类不仅要开发南极，更要致力于保护南极。

▽ 南极冰山形成示意图

南极大陆的冰原，大体呈一盾形，中部高四周低。在重力作用下，每年有大量的冰滑入海中，在周围的海面上集结成广阔的陆缘冰。这些冰山随风和洋流向北漂移，在寒冷的季节甚至可漂到南纬40°。

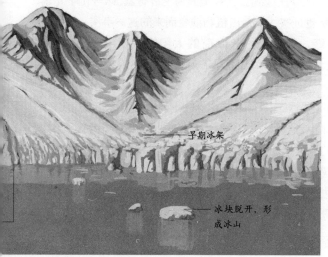

早期冰架

冰块脱开，形成冰山

▽ 南极洲温度

南极洲在夏季时，温度也只有3℃，海水结满了冰。

-25℃时，钢结晶，变得脆而易碎。

当处于-40℃下的温度时，南极洲的人们都不得不穿上裘皮大衣来御寒，因为这样的温度下，合成橡胶变得很脆，裸露的身体会很快被冻僵。

-89.2℃是1983年7月21日俄罗斯在南极的沃斯托克科学考察站记录到的最低温度。

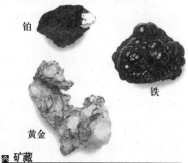

铂

铁

黄金

✕ 矿藏

南极洲矿产资源异常丰富，有黄金、铜、铀和镍等。不过，开采它们比较困难，而且会对极地环境造成较大的损害。

煤是怎样形成的

18 世纪煤气开始用于照明

煤气

氨水

煤焦油

蒸馏煤焦油

焦炭

燃烧的煤

煤看起来只是一种黑黑亮亮的石头，但它却可以燃烧，而且燃烧效果也很好。因此长久以来，煤一直被人们用做主要的燃料。较之人类一开始使用的燃料比如木头、柴草，煤的耐久性要好得多。那么，煤真的是石头吗？煤又是怎样形成的呢？

其实煤并非石头，煤是由远古时代的植物转化形成的。人们曾发现过保存相当完好的植物化石，竟埋藏在煤层附近的岩石中，也曾在煤层中发现过保存完好、已经煤炭化的大树干。如果在显微镜下观察切成薄片的煤，就能清楚地看到某些植物组织就在煤的薄片中。有人对于煤炭燃烧放热的原因进行化学分析得到这样的结果：煤之所以可以燃烧放热，是因为它含有氢、碳等化学元素，而这些都是易燃物质。而且化学分析也证实了煤是由植物演变而来的这一事实。

可以这么说，今天我们烧的煤，是很久很久以前的太阳能生产出来，并积蓄起来的。换句话说，煤燃烧时放出的能量，是亿万年前蓄积起来的植物所固定的太阳能。

煤的形成时间大约在 3 亿年前，那时候在炎热和多沼泽的潮湿地带生长着大片茂密的羊齿类植物。在大约 1 亿多年的时间里，这种蕨类植物繁茂生长的状况一直持续着。当然，植物到一定年龄就会死亡。而死亡的原因也是多种多样的，有由于风暴和雷电造成的树木死亡，也有由于野兽的袭击造成的树木死亡，也可能成片的森林在火灾中毁于一旦，更多的是因为衰老而死。日积月累，死去的植物被埋藏在土壤之下，经过细菌和微生物的分解作用，形成有机物质，成为一层厚厚的黑色或褐色的泥炭或腐泥。随后新生成的泥炭或其他沉积物又覆盖了先前生成的腐泥，随着频繁的地质运动，这些泥炭被深深地埋在地下，空气和这些泥炭完全隔绝开来。在缺氧的情况下，微生物是无法生存的，于是分解作用停止了。经过漫长的年代，在高温高压的环境下，泥炭便慢慢变成又硬又黑、看起来像石块的固体。此时，它已经和原来的木头形状完全不同了，虽然它变得面目全非了，但它的燃烧性没有改变。人们重新给它命名叫煤。

这就是煤的形成过程。远古时代的绿色植物，进行光合作用聚积了大量的太阳能。沧桑巨变，经过了亿万年，这些植物在地质作用下变成了煤。煤炭燃烧的时候，亿万年前储存的巨大能量就又被释放出来了。

▧ 煤的开采

煤的矿床分地上和露天 2 种，开采时，采用挖井开采或直接开采的方式。

▼ 煤的形成及种类

煤主要是亿万年前植物的残骸，由于埋于地下深浅的不同，形成了泥炭、褐煤、烟煤及无烟煤等多种。

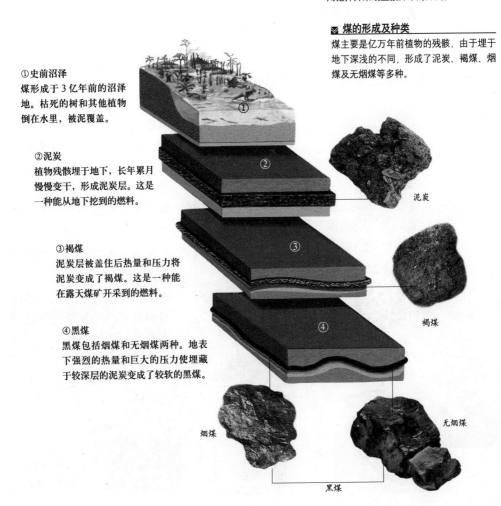

①史前沼泽
煤形成于 3 亿年前的沼泽地。枯死的树和其他植物倒在水里，被泥覆盖。

②泥炭
植物残骸埋于地下，长年累月慢慢变干，形成泥炭层。这是一种能从地下挖到的燃料。

③褐煤
泥炭层被盖住后热量和压力将泥炭变成了褐煤。这是一种能在露天煤矿开采到的燃料。

④黑煤
黑煤包括烟煤和无烟煤两种。地表下强烈的热量和巨大的压力使埋藏于较深层的泥炭变成了较软的黑煤。

泥炭

褐煤

烟煤

无烟煤

黑煤

石油来源于动物遗体吗

石油是当今世界最主要的能源和化工原料。人类使用石油的历史可追溯到 2300 多年前。据史料记载，早在公元前 3 世纪，中国四川省就已经有人使用石油和天然气做燃料来烧烤食物、取暖和照明了。但是当时人们对石油的认识十

◈ 石油提炼

石油是重要的工业原料，它由多种成分组成。石油经过高温变化，然后在不同温度冷却还原，就将它分成了汽油、煤油、柴油等工业原料。

分有限，大规模地开采石油并用于工业生产始于 19 世纪。现在，人类的衣食住行都离不开石油。人类已进入了"石油时代"。自美国开凿了世界上第一口油井至今，开采出来的石油已经有数千亿吨。然而，就在石油已成为我们日常生活中不可缺少的一部分时，人们对它的成因至今还没有弄清楚。

长期以来，在有关石油成因的问题上形成了 2 大派别：无机起源说和有机起源说。无机起源说的代表人物是德国地理学家洪堡和俄国化学家罗蒙诺索夫，他们都认为石油源于无机物。然而，由于化学家无法用无机起源说解释石油的复杂化学成分以及油田的复杂化学成分和油田的实际地质分布，所以现在支持这一

凝结的汽油

上升的石油蒸汽

C4 以下 石油气

液化石油气

常压蒸馏

C5～C11 汽油 —— 汽油发动机的燃料

加热炉

C11～C16 煤油 —— 飞机燃料

C15～C18 柴油 —— 煤油炉的燃料

—— 柴油发动机的燃料

重油 C20 以上

柴油

铺路

沥青 —— 减 压 蒸 馏 —— 润滑油

船或火力发电的燃料

燃料油

各种化工原料

石蜡

机油

◈ 石油分馏产品及用途示意图

观点的科学家越来越少。

有机起源说形成于 19 世纪中叶。该理论认为，在远古时期，海洋中主要是低等生物，这些单细胞生物的主要成分是碳、氢、氧。这些海洋生物死后，其遗体沉入海底，被泥沙覆盖，空气被隔绝，在细菌的作用下发生着各种化学变化。经过漫长的演变，这些低等生物变成了石油。随着油田地质和石油化学研

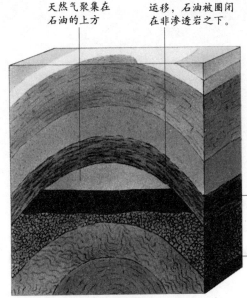

天然气聚集在石油的上方

非渗透岩阻止石油运移，石油被圈闭在非渗透岩之下。

积聚石油的多孔岩石称为储集岩，石油在这里被圈闭。

石油通常由非渗透岩圈闭，它能阻止石油运移。

石油能运移的多孔岩石

含石油、天然气地质构造示意图

究的深入，这种观点为越来越多的证据所证实。例如，石油具有成因于生物的有机物质才具有的旋光性；石油中含有的"卟啉"与植物的叶绿素和动物的血红素相似；植物的光合作用可以解释石油中碳 12 的含量高于碳 13 的原因……尤其有力的证据是，世界上 99%以上的油田都产在与生物作用关系密切的沉积岩中。因此，从 20 世纪 50 年代起，有机起源说已被学术界公认。当然，在有机起源说内部仍存在着许多分歧，有待科学家的进一步探索。

需要特别指出的是，由于宇航事业的发展，近年来在无生命存在的星体上确实发现了类似石油和可燃气的物质，石油地质勘探水平的提高也使人们认识到地壳深处存在油气补给源，所以"无机成因说"又对"有机成因说"提出了严重的挑战，受到越来越多的科学家的重视。

2 大派别 2 种学说对峙至今，而且愈演愈烈。我们期待着科学家能早日解开石油成因之谜，给人们一个准确的答案，在能源日益紧张的今天，这无疑将会是一个好消息。

扫码获取更多资源

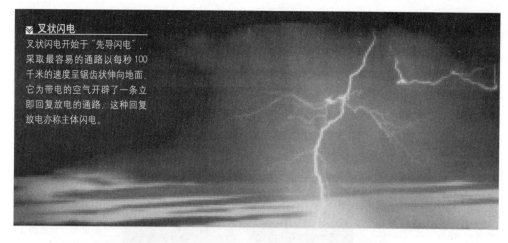

叉状闪电

叉状闪电开始于"先导闪电",采取最容易的通路以每秒100千米的速度呈锯齿状伸向地面,它为带电的空气开辟了一条立即回复放电的通路,这种回复放电亦称主体闪电。

闪电是怎样形成的

雷电在古人的眼中是超自然力量的象征,他们不明白其中的原因,因此对电闪雷鸣十分恐惧,甚至是顶礼膜拜,认为那是"上帝"、"天神"对人类不满、发怒而形成的。到了近代,人们才真正开始了解雷电产生的原因,许多人孜孜不倦地探索试验,有的甚至为此丢掉了性命。

19世纪美国科学家富兰克林所做的那个著名的风筝试验,证实天上的电与地上的电实质相同,从而使人类在对雷电的认识上迈出了关键性的一步。人们这样解释:携带正电荷与负电荷的两种高电压云团在空中相撞,产生电火花,这就是闪电。这种碰撞可以释放出很大的能量,声光具备,撼人心魄。如果碰巧的话,闪电会导向地面,对人、畜、树木以及建筑物构成危害。可是云层本来是中性的,怎么会产生大量的正、负电荷呢?

弄清楚正、负电荷分离的原因是了解闪电成因的第一步。科学家们发现,在一般情况下,只有在达到0.6米以上的厚度时,雷电云层才会产生闪电。带负电荷的往往是温度很高的下部云层,而带正电荷的往往是温度很低的上部云层。当正、负电荷之间的电场足够强时,绝缘层就会被击穿,于是就产生了闪电。但是,是什么力量使正、负电荷分开的呢?

起初,不少科学家认为这可能与降雨有关。他们认为降雨时,以大雨滴或是以冰粒形成倾泻而下的雨水,往往带负电荷。而云层上面则会积聚带正电荷的小尘粒和冰晶的微粒,形成了足以引起闪电的电场。美国一些科学家为了检验这种说法是否正确,用雷达来测试闪电之后降雨速度是否有变化。但是试验并没有朝着他们所想的那样发展,于是这一说法被彻底否定了。

也有人提出,充电过程最初是在冰雹与冰晶或极冷水滴撞击时产生的。冰雹块被撞裂开后，便在云层的上部集中了带正电的轻冰粒，而较重的带负电的冰粒下降，在云层下方形成负电荷。这种说法不全面。因为，如果单用降雨来解释闪电，那么，闪电为什么经常发生于降雨之前，而不是在降雨之后或降雨过程中呢？另外，火山爆发时也会产生闪电，这又是为什么呢？

有人认为电荷产生在雷电云层之外。大气中过量的正电荷被吸附到上面的云层中，在这个过程中云层本身又吸附了自身上方大气中的负电荷，但由于气流的作用，负电荷又被裹挟而下。正是由于这种上下的剧烈运动，使得正电荷在上，负电荷在下，正、负电荷分开，最终形成闪电。然而，这一假说只是猜测而已，并未得到证实。

闪电这种自然现象虽然很平常，但要真正解释清楚它还真不容易。一些科学家指出，要解释闪电

❀ **闪电形成示意图**

在雷暴云内部，水和冰的微粒相撞使正负电荷不断积累，当电荷之差达到足够大的程度时，就开始通过闪电的形式释放电荷。

现象，必须更多地了解雷电云的内部作用过程。但是，即使这一问题解决了，也只是揭开了冰山一角，还有更多的闪电之谜在等待着我们。只有怀着不畏艰险、不怕牺牲的精神，才能真正解开闪电之谜。

❀ 一般情况下，像空气这样的气体并不导电，因为空气中没有带电荷的原子和分子。不过，气体受热或遇到强电场时就会导电，这种情况下，中子从中性原子和分子上被剥离下来，形成等离子体。等离子体是由不带电的离子、中子和正离子组成的高温混合物，等离子体中带电荷的离子可以导电。

手指会放电

实验器具：干燥的玻璃杯一只、金属蛋糕铲一把、泡沫塑料一块、毛料布一块。

实验过程：

①用毛料布摩擦事先准备好的泡沫塑料。

②在干燥的玻璃杯上放置金属蛋糕铲，再在金属蛋糕铲上面放上带电的泡沫塑料，用手接近蛋糕铲的手柄，这时你就会看到你的手指会放电。

实验解析：用毛料布摩擦泡沫塑料，就会使泡沫塑料带上了负极电子。同性相斥，异性相吸。同样的电极相互排斥，金属蛋糕铲上原有的电流就会全部集中到手柄尖端，在那里出现手指放电现象。闪电的电压高达数千伏，但由于电流量极小所以没有任何危险。

实｜验｜课｜堂

极光形成之谜

在地球的南极和北极区域，虽然十分寒冷，却经常会出现神奇而绚丽的极光现象。1950年的一个夜晚，北极夜空上方出现淡红和淡绿色的光弧，时而像在空中舞动的彩带，时而像在空中燃烧的火焰，时而像悬在天边的巨伞。它轻盈地飘荡，不断变化着自己的形状，持续了几个小时。它多彩多姿，一会儿红，一会儿蓝，一会儿绿，一会儿紫，变幻莫测。这就是美丽的极光。

极光在很多地方出现过，但"极光之源"到底在哪里呢？极光是如何形成的呢？科学家们一直试图回答这些问题，但至今也没有一个令人信服的答案。

科学家研究认为，太阳活动是极光之源。太阳是一颗恒星，不断放出光和热。其表面和内部进行各种化学元素的核反应，产生出强大的、内含大量带电粒子的带电微粒流。这些带电微粒射向空间，和地球外80～1200千米高空的稀薄气体的分子碰撞时，由于速度快而产生发光现象。太阳活动是周期性的，大约为11年一次。在太阳活动的高潮期，

▧ 瑞典北极圈内地区，冬夜永无黎明，北极光很像温暖的火焰，照亮了黑暗。

太阳黑子犹如巨大的漩涡应生而动。有人发现当一个"大黑子"经过太阳中心的子午线20～40小时后，地球上一定会发生极光。也就是说，极光出现的频率与太阳活动有很大关系，极光就像太阳发出的电。

那为什么极光现象多出现在南北两极呢？原来地球本身是个近似以南北极为地磁两极的大磁石。太阳送来的粒子流接近地球时，以螺旋形的运动方式分别飞向两个磁极。事实上，磁极不能完全控制所有的带电粒子流，在太阳喷发的带电粒子流非常强烈的年份，也能在两极地区以外的一些地方观察到极光。因为空气成分非常混杂，不同气体成分如氧、氮、氦、氖等在带电微粒流作用下，发出不同的光，所以极光看上去多彩绚丽。有人从地球磁层的角度考虑问题认为，地球

▧ **出现在北极地区的极光**

极光是由太阳活动引起的。它是太阳风将带电离子吹到地球两极上空被地磁俘获而产生的一种特殊光学现象。

▧ 出现在瑞典基鲁那市上空的极光

磁层包裹着地球，就像地球的"保护网"，它保护着地球，使之避免遭受太阳风辐射粒子的侵袭。但在南北极的上空，这张"网"并不结实，有较大的"间隙"。通过"间隙"，部分太阳风便会侵入地球磁层。由于南北极上空有"间隙"，因此极光现象多被控制在两极地区的上空。但是，上述观点虽较好地解释极地地区的极光现象，却无法解释地面附近出现的极光现象。一些人认为这些极光是由于地面附近的静电放电所致。据史料记载，离地面 1.2 ～ 3.0 米都出现过极光，有时人们在出现近地极光的地方，还能闻到臭氧的味道。

因为许多极光现象与彗星明亮的尾巴有相似之处，使得有人把极光现象与彗星联系起来，这对认识极光是有一定好处的。尽管极光之谜还没有完全揭开，但人类对它已经有了较科学的认识，也许很快科学家们就能告诉我们"极光"真正的奥秘。

飓风的成因与危害

当风暴云遇到干冷的气流时，就停止上升和伸展

云层中含有大量的冰水混合物

强大的引力将外层的云吸入气流中

　　飓风的意思是"风暴之神"，是根据印第安人的"雷神"来命名的。每当人们提起飓风，脑海中定会浮现出这样的画面：来势汹汹的飓风所到之处屋倒房塌，它就像一个脾气暴躁的魔王顷刻间给人类带来巨大的灾害。那么，飓风除了具有危害性的一面外，对人类就一点益处也没有了吗？飓风的实质是什么？它又是怎样形成的呢？

　　飓风潮湿而沉闷，含带盐分，吹拂到唇上，你会感觉到似乎有点苦味。飓风开始的时候，有白色薄雾在天空出现，然后雾越来越浓，并由白变黄，在日落的余晖映照下呈现出一片橙色和红色，天空绚丽异常。海上空气振荡起来，大块乌云飞驰而至，大雨倾盆，狂风呼啸，风雨斜飞，雷声震耳。当风眼过后，风雨停住了，一切似乎又恢复了平静，太阳也露出了光芒。但这不过是又一场风暴前的短暂平静，用不了多久，乌云再次布满天空，狂风暴雨又开始了新一轮的袭击。

◢ 龙卷风过境
当龙卷风将旋转的气柱伸向地面，它中心的气压比正常大气压低几百帕，当气旋靠近建筑物时，建筑物内的空气向低气压区突然冲出，引起猛烈的爆炸。此图反映了美国佛罗里达州的一小城镇在龙卷风过后的狼藉景象。

　　1780 年 9 月，巴巴多斯岛遭到飓风的袭击，飓风把一艘停泊在圣卢西亚岛的大船掀刮到一所市立医院里。在这次飓风事件中，葬身海底的船有 40 多艘，共有 400 艘以上的船只受损，很短的时间内乡村、城市化为乌有。

　　1935 年 9 月，飓风在袭击美国佛罗里达时，从路轨上把一列火车抛出很远，一艘轮船也被抛到了岸上。这是 20 世纪以来发生的最强烈的一次飓风。

　　1980 年 8 月 30 日，"艾伦"飓风——被称为 20 世纪第 2 强的飓风——在巴巴多斯登陆，以大约 270 千米的时速席卷而过，所达宽度约

600千米。"艾伦"直抵大安的列斯群岛，沿途经过了向风群岛和背风群岛，它在一周内将多米尼加、圣文森特、海地、古巴、牙买加和开曼等10多个岛屿横扫了一遍。然后，穿过尤卡坦海峡，进入墨西哥湾，又在南部登陆。"艾伦"掀起了比平时高5米的汹涌海浪，大水夷平了沿海城镇，居民也有不少伤亡。狂风暴雨，凄声怒吼，毁坏了很多香蕉园，棕榈树也被连根拔起。飓风使电台广播、电讯联系和电力供应完全中断了。

　　飓风，最早发生在北大西洋上，当时是在西经25°以西，北纬8°～30°之间的范围上。这是由于在大西洋上，在百慕大群岛和亚速尔群岛之间，分布着一个椭圆形的高压脊，它像一座山似的阻挡着，使飓风不得不向西行进。在向西行进的途中遭遇东北信风，这又起了推波助澜的作用。

　　飓风多发生在热带海洋上，常常会形成一种旋转速度快、影响范围大的强大的热带气旋。飓风开始时只是一股游移在热带海洋上空的低气压带。在这里，暖空气不断汇流聚集，盘旋上升，形成巨大的气柱，并在这个上升过程中不断冷凝成云雨，大量的热能被释放出来了，这又加速了气流

龙卷风的漏斗从风暴云的顶端逐渐下降到达地面

◈ 可怕的龙卷风

龙卷风的漏斗状空气旋转的时速可以达到500千米，这个毁灭性的漩涡通常有2千米宽，陆地表面的沙尘和物体被卷离地面后，或者被抛在一边，或者随着漩涡旋转，直到风力停息，它们才落到数百千米以外的地面上。

旋转上升的柱状云

◈ 龙卷风以400千米／小时的速度卷起这辆卡车并将它猛甩出去，揉成一堆废铁后扬长而去。

当旋风经过地面时，扬起大量的灰尘和瓦砾

47

一个龙卷风漏斗在雷雨云的下部产生

因为吸入了大量杂物，龙卷风的颜色变暗

云墙
这组图片清楚地展示了龙卷风形成的过程。龙卷风漏斗从雷雨云上降下，在其中心低压区，空气中的水分凝结成一个云柱。

龙卷风的力量逐渐消失，漏斗也变小

逐渐消失
因为龙卷风强大的吸力，许多物体被抛到了天空中，当龙卷风的力量消失时，这些东西渐落回地面上。最终龙卷风会收缩，回到产生它的雷雨云中。

低压漏斗接触地面
龙卷风经过了满是尘土的农场，当龙卷风的底部接触到地面时，漏斗变成几部分，因为旋风和上升的气流带起大量灰尘，龙卷风底部四周变得昏暗不清。

的上升。当空气由于受热而上升得越来越快时，风暴中心又有许多新的空气不断聚集，这样，飓风的能量不断增强，就变成速度、强度更猛烈的风了。

北半球风暴中心的移动偏右，做逆时针方向旋转，这是由地转偏向力和地球的自转造成的。飓风一般有800千米的直径，有的甚至超过1000千米。飓风中心被称作"风眼"，半径在5～30千米，在"风眼"内一般比较平静。"风眼"的四周，风势最猛，常被一环浓密的云包围着，这一云环就是飓风带来滂沱大雨的成因。

飓风给人类造成了严重的自然灾害，但是通过气象卫星的观测，我们发现，热带风暴的作用是驱散热量，如果没有它，热带将变得更热，两极会变得更加寒冷，而温带郁郁葱葱的景色因雨量减少也将不复存在。有这样一组数据，一股热带风暴在全速前进时，一天之内就有相当于400颗2000万吨级氢弹爆炸所释放出来的能量被放出。飓风的作用就在于它能够在地球上进行热平衡。

飓风这种热带气旋，在亚洲东部的中国、日本和朝鲜，被人们称作台风；在菲律宾被人称作碧瑶风；吹向北美洲东南部沿海时，叫作飓风。

尽管飓风名称各异，但我们要认识的始终是飓风的实质和规律，这样就可以采取相应的措施，将飓风对人类的危害降至最低。

揭开海市蜃楼的奥秘

1988 年 6 月 1 日，位于山东半岛上的蓬莱出现了一种奇景：宽阔的海面上，横着一条乳白色的雾带，一朵橙黄色的彩云先从大小竹山两个岛屿涌起，不断地升腾变幻，一会儿似仙女游春，一会儿像金凤摆尾。不久，南长山列岛在雾中渐渐隐去，露出一个时隐时现的新岛。新岛之上，云崖天岭、幽谷曲径都若即若离，而仙山之中，玉阙珠宫、

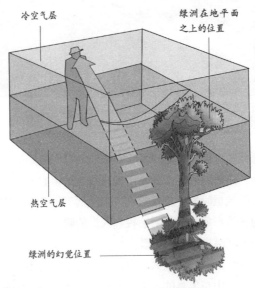

冷空气层

绿洲在地平面之上的位置

热空气层

绿洲的幻觉位置

≪ 沙漠中的海市蜃楼

当走在炎热的沙漠中饥渴难耐时，你可能会为眼前出现的绿洲所震惊。可当你匆匆赶去时绿洲却消失了。其实，你看到的是海市蜃楼的幻象。绿洲可能存在着，但远在视野之外。因为从绿洲来的光线被地面的热空气层折射，使得绿洲看起来比实际上近。

浮屠宝鼎若隐若现，灵气袭人。矗立在悬崖峭壁之上的蓬莱仙阁被仙雾所笼罩，亭台楼榭在烟雾迷蒙中如琼楼玉宇。蓬莱阁下的登州古城，此时也神秘得宛如仙境神迹。这就是如梦似幻的"海市蜃楼"现象。

当然，这种奇景也不是蓬莱独有的，在其他地方也常常可以看到。如 20 世纪 30 年代出现的海上"荷兰飞船"，曾使全世界为之轰动。那年，有一艘从欧洲驶往美国的轮船，在大西洋上突然遇上一条怪船，那是一艘建于 16 世纪的帆船，只见它扬着巨帆，载着许多乘客迎面驶来。看到它越来越近，船长当即命令水手改变航向。但是，在两艘船即将碰上时，这艘船却从船舷旁擦了过去。这时候，几百名乘客清楚地看到这艘古代荷兰帆船上站着一些身着古装的人。

那么，这种美丽神奇的海市蜃楼究竟是怎么形成的呢？

其实，海市蜃楼只是一种自然现象，它可分为上观蜃景、下观蜃景、侧观蜃景和多变蜃景等多种。其中，上观蜃景大都发生在海面上、江面上。夏天，海上的上层空气在阳光的强烈照射下，空气密度变小，而贴近海面的空气受较冷的海水影响密度较大，出现下层空气凉而密、上层空气暖而稀的差异。从短距离内密度悬殊的两层空气穿越而过的光线，

≫ 中亚戈壁沙漠内的海市蜃楼景象

乍一看，远处像有一个大湖。事实上，"湖水"只是天空的影像而已。

在平直的海岸或海面上，就会出现风景、岛屿、人群和帆船等平时难得一见的奇景。出现这种现象的原因是，虽然岛屿等奇景位于地平线下，但它们反射出来的光线会在从密度大的气层射向密度小的气层时发生全反射，又折回到下层密度大的空气层中。上层密度小的空气层会使远处的物体形象经过折射后投到人们的眼中，而人的视觉总是感到物象是来自直线方向的，从而出现海市蜃楼的奇景。

弄清了这些道理，那些曾经让人困惑不已的奇景也就不足为奇了，都可以为它们找到科学的解释。如出现于山东半岛的"蓬莱仙岛"其实就是离蓬莱市十几千米外的庙宇列岛的幻影；而"荷兰飞船"则是一家电影公司在海边拍摄有关荷兰飞船的影片时，突然被暴风吹到辽阔的海洋上而出现的幻影。

≫ 海市蜃楼景象

这是一个出现在南极的海市蜃楼，它下边的山是真山，上边的一切则是幻象。由寒冷空气形成的海市蜃楼都是正像，出现在物体上方；沙漠里的海市蜃楼，都是倒像，出现在物体下方。

≫ 海市蜃楼示意图

直射线

远景

折射线

幻觉图像

人类探访海底的历程

地球上的大部分地区被辽阔无边的大海所占据。人们已经认识到大海中蕴含着丰富的资源，如果能开发这座巨大的宝库，将会给人类带来无穷的好处。自古以来，人们在认识海洋、开发海洋的过程中，对大海深处怀有极大的好奇心，那谜一般的海底世界到底是一副什么模样呢？

金属头盔

潜水衣

人类对于海底世界的认识是随着科学技术的进步而不断增长的。最早，人们是赤身裸体地潜入海底的，但由于身体条件的限制，潜入的深度有限，一般只有 40 ~ 50 米深。

后来，出现了一种由金属头盔和潜水衣组成的潜水衣具，这种潜水衣具可帮助人下潜到300 米深的海底。

◪ 海水压力很大，科学工作者需要借助特制的潜水衣具才能潜入深海开展探访活动。

由于海水的压力随着海水深度的增加而增加，因此，潜入深海的关键在于克服海水的压力，只有借助于特制的、具有较强抗压能力的潜水装置，人才有可能潜到海底深处。

潜水的纪录			
国名	年代	船　名	深度（米）
日本	1971	白杨号	300
日本	1969	深海号	600
美国	1948	班特史考普号	1360
日本	1981	深海2000号	2008
瑞士	1956	的里雅斯特号	3700
法国	1954	巴斯奇卡夫FNRS3号	4050
美国	1965	阿米诺特号	4500
日本	1989	深海6500号	6527
法国	1962	阿基米德号	9500
美国	1960	的里雅斯特2号	10916

◪ 这个图表系统讲述了人类向深海挑战的过程。这个深潜活动为人类进一步揭开海底世界的秘密打下了很好的基础。

1928 年，美国著名的探险家威廉·毕比和工程师奥蒂斯·巴顿建造了一个名为"毕比"号的潜水器。由于它具备了较完整的设备和结构，所以被人们称为"世界上第一个真正的潜水器"。1930 年 6 月 6 日，毕比和巴顿正式进行了潜水实验。这一次载人潜水实验成功地将人送到了深达 2440 米的海底，这是人类从来没有到达过的海域！

再后来，瑞士科学家皮卡德在毕比和巴顿实验的基础上，受高空气球原理的启发，于 1948 年设计出一种"水下气球"。皮卡德接着又将"水下气球"改建成"的里雅斯特"号深潜器。20 世纪 50 年代初，皮卡德的"的里雅斯特"号潜入3160 米的海底，这是当时人类所潜入的最深处。

◢ 人类的潜水深度示意图

人类借助耐压潜水衣等设备，可以下潜到 700 米的深度，这是目前人可以直接下潜的最高深度。

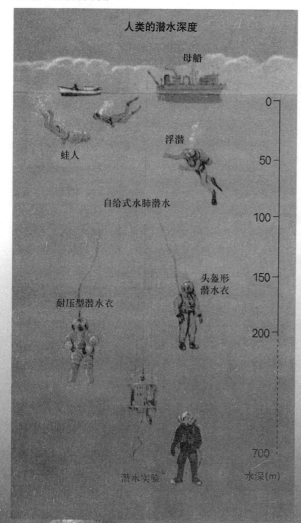

人类的潜水深度

母船

浮潜

蛙人

自给式水肺潜水

头盔形潜水衣

耐压型潜水衣

潜水实验

水深(m)

◢ "阿尔文号"深潜器

皮卡德也由于在深海和高空的探险领域中所作出的杰出贡献被称为"高深教授"。

在"的里雅斯特"号深潜器的帮助下，皮卡德和儿子雅克·皮卡德决定挑战海洋的最深处——马里亚纳海沟。1960 年 1 月 23 日，3 艘"的里雅斯特"号深潜器驶入马里亚纳海域，经过几个小时的艰苦跋涉，深潜器终于"着陆"了——潜入海底 10916 米，这是有史以来人类潜入海底最深的纪录，人们称这一深度为"挑战者深度"。

火山制造的美丽群岛
——夏威夷群岛

▶ 基拉韦厄火山，位于太平洋的夏威夷群岛上，海拔1247米，这里有世界上最大的岩浆湖。

位于美国西部的夏威夷群岛是著名的旅游胜地，那里有金色的沙滩、碧蓝的海水，吸引着世界各地的观光者。然而，这美丽的群岛却是海底火山的产儿。

夏威夷群岛共有100多个小岛，其中最大的岛是夏威夷岛，它由5个小火山岛组成。冒纳罗亚火山海拔4170米，是世界上最高的海岛活火山。这座火山的山顶就像裹在一层云雾中，若隐若现。这座火山多年来一直处于睡眠状态，直到1950年，它才醒来，喷吐出一条巨大的"火龙"。1984年，冒纳罗亚火山再次爆发，但规模比1950年要小些。

基拉韦厄火山则是一座经常喷发的活火山，其火山口直径达4024米，深130多米。在基拉韦厄火山坑底西南角有一个直径100米、深100米的圆坑，是一个巨大的岩浆湖。岩浆湖里充满了忽起忽落的熔岩。这些熔岩在火山爆发时会很快涌出，形成异常壮观的熔岩流和熔岩瀑布。熔岩瀑布的流速很快，最快每小时可达到30千米。1960年，基拉韦厄火山大爆发，炽热的熔岩直泻大海，并在海边形成了一片约2平方千米的新大陆，即美丽的凯姆海滩。

岛北的冒纳凯阿山是全岛最高的火山，海拔4205米，是一座死火山。夏威夷群岛隐藏于海底的深度是4600米，如果算上这一高度，那么冒纳凯阿山和冒纳罗亚火山的高度相当于珠穆朗玛峰。

夏威夷群岛的火山为它增添了不少独特的景致，如岛上有一些悬崖峭壁，有的呈红色，有的呈黑色，都是由火山岩构成的，是火山喷发的产物。但另一方面，这些火山，尤其是活火山也给夏威夷群岛带来了不少麻烦。如由于火山喷发，许多土地被烧焦，岩石裸露出来。但由于火山灰覆盖在大半个岛上，使岛上土地肥沃，适合植物生长。这里的各种花朵艳丽纷呈，大片的草莓、芳香迷人的热带兰花遍布全岛，像一个美丽迷人的人间仙境。

▶ 正在爆发的火山横断面
除了从主火山通道喷出来，在附近被称为岩脉的通道，熔岩也能流出来。

炽热的尘云
主通道
熔岩、火山灰、石块组成的锥体
岩床
火山弹
岩脉
熔岩
岩浆室
岩基

由于这里的火山呈盾形，坡度不大，熔岩富含镁、铁等物质，温度高，流动性大，黏稠度小，所以火山喷发的通道很通畅，火山喷发的力度不是很大，往往富含水蒸气。因此，夏威夷群岛不仅是旅游度假的胜地，而且是考察火山喷发及观赏火山奇景的绝佳去处。

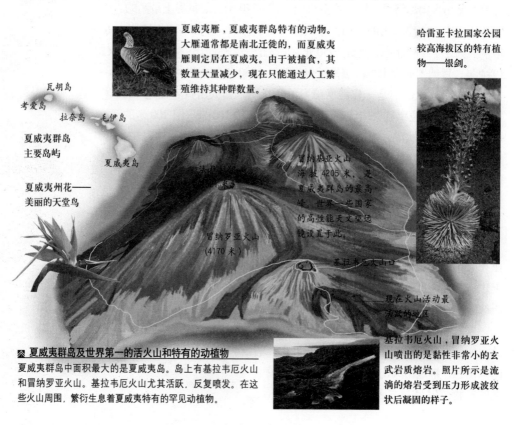

夏威夷雁，夏威夷群岛特有的动物。大雁通常都是南北迁徙的，而夏威夷雁则定居在夏威夷。由于被捕食，其数量大量减少，现在只能通过人工繁殖维持其种群数量。

哈雷亚卡拉国家公园较高海拔区的特有植物——银剑。

瓦胡岛
考爱岛
拉奈岛　毛伊岛
夏威夷群岛主要岛屿
夏威夷岛

夏威夷州花——美丽的天堂鸟

冒纳基亚火山海拔 4205 米，是夏威夷群岛的最高峰，世界一些国家的高性能天文望远镜设置于此。

冒纳罗亚火山（4170 米）

基拉韦厄火山口

现在火山活动最活跃的地区

✳ 夏威夷群岛及世界第一的活火山和特有的动植物
夏威夷群岛中面积最大的是夏威夷岛。岛上有基拉韦厄火山和冒纳罗亚火山。基拉韦厄火山尤其活跃，反复喷发。在这些火山周围，繁衍生息着夏威夷特有的罕见动植物。

基拉韦厄火山，冒纳罗亚火山喷出的是黏性非常小的玄武岩质熔岩。照片所示是流淌的熔岩受到压力形成波纹状后凝固的样子。

造福人类的洋流

　　海水有涨潮、落潮，也会像河流一样有规律地朝着同一方向流动，推动海水大规模流动的就是海中"河流"——洋流。

　　如果你将一只瓶子放入大海，过不了多久，这只瓶子就会顺着海水流动的方向漂到另外一个地方。人类做过许多类似的实验。例如，人们于1820年10月在大西洋南部海域投放一只瓶子，经过几个月的漂流，人们于1821年8月在英吉利海峡沿岸发现了同一个瓶子。这些实验对于人类认识洋流具有十分重要的作用。

　　其实，海洋里的这种"洋流"早就被航海家发现了，他们还利用这些"洋流"进行航行。如哥伦布等乘帆船随着大西洋的北赤道暖流西行至西印度群岛；麦哲伦等在船只越过麦哲伦海峡后，就先在秘鲁寒流的影响下向北漂行，然后又在太平洋的南赤道暖流的吹送下，顺利到达南洋群岛。

　　那么洋流到底是怎么形成的呢？科学家们根据海上漂泊者的经历、海水颜色的变化、船骸的踪迹、海水的温度以及人造卫星的帮助，终于揭开了洋流之谜。

　　原来，洋流形成的原因复杂多样，而主要原因是由于信风和西风等定向风的吹送。在定向风的吹拂下，海水随风飘动，上层海水带动下层海水流动便形成洋流。这种洋流的规模很大，也叫风海流，最为典型的风海流是北半球盛行的西风和信风所形成的洋流。

　　洋流的流动会使当地海区的海水减少，为了补充海水，相邻海区的海水会源源不

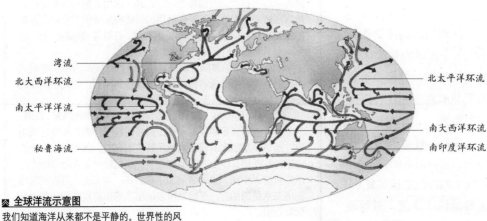

◈ 全球洋流示意图

我们知道海洋从来都不是平静的。世界性的风吹指海面，形成大规模海洋，海洋会在很大程度上影响所经地区的气候。

➡ 暖流　　➡ 寒流

55

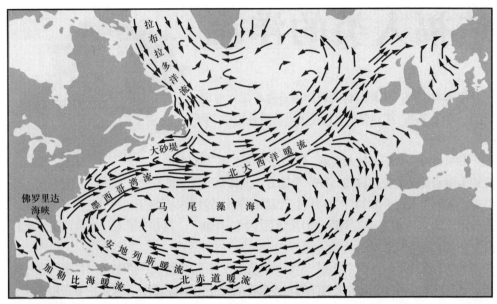

◈ **墨西哥湾暖流**

海水温度高于所流经海区水温的洋流称为暖流。它对所流经地区有明显的增温增湿作用。墨西哥湾流是沿着北大西洋周围运动的一种顺时针式的表层流。它从佛罗里达海峡流到拉布拉多外海大砂堤海域。

断地流过来，从而形成补偿流。补偿流分为水平流和垂直流，此外，补偿流又分下降流和上升流，最为典型的上升流是秘鲁附近海区的补偿流。

海水的流动还会因海洋中的各个海域的海水的温度、盐度的不同，引起海水密度的差异而发生，这种洋流又叫密度流。

当然，洋流的形成往往是由于多种因素的综合影响，现实中的洋流是极其复杂的。正确地认识洋流，对航海、气象等事业具有重大的意义。

知识窗→墨西哥湾流与欧洲气候

墨西哥湾流是在北大西洋西侧美国东海岸之东 16～800 千米处向北流的一股强大洋流。此名称来自 16 世纪并且反映了该洋流系源自墨西哥湾。

墨西哥湾流是一条窄而高速的水流，它分隔左手边冷冽而密的水域与右手边的温暖水域。此名一般用于指从佛罗里达海峡到挪威海的海流，但是更适当的说法应是从佛罗里达海峡延伸到北纬 40°、西经 50° 附近的海域。在这区域东侧，此洋流变得较不明显，且另命名为北大西洋洋流。

对洋流概略位置的了解及其与北大西洋洋流的相关性对人们极为重要。当航海者要从北美洲航行到欧洲，他们利用墨西哥湾流，顺着此洋流走，可以节省时间和油料。

在气候上的影响：墨西哥湾流直接改变了欧洲的气候，然而，一个重要的事实是科学家已确定直接影响气候的并非受湾流本身，而是受所围绕的温暖水域所处位置影响。因此，这个湾流决定的此温暖、中心的水体的北界，正是这个北大西洋的中心水体本身对欧洲气候有影响的主要力量。事实上，当被湾流搬运的海水量增加时，在欧洲所表现出来的影响是冷却效果而非增温效果。

厄尔尼诺现象
对人类有什么危害

　　20世纪80年代以后，人们经常会听到一个与气候有关的新名词，即"厄尔尼诺现象"。到底什么是"厄尔尼诺现象"呢？各国科学家在长期地分析研究后一致认为：如果赤道中段和东段一带太平洋大范围的海水温度异常升高，月平均海表温度上升0.5℃，且持续时间超过3个月，就叫作一次"厄尔尼诺现象"。

　　厄尔尼诺现象会给人类带来巨大的灾害。如1982～1983年，厄尔尼诺现象横行全球。夏威夷群岛遭遇特大飓风，房倒屋塌；北美洲大陆热浪与暴雨交替出现，当地居民处于"水深火热"之中；中国一向四季温暖如春的华南、西南地区冬天奇冷，而以严寒著称的东北地区冬季气候温暖，全国北旱南涝。20世纪80年代末期，再次发生了全球性的厄尔尼诺现象。进入20世纪90年代，厄尔尼诺现象越来越频繁，越来越嚣张，严重威胁着人类的生产和生活。

　　遗憾的是，直到目前为止，科学家们依然没能彻底弄清厄尔尼诺现象发生的原因。在学术界，以下3种观点是较为盛行的。

　　一、地球内部因子论。这种观点认为，地球内部的变化是引发厄尔尼诺现象的原因。另外，海底火山爆发、海底地震等都可能引发厄尔尼诺现象。

　　二、天文因子论。这种观点认为，海水和大气附在地球表面，

▨ 厄尔尼诺现象引起的洪涝灾害令印度尼西亚许多居民无家可归。

◀ 1987年，当厄尔尼诺再次横行全球时，孟加拉国暴雨成灾。20世纪90年代以后，厄尔尼诺现象越来越频繁，严重地威胁着人类的生产、生活。

⬛ 1960年9月1日，飓风吹袭了美国佛罗里达州海面一个低洼的礁岛，岛上的许多棕榈树被折断，旁边的一家小旅馆也变成了一片瓦砾。

并且随地球快速地向东旋转，在赤道上，线速度可达465米／秒。地球自转速度有时会突然减慢，此时便会出现"刹车效应"，海水和大气因此获得一个向东的惯性力，赤道地区自东向西的海水和气流在惯性力的作用下减弱，厄尔尼诺现象因此便会发生。

三、大气因子论。这种观点认为，赤道太平洋受信风影响，形成了海温和水位西高东低的形势。与此同时，信风又因受到赤道太平洋西侧的上升气流和东侧的下沉气流的影响而加强。一旦信风因某种原因减弱，太平洋西侧的海水就会回流到东方，赤道东段和中段太平洋的海温因此会异常升高，厄尔尼诺现象也就发生了。目前大多数人持这种观点。

随着科技的发展和科学家经验的积累，在过去的几十年中，对厄尔尼诺的研究工作已取得较大进展。科学家们依靠装有仪器的卫星和浮标，不仅可以十分容易地观测到海洋的"风吹草动"，而且可以预测厄尔尼诺的发生。如1997年9月，科学家们利用气象监测卫星收集到了大量数据，并据此绘制成一幅图，他们发现了一块相当于大型湖泊面积30倍的水域，其水面要高出正常情况33厘米。之所以出现这种情况，是因为肆虐的飓风推动了温暖的热带海水。它表明，一次剧烈的厄尔尼诺现象正在进行中。果然，在随后的几个月中，该水域对气候的影响像预测的那样，逐渐显露出来，全球所有地区几乎无一幸免。

今天，科技进展使得天文学观测技术和计算机技术越来越先进，太平洋中出现的厄尔尼诺现象也已越来越被人们所了解。虽然以目前的技术水平，我们还无法回答许多问题，但是随着科技的发展以及对厄尔尼诺研究的加深，我们相信总有一天，厄尔尼诺之谜会被解开。当那一天到来时，说不定可怕的厄尔尼诺不仅会失去威力，而且还会造福于人类呢。

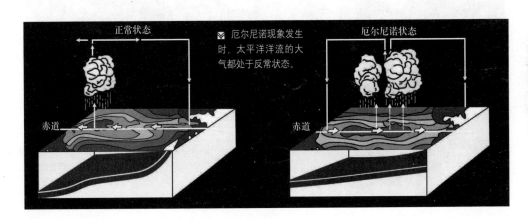

正常状态　　　　　⬛ 厄尔尼诺现象发生时，太平洋洋流的大气都处于反常状态。　　厄尔尼诺状态

赤道　　　　　　　　　　　　　　　　赤道

温室效应与全球气候变暖

　　全球气候变暖已经是个不争的事实了，科学家们正在努力探寻全球变暖的主要原因。许多人认为"温室效应"是罪魁祸首。

　　什么是"温室效应"呢？农作物和花卉育种用的大片玻璃棚温室，由于阳光透射进密闭的空间，室内保温，可以使植物加快生长或安全越冬。而对地球而言，大气层就相当于这个"玻璃罩"。大气中由于二氧化碳越来越多，给地球造成了屏障，二氧化碳不会吸收太阳光的能量，阳光透过二氧化碳可以照到大地，而地球辐射出的热量却被二氧化碳挡住，不易散逸到太空中。就好像"玻璃罩"那样，地球成了一个巨大的"温室"。这种现象就被科学家称作"温室效应"。

发展迅速的工业制造以及汽车尾气的排放，导致人类向大气中排放的二氧化碳日益增多，大大加剧了全球气温的升高。

　　一个权威性的政府组织IPCC对全球气候变暖的问题进行了大量详尽的研究，他们明确指出，大气中二氧化碳含量的增加是全球变暖的主要原因。过去100年里，全球气温已上升了0.56℃，这就是因为大气中二氧化碳的增加造成的。科学家估计，如果人类社会仍以目前的速度向大气排放二氧化碳，那么到2050年，全球气温就要升高3～5℃，南北两极和高山地区的部分冰川将融化成水，使全球洋面升高30～50厘米。

　　气候变暖导致的最直接后果就是海平面上升。IPCC估计，如果到21世纪中期，温度按估算的程度升高，海面将上升9～88厘米。而海平面升高1米，埃及国土的1%，荷兰国土的6%，孟加拉国国土的17.5%，太平洋中马绍尔群岛的80%都会被淹没。海面上升将导致洪水泛滥更加频繁，热带风暴也将更加肆虐。2000年，热带风暴使孟加拉湾地区上百万人无家可归；而据联合国统计，世界上目前有40亿以上的人口生活在靠近海洋30千米的地带上。

湿地是野生生物，特别是昆虫、鱼类、鸟类最佳的生存环境，但是全球气候变暖已经严重威胁着湿地的生态环境。

　　海平面上升还将带来空前的淡水危机。现在，全球大约有 20 亿人面临缺水境地，到 2050 年，世界一半以上的人口将受到水荒的威胁。水资源的紧缺会使相邻的国家之间发生争议，甚至爆发战争。持续的炎热还会使各种病原体微生物滋生繁衍，疟疾、登革热等疾病可能大面积流行。全球生态系统也会因温度作用向极地移动，移动过程中，都市、公路等大量人造设施的阻碍将不可避免地破坏原有的生态平衡。

气温的上升对各类生物的影响远比对无生命的自然景观的影响明显：1997 年至 1998 年间，太平洋水温上升了 3.3℃，使得大马哈鱼种群数量大幅度下降；北美洲的一种蝴蝶 100 年内已向北迁移了 100 千米；加拿大哈得逊湾的海水，在春季融化的日期逐渐提前，使北极熊产崽减少。过去 50 年中，由于异常高温不停地袭击南极附近海域，一种身高可达 90 厘米，体重超过 29 千克的大企鹅的数量已不足 50 年前的一半。

对气候变暖感受最深的恐怕还是人类。1998 年 5 月，印度出现的 50 年不遇的高温夺去了 2500 人的生命；同年夏天，美国达拉斯的气温高达 37.7℃，并持续了将近 1 个月；2000 年，中国西藏大部分地区气温偏高 2 ~ 4℃，雪域高原的人们春节期间可以不穿棉衣。

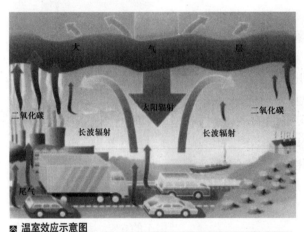

温室效应示意图

二氧化碳是产生温室效应的罪魁祸首，全球应该联合起来，控制二氧化碳的排放。

被誉为"避暑胜地"的中国哈尔滨市在 2001 年 6 月 4 日的最高气温达到 39.2℃，为该市有气象记录以来的气温最高值。

当然，"温室效应"在对生物界构成灾难的同时，也给人类带来了有利的一面。据地理学家研究发现，6000 ~ 8000 年前的北半球的气温比今天要高 2 ~ 3℃，非洲和印度的降水量比今天多 5% ~ 100%，那时的撒哈拉沙漠还是一片稀树草原，而并非今日的一片沙海。如果今后气温升高，俄罗斯和加拿大北部解冻的冻土将

给人类增加大量耕地。大气中的二氧化碳大量增加，将会促进植物光合作用，刺激农作物产量增加。北冰洋沿岸港口将成为不冻港，常年通航。

不管怎么样，就目前的形势来看，"温室效应"和地球变暖给地球带来了巨大的灾难，弊大于利。科学家们正在努力寻求地球变暖的真正原因，并探寻行之有效的解决之道。虽然现在已经取得了重大的进步，但"路漫漫其修远兮"，仍需要科学家们"上下求索"。也许在不久的将来，人类可以化弊为利，利用"温室效应"、地球变暖，为人类造福。

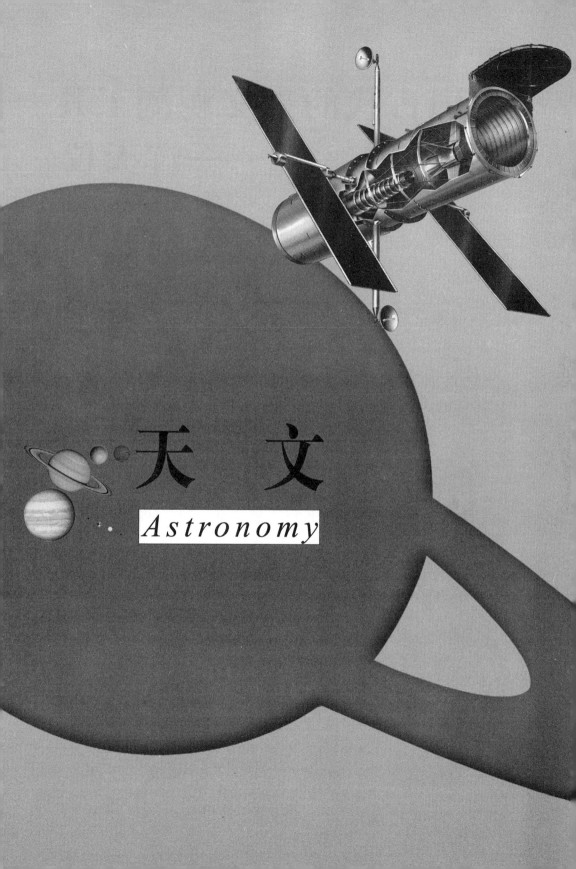

天文

Astronomy

中国古代的天文观测工具
——浑天仪

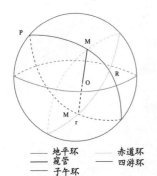

—— 地平环　　—— 赤道环
—— 窥管　　　—— 四游环
—— 子午环

❀ 浑天仪示意图

❀ 张衡像

张衡，我国东汉著名科学家，他多才多艺，在天文、文学、绘画等方面都有较高造诣。

早在远古的时候，人类就对于包容和孕育生命的天空和大地充满了敬畏和好奇，并以丰富的想象力推测着它们的形状、成因。直到东汉时期，科学家张衡发明了一种观测天文的仪器——浑天仪，人类才第一次比较形象直观地了解天空与大地。从此，天和地的样子在人们的眼中变得真实清晰起来。

公元78年，张衡出生于南阳西鄂（今河南省南阳市石桥镇）的一个名门望族，祖父张堪曾任蜀都太守。张衡自幼聪明伶俐，乖巧好学。17岁时，张衡离家到西汉的故都长安附近游历，考察历史古迹和民风民俗，后来又去了都城洛阳寻师访友并参观了太学。5年后，张衡重返家乡，担任南阳太守鲍德的主簿。鲍德调任之后，而立之年的张衡开始在家中潜心钻研哲学、天文、数学。经过3年的刻苦研读，张衡在天文、历算、阴阳等学科上取得了很大的成绩。

在张衡生活的那个时代，关于天和地的天文现象有2种不同的说法。一种说法认为：天圆地方，天覆盖着地。天上阴阳两气互相转换就形成日出、日落。但这种说法难以自圆其说之处是：天如果是圆的，那它又怎么能将四四方方的地覆盖严实呢？

后来，支持盖天说的人们为了能自圆其说，将过去的论调做了修改，说天是圆的，地也是圆的，天和地就像是2个倒扣在一起的盆子。此外，这种新盖天说还认为天和地都是中间高四周低，它们之间的高度永远都是一样的。可这么一说，这种观点还存在着许多解释不清的地方。

另一种说法则认为：天是呈圆球状的，地在天的中央，四周充满了水，地就浮在其间；天则包在地的最外面，就像蛋壳和蛋黄那样。天无时无刻不在运动，既没有起点，也没有终点，混混沌沌无法分清，所以称作"浑天"。在当时看来，浑天说似乎比盖天说的观点更令人信服，虽然也有诸如"大地若浮在水上，那么太阳、月亮、星星的起落为什么没有从水中穿过"这样的存疑，但总的说来这种观点比前面的观点先进了许多，所以这种说法成为中国汉代以后古代天文学的主要指导理论。

在浑天说的研究、传播过程中，张衡起了举足轻重的作用。

公元 111 年，张衡被汉安帝任命为郎中和尚书侍郎。4 年之后，又被任命为太史令。在此期间，张衡致力于研究天体运行规律，并根据浑天说的理论以及太阳、星星的运动规律，发明了观察天文的仪器——浑天仪。"浑"在古代有圆球的意思，所以浑天仪的外观就是圆球形的，其间由许多同心圆环组成。这个仪器是铜质的，直径为 1.3 米，中心部位有轴贯穿。球上分别刻着二十八宿、中外星官以及二十四节气、南北极、黄赤道、恒星圈、视显圈等。铜球可以旋转，其旋转速度是通过漏壶滴水所产生的动力来控制的。铜球的运转情况同天象相一致，因此，人们想要观察天象不再是件难事，只要观看浑天仪就可以将茫茫天地了然心中了。

✿ **浑天仪**

浑天仪是世界上最早用来演示星空运动的天文仪器。通过它可以知道日月星辰和节气的变化。

继浑天仪之后，张衡又研制出了地动仪和候风仪。后人在其漏水转浑天仪的基础上，又设计出了天象表演仪和天文钟。由此可知，浑天仪在天文学研究中的地位是非常重要的。

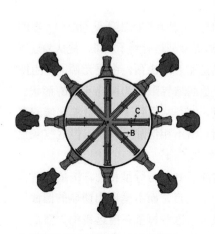

✿ **候风地动仪内部结构示意图（俯视）**

▮ 知识窗→候风地动仪的工作原理解析 ▮

地动仪是中国古代应用惯性原理的绝佳代表，反映在其内部构造上与惯性定律相符。如左图所示，候风地动仪由 3 部分组成。A 表示一杆直立的铜柱，称为"都柱"，是作为惯性体来用的，其作用与现代地震仪中的摆相同；B 为八道，即环绕都柱的 8 个向仪体辐射的等分部件，也即都柱周围所设有的 8 条滑道。功用是限制都柱的运动轨迹，使都柱在感应地震后进入特定的某一条滑道；C 则指乐机，是一种类似杠杆的早期机械装置。它一端与八道接触，另一端同体外对应的龙首 D 相连；C，D 形成了地动仪的杠杆系统。此外，体外仪台上分置 8 个仰首的蟾蜍。如果地震发生，仪体会随之震动，根据惯性原理，其中心的都柱将产生相对运动，由于重心偏高，会朝震源的方向倾斜，势必倒入相关的一道，以至诱发杠杆连续作用，最终使该向的龙首都有所反应，将口中的铜丸吐出，准确地落入与之相对应的蟾蜍口中。观测者可根据落丸的方位判断地震的方向。

伽利略与天文望远镜

❀ **伽利略像**

伽利略（1564～1642），欧洲中世纪的科学巨匠，文艺复兴运动的真正精神代表。他在天文观测、实验科学等诸多领域都取得了骄人的成绩。他提出的关于物质动物的基本原理至今仍在很多科学领域被应用。

1609 年，意大利人伽利略第一次把望远镜指向星空前，人类一直是用肉眼来直接观测星空的。17 世纪的一天，荷兰的眼镜商利珀希像往常一样在他的工作室里制作眼镜，这时他的 3 个孩子从外面跑了进来，拿起父亲磨制好的眼镜片玩了起来。利珀希担心孩子们打破镜片，忙放下手里的活，想要制止淘气的孩子们。没等利珀希开口，孩子们便兴奋地对他说："爸爸，2 块眼镜片能把远处的房子搬到眼前来。"利珀希拿过孩子手中的镜片一看，孩子们的话果真没错。他感到这是一个新奇的发现，于是又用各种镜片反复做实验，发现：只有远视镜片在前近视镜片在后才能将远处的景物搬到眼前。

利珀希的新发现引起了伽利略的极大兴趣。1609 年 5 月，在意大利大学任教授的伽利略凭借自己扎实的光学知识和勤于动脑思考的习惯，在推导出其中的原理之后，就亲自动手研制探索太空的天文望远镜了。

1609 年，世界上第一架天文望远镜在伽利略的手中诞生了。伽利略的望远镜是一种有效直径只有 4.4 厘米的折射望远镜。当来自天体的光线射到镜筒前的玻璃透镜上时，被折射的光线都集中于一个点上，即焦点。该天体的像则形成于此焦点上，这个像在镜筒的另一端被称为"目镜"的透镜放大，物镜和焦点之间的距离称为"焦距"。望远镜的放大倍数是望远镜物镜的焦距与目镜的焦距之比。

伽利略用望远镜观测到月球是一个崎岖多山的星球，不是我们肉眼所见的洁白无瑕的外形。在月球分别处于白昼和黑夜的两个半球之间的边界伽利略看到了灰斑。他认为这些灰斑是受阳光照射的山顶，由于光照，产生明暗两面，于是明暗界限成为凹凸不平的形状。通过望远镜，伽利略看到了处于低洼区域的灰色平原，伽利略不相信那里有水，但这些灰色平原还是被称为"海"。

伽利略注意到，与行星相比，恒星在望远镜里只是一个光点，而不呈现出明显的圆面，不管怎样放大，这些恒星在望远镜中仍然是一个微小的光点。出现这种现象的原因是恒星都

❀ 伽利略正在向欧洲贵族展示他的望远镜。

距离我们非常遥远。

伽利略于 1610 年 1 月 7 日夜里在观测木星时，发现有 3 颗小星在其淡黄色的圆面附近，其中 1 颗在木星右边，2 颗在左边。接连观察了多日，伽利略发现木星旁边的小星星数目不定，时而 3 颗，时而 2 颗，有时 4 颗。经过几个星期的观测，他断定木星有 4 颗卫星。到目前为止，人们共发现了 16 颗木星卫星。人们把伽利略发现的那

银河系简图

这是人类认识宇宙世界逐步深化的过程。它形象地说明 人的认识是无限的；同样，宇宙也是无限的。它激发着人类对它进行进一步探索的勇气和举动。

［银河系］

［太阳系］

［地球和月球］

4 颗木星卫星称为"伽利略卫星"。

用望远镜观测太空，使哥白尼的日心说成为"眼见为实"，于是伽利略公开支持哥白尼的日心说，出版了《星际使者》这本被欧洲理论界称为"火山爆发"的书来宣传自己的见解。

当时许多人对伽利略的言论持怀疑态度，更有甚者指控他是一个会施魔法的巫师。1615 年，哥白尼日心说被天主教会说成是"错误和荒谬的异端邪说，是公然违背圣经的"。教会局正式警告伽利略，要他端正自己的科学观点。

面对种种压力，伽利略依然坚持自己的主张，于 1632 年又出版了《关于托勒密和哥白尼两大世界体系的对话》的伟大著作。第 2 年，伽利略被罗马教堂判处终身监禁。9 年之后，伽利略不幸病逝。这一冤案直到 1979 年梵蒂冈教皇保罗二世上任后才予以平反。

伽利略的伟大发明不仅让人类具有了观测宇宙星空的"千里眼"，而且他坚持真理的科学精神更值得后人学习和推崇。

荷兰眼镜商利珀希，伽利略就是在他发现的望远镜原理的基础上于 1609 年发明了世界上第一架天文望远镜。

伽利略最初设计使用的望远镜——世界上第一架折射式望远镜

这是当时最为精确的望远镜，它开阔了人们在太空中的眼界。

赫歇耳发现银河系的结构

在月明星稀的夜晚，人们会注意到在深蓝色天幕上有一条白茫茫的大河。关于这条河的起源也有很多美丽的传说，古代中国人把它称为隔开牛郎和织女的"天河"。直到1784年，英国天文学家威廉·赫歇耳才真正把这条"天河"的结构展现在世人面前。

威廉·赫歇耳是英国一位以业余天文学爱好者的身份成长起来的杰出天文学家。据天文史书记载，赫歇耳一生自磨自制的望远镜镜面（反射镜面）竟有400多块，他一生最大的愿望就是要弄清楚"宇宙的结构"。

你也许不会相信，赫歇耳是通过数星星数出这个伟大发现的。

1784年，赫歇耳下决心要弄清楚天上到底有多少颗星星，并且要弄明白它们在天空中是如何排列的。想数清天上星星的个数谈何容易，那可是一项异常繁重艰难的工作。

为了实现自己的愿望，赫歇耳满怀信心地投入到观测工作中去。

赫歇耳选择了从赤纬-30°到+45°的方位，把星空分区进行研究，在分出的683个区域中，每个天区的大小为15′×15′，与他那架能放大175倍的望远镜的视场大小相符合。为了保证观测资料的准确性，赫歇耳对每个选定的天区至少要观测3

◈ 赫歇耳（1738～1822），提出银河系是庞大的天体系统，由恒星连同银河一起构成。

次以上，并选择不同的时日进行观测。

在进行完第1083次观测后，赫歇耳总共数出的恒星达到了11.76万颗之多。从数星星的过程中，他注意到一种现象：恒星从这一方向望去特别多，从另一方向望时又显得很少；愈接近天上那条乳白色的光带——银河，恒星排列就愈密集，恒星的数目在银河平面方向上拥有最大值，而在与银河平面垂直的方向上最少。赫歇耳依据观察结果推断：银河系是由恒星构成的"透镜"状或"铁饼"状的庞大天体系统。

◈ **银河系侧视图**
银河系外围，笼罩着银盘的有一片球状区域是银晕。

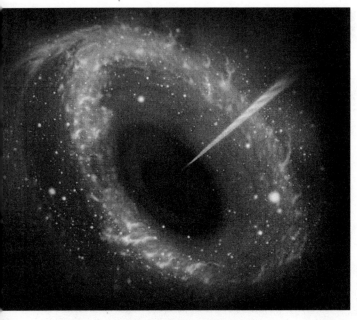

银河系的自转原理示意图

银河系并不是匀速自转的，其速度受各方面引力的影响也各不相同，位于猎户臂中的太阳就是一个高速运行着的天体。

银盘中的天体绕银心旋转

从这张图中可以形象地看出整个银河系也是一个不停运动的天体。

他认为，太阳应该居于银河的中心。如果你从银河的平面方向望去，会发现一些亮星，也会看见许多更远更暗的星星，再往外则是数目更多、更远、更暗淡的星星；大量十分遥远的用肉眼不可能一一分辨出来的星星由于亮度太低，只能看到白茫茫的光带，像是天上的河流；若地球上的人从与银河平面垂直的方向看，恒星看上去就会很少，只能看到比较近的、相当亮的恒星。

依据恒星观测结果，赫歇耳自制了一幅银河系结构图，他将太阳置于银河的中心。他的贡献还不仅这一项，他在聚星、双星、星团、星云观测研究方面也做出了许多划时代的贡献，编成了包括 2500 个星云、星团的大型星表。

美国天文学家哈洛·沙普利等人，于 1920 年依据赫歇耳的研究计算出了银河系的较为确切的大小，即宽约 10 万光年，恒星达 2000 亿颗以上。

沙普利的研究不仅修正了赫歇耳的理论，而且在银河系的轮廓、结构、运行等方面也有新的发现，被称为"第二次哥白尼革命"，是人类对宇宙认识的又一次飞跃。

现在，科学家们已经证实银河系是一个像运动员投掷的铁饼那样是扁圆球形，被称为"银盘"。盘中心较凸出的部分称为"银核"，核的中心叫"银心"。分布在盘状空间范围内的星星，在银核附近排列得最密集，绕着"银核"旋转着的众多恒星，构成了银盘，银盘的中央平原叫作"银盘面"，两侧是由许多颗恒星组成的小集团，叫"球状星团"。这部分天区叫作"银晕"。

银河系的所有恒星都围绕其中心——人马座做圆周运动，而旋转速度因距银心的远近而不同，银心附近和银盘边缘转得比较慢，太阳附近旋转速度最快。

宇宙大爆炸理论与宇宙起源

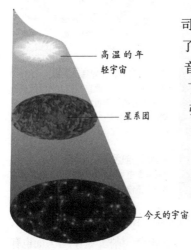

高温的年轻宇宙

星系团

今天的宇宙

❈ 科学家推测的宇宙诞生理论示意图

"呜……"火车进站了，司机拉响了汽笛。汽笛声对司机来说，音调是固定的。但是站台上候车的旅客却听到了2种音调：火车的汽笛声先是升高，火车从身边驶过时，音调却又降低了。1842年，奥地利物理学家多普勒解开了这一自然之谜。这一现象被称为"多普勒效应"。它引发了宇宙大爆炸理论的研究。

为什么会有"多普勒效应"呢？多普勒解释说声音实际上是一系列的声波，它是通过空气来进行传播的。声波在声源趋近时被压缩，音调相应地升高；相反，随着声波舒展远去，音调也随之降低。多普勒证实，光波也存在"多普勒效应"。当光源与观测者反方向运动，光源的光波发生谱线红移，波长变长；相反，当光源向着观测者运动时，谱线就向紫端位移，光波也随之变短。

美国天文学家哈勃在20世纪20年代末观测时注意到，除了距离我们最近的星系外，星系在天空中的分布是均匀的，但是谱线红移现象几乎发生在所有星系的光谱中。哈勃认为如果多普勒效应引起了这种星系谱线红移，那么就意味着星系在远离地球。

几乎同时，另一位科学家哈马逊也在进行相同的研究。他想得到那些更遥远的河外星系的光谱。这些星系更加暗弱，哈马逊表现了极大的耐心和非凡的才能。他先从成千颗闪烁的恒星中选出所要考察的暗弱星系，使其像刚好落在光谱仪的狭缝上。他的工作时间是从深夜到凌晨，在这期间，他要不停地调整望远镜，几乎每几分钟一次，有的时候还需要接连几夜对准同一星系观察，这样辛勤的观测工作，哈马逊进行了28年之久。

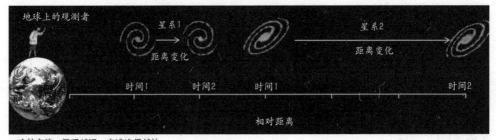

地球上的观测者 星系1 距离变化 星系2 距离变化 时间1 时间2 时间1 时间2 相对距离

❈ 哈勃定律：星系越远，它逃逸得越快。

终于，哈勃和哈马逊在1931年联名发表文章，用扩充的观测资料进一步肯定了"哈勃定律"。

哈勃定律揭示了宇宙在不断地膨胀。但是，1929年刚公布哈勃定律时，哈勃和哈马逊非常谨慎，他们采用星系视退行这一名称。

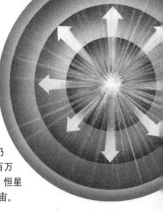

其实，早在1917年，荷兰天文学家德西特就证明，由1915年发表的爱因斯坦广义相对论可以得出这样一项推论：宇宙的某种基本结构可能在膨胀，而且这种膨胀速度是恒定的。但是，那时还没有充分证据证明这一说法，对德西特的这种宇宙膨胀理论，科学家们大都持不屑一顾的态度，认为是无稽之谈。

后来，比利时天体物理学家勒梅特根据弗里德曼宇宙模型，把哈勃观测到的现象解释为宇宙爆炸的结果，宇宙膨胀的概念才又一次被提出来。勒梅特还从一个特殊的端点开始考虑膨胀，他进一步提出宇宙的起源是一个"原初原子"，也就是我们现在所熟知的"宇宙蛋"。这一说法引起了英国著名的科学家爱丁顿的注意，他提醒科学家们注意勒梅特的文章，这时，人们才注意到宇宙膨胀论。

美籍俄国学者伽莫夫继承并大大地发展了勒梅特"宇宙蛋"的思想。1948年4月，他联合天体物理学家阿尔弗和贝特共同署名发表了一篇关于宇宙起源的重要文章。

他们在文章中谈到，河外星系既然一直在彼此远离，那么，它们过去就必然比现在靠得近，全部星系在更久远的时候靠得更近；可以推测，极早期宇宙应当是非常致密的，那时，宇宙极其地热，而且物质的密度非常大；文章甚至说宇宙最初是一团"原始火球"，它发出的辐射在发生爆炸后随着宇宙的膨胀而冷却下来。文章描述了原初宇宙"浑汤"中的基本粒子是如何从氢经过质子和中子的核聚变，又是如何演化成为氦原子的等。

伽莫夫认为当时大爆炸产生的尘埃就是今天人们在地球上和宇宙中发现的原子。通过精确的分析和理论计算表明，在150亿～200亿年以前，大爆炸发生了。根据有关计算还得出，宇宙大爆炸之后，一般有5～10开的残余辐射温度。

现在，"宇宙大爆炸"学说已被科学界普遍接受。

▶ "宇宙背景探索者"人造卫星在1992年侦测到150亿年前宇宙大爆炸时的放射及其所余下的波纹。

宇宙中的神秘星体——黑洞

恒星

黑洞

　　"黑洞"犹如宇宙中的"牧场"，它的引力非常大，能把周围的一切物质吸进去。然而，人类对黑洞的认识还只是沧海一粟。"黑洞"就是一个引人注目的科学之谜。

　　为什么称之为黑洞呢？首先，人们根本看不见它，它不向外界发射或反射任何光线；其次，任何东西一旦进入其中，就无法出来。黑洞就像一个处于饥饿状态的无底洞，永远也填不饱。因此它也被称为"星坟"。

　　黑洞为什么有如此奇特的禀性呢？让我们先从万有引力谈起。

　　地表的物质在地球引力的作用下，不能任意飞向空中；人造卫星要想被送上围绕地球运行的轨道，至少要用每秒钟 8 千米的速度发射火箭，否则，在地球引力的作用下，人造卫星还是会被拉回地面，这就是第一宇宙速度；同样飞船只有完全摆脱了地球的引力控制，才能飞到别的星球上去，此时的火箭速度就要达到每秒 11 千米，这就是天体的表面脱离速度，也就是第二宇宙速度。

　　根据万有引力定律，包括太阳、月亮、地球在内的宇宙间的一切天体都具有非常强大的吸引力，附近的一切物体都能被它们紧紧地"抱"在怀里。

　　天体的表面脱离速度并不都是一样的，

　　✿ 近年来一些科学家提出，整个宇宙可能是一个另类的巨型黑洞。而我们可能就居住在黑洞里面！在黑洞的周围有大量的恒星物质被吸进来，同时光被完全扭曲，无法逃逸。

任何存在于宇宙中的天体，都有其不同的质量，因此也有不同的表面脱离速度，任何天体只有达到这个速度，才能从它那里飞出来。

　　法国天文学家拉普拉斯早在 1798 年就根据牛顿力学，预言宇宙中存在着质量很大的天体。虽然拉普拉斯当时没有用黑洞来描述自己的理论，但是谁也无法否认它和"黑洞"理论有异曲同工之处。

　　现在，黑洞有了更加确切的定义：黑洞是一种特殊天体，其基本特征是具有一个视界，这个视界是封闭的，一切在视界内的物质和辐射都不能跑到外面去，外界的则可以进入视界。事实上，黑洞曾被爱因斯坦的广义相对论预言过。

　　黑洞在理论上也得到了充分的证明。万有引力理论认为，质量是太阳质量的 3 倍的球形天体，很可能收缩成为一个质点，这个质点的质量无限大，体积则很小，这就是"引力崩溃"现象。

　　由于黑洞的引力场非常强大，在其作用下，黑洞内部的一切物体都会被摧垮，故我们现在所知的所有类型的物质结构可能都对黑洞不适用——这就是著名的"黑洞无毛定理"。

黑洞的形成引起了众多科学家们的关注，一时之间，众说纷纭，莫衷一是。有人认为是由于恒星一直在消耗其核燃料并释放出光，当核燃料全部被耗尽时，由于自身引力过大而开始坍缩。黑洞是坍缩物质的质量3倍于太阳的质量而形成的。但是，科学家们认为这样形成的黑洞的质量并不是特别大，其质量至多是太阳的50倍。也有人认为是宇宙大爆炸时产生了异乎寻常的力量，在这种力量的作用下，一些物质变得非常紧密，这些是原生黑洞。还有人认为，恒星密集地分布在星系或球状星团的中心部分，而且经常有大规模的碰撞发生在这些密集的恒星之间，由此产生了超大质量的黑洞，这种黑洞的质量甚至超过了太阳的1亿倍。

理论研究表明，宇宙间有各种大小和质量不同的黑洞。以太阳为例，太阳半径为70万千米，从太阳表面发射的宇宙飞船，要想彻底摆脱太阳引力的束缚，其发射初速度至少要达到每秒618千米，这就是太阳的逃逸速度。如果太阳的物质密度随着其收缩而不

一个粒子落进黑洞，而它的同伴则逃逸了。逃逸的粒子在黑洞周围形成耀眼的光环

霍金的微型黑洞有着山一样的质量，而体积却只有原子核大小

黑洞最终在伽马射线的爆炸中消失了

黑洞萎缩时释放出更多的粒子。它的光环变得更亮更热

小黑洞
一些天文学家认为小黑洞是由于宇宙大爆炸产生的无限力形成的。它的体积虽然只有几个原子那么大，但质量却有几十亿吨。史迪芬·霍金的计算结果表明小黑洞周围强大的引力使它最终会爆炸，越大的黑洞寿命越长。他还提出，产生于创世大爆炸的微型黑洞应该会立即爆炸。

断增大，半径就会不断缩小。这时，其逃逸速度就会随着太阳引力的增大而不断增大。倘若太阳的半径缩为3千米，在强大的引力作用下，其表面逃逸速度甚至超过了光速。这样，太阳就变成了一个黑洞。

直到今天，还有许多关于黑洞的假说。人们没有足够的证据表明它是否真的存在，但同时也无法否认它的存在，因为作为一种理论模型，它解释了许多天文现象。

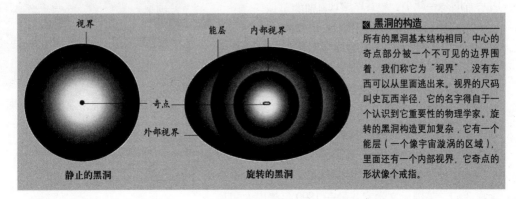

视界　能层　内部视界　奇点　外部视界

静止的黑洞　　旋转的黑洞

黑洞的构造
所有的黑洞基本结构相同，中心的奇点部分被一个不可见的边界围着，我们称它为"视界"，没有东西可以从里面逃出来。视界的尺码叫史瓦西半径，它的名字得自于一个认识到它重要性的物理学家。旋转的黑洞构造更加复杂，它有一个能层（一个像宇宙漩涡的区域），里面还有一个内部视界，它奇点的形状像个戒指。

恒星的运动和特点

在很长的一段时间内人们认为恒星是不动的。所以，千百年来，我们仍能辨认出它们的星座图形。

但是，据现代学者考证，中国早在公元 8 世纪初的张邃就对天文学很有研究，他把自己测量的恒星位置与汉代星图比较，发现恒星有位移。著名英国天文学家哈雷在 1000 年后，比较古代记载的恒星位置时，发现恒星的位置有明显的变化。哈雷在 1717 年用自己观测到的南天星表，对比 1000 多年前的托勒密星表，得出结论：恒星是在移动的。

以上观测表明，恒星是运动的。科学家们进一步证实所有的恒星都在运动。它们有的向东，有的向西，有的远离太阳，有的接近太阳。恒星的空间运动速度分 2 个分量：视向速度 Vr 和切向速度 Vt。前者在人们视线方向，后者在与视线方向垂直的方向。恒星在切面方向的运动表现为在天球上位移，就是所谓的自转。

奥地利物理学家多普勒在 1842 年提出了"多普勒效应"。主要内容是，当声源和听者间发生相对运动时，声音会随着运动方向的不同发生变化，声源接近时声音的频率会变高，声音就变尖了；远离时声音的频率减小，声音就变钝。

天文学家根据物理学中的多普勒效应来判定恒星的运动。1848 年，法国物理学家菲佐根据多普勒效应提出了移动光源的光谱特性：光谱线向红端移动，简称"红移"，代表光源在远离；而光谱线向紫端移动简称"紫移"，代表光源在靠近。20 年后，天文学家运用先进的测量仪器发现，许多恒星的同一条谱线的位置并不相同，是因为它们在运动。

英国天文学家哈金斯 1868 年首先测出天狼星在远离我们。美国天文学家基勒在 1890 年测出大角星

地球绕太阳运动时，一颗恒星看上去就会在遥远的恒星背景上发生微小的移动，这产生了视差角，视角差可用以测算恒星与地球之间的距离。

在接近我们时的速度是 6 千米／秒，现在更正为 5 千米／秒。通过观测恒星的自转可以求得恒星的切向速度。

太阳是颗普通的恒星，体积中等大小，愈靠近中心温度愈高。

由无数恒星构成的星系

恒星本身、恒星相互之间都处在永不停息的运动之中，构成了我们目前所认识的宇宙。实际上，宇宙中的绝大部分天体都是恒星。

表面温度约6000开，到了日核处，温度则在1500万～2000万开以上！我们能观测到的90%的恒星都和太阳差不多，我们将这类恒星称为"主序星"。

英国天文学家威廉·赫歇耳在1783年对当时几颗有自转的恒星运动进行测定时，发现它们有一致的倾向。他认为这是太阳在空间运动的表现，并指出太阳的运动有目标性，目标是武仙座。天文学家进行大量的观测后，指出太阳运动的目标是在天琴座，天琴座在武仙座旁边，在赫歇耳当年确定的位置的附近，太阳运动速度约为20千米／秒。

我们所说的恒星的温度是指恒星的表面温度。恒星的温度各不相同，尽管大部分的恒星和太阳差不多。有的高达几万度，有的表面温度只有2500开左右。

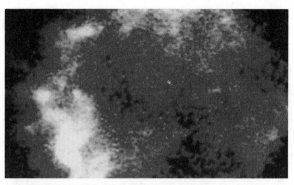

◈ X射线拍摄的超新星爆发后的残骸

质量比太阳小的恒星表面温度要比太阳小，质量比太阳大的恒星表面温度要比太阳高，可达10000～20000开。最高的恒星的表面温度可以达到80000开。

在恒星的世界中，恒星一般是成双成对出现的，很少有像太阳这样单个的恒星。把天文望远镜对准星空，可看到许多彼此靠得很近的恒星，这就是双星。有的恒星之间还存在吸引力，经过仔细观察，在双星中，可看出有的恒星在围绕另一颗恒星运行，故称为"物理双星"。还有一种光学双星，看上去很靠近，其实相距遥远。

双星的质量通过观测和研究，可以很容易推算出来，单个恒星的质量却很不容易求出。根据双星的运动情况，利用牛顿万有引力定律、开普勒定律可以求出双星的质量。然后通过对比的方法估算出单个恒星的质量。

通常把三四颗以上直到一二十颗星聚集在一起的叫作聚星。原来我们一直认为半人马座a星离我们很近，后来发现它是三合星，比邻星是其中距离地球最近的一颗恒星。

恒星在太空的分布除了单个恒星、各种双星和聚星外，恒星还有一种奇特的现象，就是它们喜欢"群居"。星团就是许多聚集在一起的恒星集团。

太阳的结构

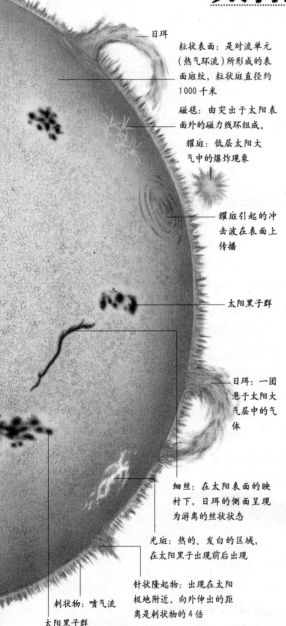

日珥

粒状表面：是对流单元（热气环流）所形成的表面斑纹，粒状斑直径约1000千米

磁毯：由突出于太阳表面外的磁力线环组成。

耀斑：低层太阳大气中的爆炸现象

耀斑引起的冲击波在表面上传播

太阳黑子群

日珥：一团悬于太阳大气层中的气体

细丝：在太阳表面的映衬下，日珥的侧面呈现为游离的丝状态

光斑：热的、发白的区域，在太阳黑子出现前后出现

针状隆起物：出现在太阳极地附近，向外伸出的距离是刺状物的4倍

刺状物：喷气流

太阳黑子群

❈ 太阳的表面是厚达500千米的热气沸腾的"海洋"，而不像地球那样坚固。太阳中心核反应释放出的能量，经过几千年缓慢而费力的旅途，最后突破光球层，发出耀眼的光芒。在光球层上，气体开始变得透明，使光线可以射向宇宙空间。

太阳是地球上一切生物的能量源泉。它是一颗炽热的发光的恒星，由于太耀眼了，根本无法用肉眼观测其庐山真面目。随着先进的观测仪器的问世，人们才开始慢慢地认识太阳。

太阳被分为几个层次来研究。从太阳中心向外依次为日核、辐射层、对流层和太阳大气。太阳大气包括光球、色球和日冕3部分，太阳半径的15%是由日核构成的，是热核反应区。热核反应发生时，释放出巨大能量的主要形式是氢聚变成氦。日核部分的物质密度是 1.6×10^5 千克／米³，中心压力达3300亿大气压，温度也很高，达1500万～2000万开。

日核外面就是辐射层，从0.15个太阳半径到0.86个太阳半径都是辐射层。这里的温度和密度已急剧下降。密度为18千克／米³，温度为70万开。辐射层最先接收到日核传来的能量，通过吸收和再辐射来自日核的能量极高的光子而实现能量传递，每进行一次吸收和再辐射，高能光子的波长会变长，频率降低，这种再吸收、再辐射的过程反复地进行多次，逐渐将高能光子变为可见光和其他形式的辐射，经过对流层后，再向太阳的表面传播。

对流层厚度约14万千米，其起点在距离太阳中心0.86个太阳半径处。这里的物质内部的温度、压力和密度的梯度特别大，处于对流状态。对流运动的特性是非均匀性，这样会产生噪音，机械能就是这样通过对流

核心：核反应的中心区域，占太阳总体积的2%，总质量的60%

辐射区：能量以光子流形式从核心辐射出去

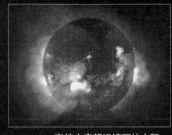

△ 高倍太空望远镜下的太阳

对流区：能量为对流单体（上升或下降的热气流）中所携带

光球层：太阳的可见表面

太阳每分钟散发出的热量能够满足地球1000年以上的需要

△ 太阳的能量是从其中心的原子核炉产生的。它的温度高达1500万℃，气态原子受热发生分裂，只剩下裸露的原子核。能量通过辐射和对流从中心传到表面，最终以可见光和红外线的形式向空间辐射，在这一过程中要经过延伸于空间几百万千米厚的太阳大气层。

光球层之外是太阳大气层，包括色球层和日冕层

层上面的光球层传输到太阳的外层大气的。

光球是人们平时看到的光彩夺目的太阳表面，厚度约500千米。光球层温度约6000℃。光球面上有黑暗斑点，这是太阳黑子，它的温度约4500℃，是日面上温度较低的区域，由于温度相对较低，看上去会比较暗。通过观察日面上的黑子的位置变化，可知太阳平均自转周期是27天。

了解太阳的自转运动可以通过太阳黑子。英国天文爱好者卡林顿在从1853年起的8年间通过观察记录日面黑子数目的变化发现，太阳各不同日面纬度旋转周期各不相同，并不是像人们想象中那样整块的运动。观测表明，太阳平均自转周期是27天，

自转速度最快的是太阳赤道附近。

通过对太阳黑子数的长期观测和计数，我们可以知道，太阳黑子有一定的周期规律性，其平均周期约为11年。德国业余天文学家、药剂师施瓦贝是最早发现太阳黑子周期的人，他连续15年对太阳黑子进行观察和记录，获得了这一重要的科学发现。现在，人们把黑子出现少的期间称为"太阳活动谷年"，把黑子大量出现的期间称为"太阳活动峰年"。

从1755年开始的那个11年黑子周被现代国际天文界看作是第一个太阳黑子周，人们还规定往后依次排列序号。现在已经排到了第23周，最后一个黑子周是从1996

| 主序列恒星 | 红巨星 | 行星状星云 | 白矮星 | 恒星渐渐变暗 |

1. 稳定燃烧

大多数恒星因为质量太轻而不能变成超新星。像太阳这样的恒星，在悄无声息地、并不壮观地结束生命之前，会在主序列恒星带用几十亿年的时间燃烧其氢气。

2. 膨胀的恒星

当所有的氢气耗尽时，太阳将膨胀成一个红巨星，用燃烧氦气代替氢气；当氦气耗尽时，太阳会喷出其外层物质来形成一团行星状星云。

◈ **太阳的演变过程**

半影：中央黑暗区周围较亮、较热的区域

中央黑暗区：太阳黑子又黑又冷的中心

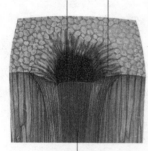

延伸到光球层下面的低温区域。

◈ **太阳黑子的结构**

太阳黑子是光球层中的洼地，在那里强大的磁力场阻挡热气流到达太阳表面。太阳黑子处的温度要比光球层中的其余部分低大约1500℃，而看起来黑暗，则是因为它们的周围太亮。

年开始的，估计达到极大值的时间在 2000 ~ 2001 年。

除了光球以外，太阳表层还有色球层和月亮。通过专门的仪器，可以清晰地看到太阳的色球层，这是一圈环绕太阳光球的厚为 2000 千米的红色大气。观测表明，常有巨大的太阳火舌在日轮边缘升起，这就是日珥。在太空，宇宙飞船拍摄到巨大的高达 40 多万千米的日珥！

我们经常看到一些暗黑的长条出现在太阳单色光照片上，这是日珥在日面上的投影，称为"暗条"。此外，色球上更多、更普遍的被称之为"针状物"的许多细小的"火舌"，其高度在 6000 ~ 17000 千米之间，宽度几百千米，景色非常壮观，被喻为"燃烧的草原"。

色球层中有时会出现"太阳耀斑"，这是一种突然增亮的太阳爆发现象。耀斑是迄今为止我们发现的太阳上最剧烈的爆发现象，强烈影响到日地空间环境。

日冕是在日全食月球遮掩日轮时，日轮周围的青白色光区，它是太阳大气的最外层。日冕的温度非常高，甚至高达 100 万 ~ 200 万摄氏度，因此有许多不断地向外膨胀的日冕气体，它们会产生连续微粒辐射。这种沿太阳磁力线的粒子流被称为"太阳风"。

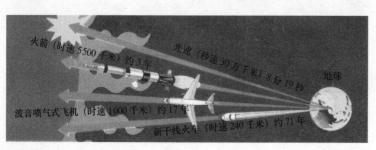

火箭（时速 5500 千米）约 3 年

光速（秒速 30 万千米）8 分 19 秒

地球

波音喷气式飞机（时速 1000 千米）约 17 年

新干线火车（时速 240 千米）约 71 年

◈ **太阳与地球的距离**

本图形象地描绘了地球上光、火箭、飞机、火车到太阳所需的时间，使人们对太阳离我们有多远有了一个更直观的认识。

太阳系中最大的行星——木星

木星有 16 颗小卫星，其中最大的为木卫 3。

木卫 3
直径为
5150 千米

木卫 4
直径为
4800 千米

木卫 1
直径为
3630 千米

木卫 2
直径为
3140 千米

太阳系里有 8 颗大行星，其中木星的体积是最大的，被称为"行星巨人"。

木星的直径是地球的 11.2 倍，达 14.38 万千米，这样算起来，它的体积是地球的 1300 倍以上！此外，它所含物质的量也是所有行星中最大的，相当于 300 多个地球。其余 7 大行星质量的总和，还不到木星质量的一半。正因为如此，木星在欧美等国中被称为"Jupiter"，传说 Jupiter 是罗马神话中最大的神。

木星上的大气绝大部分是氢，然后是氦、氨和甲烷，而地球主要的大气成分是氮和氧。

美国在 20 世纪 70 年代先后发射了 4 艘宇宙飞船探测木星、土星等大行星，成绩斐然。飞船的探测结果告诉我们，木星的大气层下是一片沸腾着的海洋，海洋里充斥着液态氢。氢在高温和高压下成为液体，像水一样地流动，而且具有金属的某些特征。

像地球一样，木星也在不停地自转，它的自转周期在赤道上是 9 小时 50 分 30 秒。它的表面呈液体状，而不是像地球那样是固态的，故星体在快速自转时，呈扁圆形。木星的公转周期为 12 年。意大利天文学家卡西尼早在 1665 年就发现木星上有一块椭圆状大红斑，而且非常惹人注意。到现在为止大红斑一直存在了 300 多年，只是大小、形状和颜色等略有变化。用望远镜看木星，只见其表面呈现为一条条平行于赤道的明暗相间的云带。

意大利科学家伽利略早在 1610 年初就惊奇地发现，有 4 颗卫星在长达十几天的时间里徘徊在木星附近。现在，这 4 颗卫星被称为"伽利略卫星"。后来对木星的卫星、大红斑照片进行观察发现，木星上还有一些小红斑。现在科学家们已证实大红斑实际上是木星

● 小问答：木星上的气候是什么样的？

◥ 木星上的红斑

木星是由以氢为主的氢氦混合气体组成的巨大的气体状球体，这些气体在内部被压缩成液体，其压力非常大。温度在 −125℃ ～ 17℃ 之间，气候很不稳定，自 1644 年第一次在木星上发现风暴以来，350 多年来一直有一团飓风在其表面上狂吹。这就是大红斑，它逆时针转动，周期为 6 天。大红斑主要由氢气和冰云组成，屹立于邻近约 8000 米高的云上。

上空的一个大气旋，长 2 万多千米，宽 1 万多千米。

后来，"旅行者号"飞船又发现了 3 颗小卫星。现在我们已经知道木星有 16 颗小卫星，它们与木星好像构成了一个小小的"太阳系"。其中，太阳系中最大的卫星是木卫 3，其直径达 5150 千米。许多木卫上有环形山，但是地势非常凹凸不平。有的卫星表面还有一层冰冻层。

飞船还探测到木星存在一个比较小而且暗的光环，不太壮观。科学家研究后认为，它主要由反射阳光能力很差的黑色石块组成，其直径从数十米到数百米不等。探测表明，木卫 1 上有数百个火山口。飞船还拍到了一张木卫 1 上火山在喷发的照片。

伽利略号宇宙飞船自 1995 年以来，一直绕木星飞行。它发现，木卫 1 和木卫 3 具有磁场。据推断，可能有金属内核存在于木卫 1 和木卫 3 上。

27 年前，"旅行者 2 号"在木卫 1 上发现了一座火山，现在"伽利略号"发现其周围 4 万平方千米范围内，都覆盖了新的火山堆积物，还有蓝色的喷烟在它的上空。新发现表明，存在于木卫 1 上的二氧化硫气体伴随着喷烟上升，气体冷却、凝聚，形成雪。但是，1979 年"旅行者"观测到的那些非常活跃的火山，现在已停止了活动。在木星系中，距离木星最远的是木卫 9，其直径仅 6.4 千米，距木星中心有 2370 万千米；木卫 16 是距木星最近的卫星，其直径约 40 千米，距木星中心 12.7 万千米。

观测和研究表明，木星具有很强的内部热源，因为它向太空发出的热量是它从太阳接收到的热量的 2.5 倍。据估计其中心温度可能达 30000 度。

▼ **太阳系八大行星比较图**

从这幅图中我们可以看出木星的个头明显要比其他 7 大行星大得多。

注：各行星下面的数字分别表示行星的直径（假设地球直径＝1）及它包括的卫星个数。

天空中最明亮的星星——金星

◪ 金星相位图

金星也像月亮一样有相位，这意味着在不同的时间，我们只能看见金星的一部分。但任何时候也不能看见完整的金星相位图。这张图就形象地说明了这一点。

在晴朗的早晨，东方的天空会出现一颗明亮的星星，被称为"启明星"；有时，它会出现在晚上西方的天空，被叫作"长庚星"。这颗星星就是金星，它是天空中最明亮的星星。

金星的大小、质量和密度与地球相近，像地球的孪生姐妹一样。它离地球最近的距离是4000多万千米。金星有浓密的大气层，大气反射了照在它上面的75%的太阳光，所以显得非常明亮。金星的公转周期为225天。天文学家在20世纪60年代初时用雷达反复测量后，得知其自转周期比它的公转周期要长，为243天！而金星的自转方向与地球的相反，确切地说，站在金星的上面，能看到太阳西升东落。它的一昼夜的时间超过了地球上的24小时。

在1990～1994年间，"麦哲伦"号探测器扫描了金星98%的表面，它通过雷达穿越云层来扫描记录金星的表面。

金星平均距太阳1.08亿千米。在距离大时，金星同太阳的角距离为47°～48°，其大部分时间与太阳有较大的角距离，因此人们才能时常看到它。除了夜空中的月亮以外，它是所有星星中最亮的。由于它的光是银白色的，像金刚石的闪光，因此一向有"太白金星"之称。

人们现在所掌握的关于金星的知识，大多是来自空间飞行探测。苏联和美国从1961年开始向金星发射了30多个探测器，获得

◪ 航天探测器拍摄的金星照片

9000多米高的玛亚特山是金星上最大的火山之一，而漂浮在远处夜空中的则是我们的地球家园。

了大量的研究资料。1962 年 8 月美国发射了水手 2 号，1967 年 6 月又发射了水手 5 号来对金星考察；苏联的"金星 7 号"在 1970 年 8 月实现了在金星表面上着陆探测，这种无人探测器测得金星表面的温度高达 480℃，气压高达 100×10^5 千帕；此后还有多个苏联探测器都在金星表面软着陆。美国在 1989 年 5 月发射了"麦哲伦号"探测器对金星进行空间探测，在 5 年的时间内，取得了显著成果。

天文学家很早就知道金星的大气层非常厚。金星在望远镜里只是一个淡黄色圆面，非常模糊，而且笼罩着金星大气，其细节根本无法看清。

与木星表面完全不同，金星上面的环形山少得多，这是由于其浓厚的大气起了保护作用。金星上有悬崖、高山、火山口和陨石坑，但其表面看上去比较平坦。金星上最高的麦克斯韦山位于北半球，高 12 千米，比地球上的珠穆朗玛峰高得多。阿芙洛德高原在南半球赤道附近，并与赤道平行。金星上有一处大高原横跨赤道，竟有 3200 多千米宽，近 10000 千米长。通过探测器的自动钻探、取样分析，人们知道玄武岩是上面最多的石头。

金星表面上笼罩着厚厚的浓云，分布在 30 ～ 70 千米左右的高空。云中有许多硫酸雾滴，非常浓而且具有很强的腐蚀作用。金星给人总的印象是笼罩在一个巨大的温室里。

我们从金星的探测中可以发现，它具有巨大的温室效应，几乎全部都是由二氧化碳组成的厚厚的大气笼罩在它的外面。其低层处的二氧化碳可达到 99%，而高层大气中则可达到 97%。从许多金星的照片来看，金星的大气中存在激烈的湍流，天空中还有橙色，伴随强烈的雷电现象，金星上的风速估计达 100 米／秒。

大约有 3/4 的入射太阳光都被金星表面大气反射掉了，只有 1/4 阳光到达金星表面并进行加热。大气中富含二氧化碳、水汽和臭氧，起到了温室玻璃作用，阻止了红外辐射，因此，太阳能聚集在金星，使其温度高达 465 ～ 485℃。

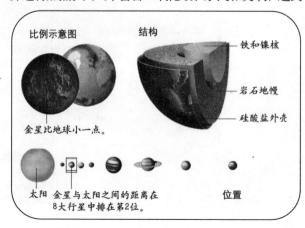

比例示意图

结构

铁和镍核

岩石地幔

硅酸盐外壳

金星比地球小一点。

太阳　金星与太阳之间的距离在 8 大行星中排在第 2 位。

位置

▨ 金星东半球的彩色雷达地图，图中的颜色用来显示土地的高度。

▨ **金星概况**

金星是一个岩石行星，其结构和大小都与地球相近。它在所有行星中是最热的一个。它旋转很慢，与大多数行星的旋转方向相反。

揭开月球的秘密

月球一直以同一面朝向地球，人们无法直接观测月球背面。这张宇宙飞船拍摄的月球背面图，使我们看到：月球的背面与正面一样，都有坑洞和海。

自古以来，关于月球的神话传说有很多很多，人们幻想着有朝一日能登上月球。但那时人们对月球是一无所知的，人类对月球的探索始于伽利略第一次把望远镜对准月球。自此，人类为揭开月球的神秘面纱而不懈努力着。

起初，人们受技术条件限制，只能用天文望远镜在地面上观测月球，但也收集了不少关于月球的资料。直到 20 世纪，由于航天技术飞速发展，人类才实现了近距离研究月球的梦想。在这方面，美苏两国走在世界前列。

苏联是最早对月球进行探测的国家。1959 年 1 月 2 日，苏联发射了第一个月球探测器，直径约 1 米，重约 1.5 吨的"月球 1 号"，拍下了世界上第一批月球背面的照片。通过这些照片，人类首次见到月球背面的情况。同年 9 月，"月球 1 号"进入日心轨道，世界上第一个人造行星就此诞生了。

1969 年 7 月 20 日 22 时 59 分，美国"阿波罗 11 号"登月飞船的指令长阿姆斯特朗第一次踏上月球，这是人类与月球的第一次亲密接触。但是，美国的"阿波罗计划"前后历时约 11 年半，耗资 225 亿美元，2 万个单位、30 多万人参加了此次计划。此次计划劳民伤财，引起国内一片指责，所以，在舆论压力下，此计划在很长一段时间里没有任何进展。

然而，人类探测月球的热情并未就此冷却下来。在考虑探索宇宙奥秘的时候，世界各航天强国的航天专家和有识之士们总是想着荒凉而美丽的月球。当然，月球的珍稀矿产、能源物质以及月球能作为人类飞往火星中继站的有利地位等优势也在深深地吸引着人类。因此，一轮新的"月球热"的趋势在 20 世纪晚期逐渐形成。

美国仍然走在新一轮"月球热"前头。"阿波罗"登月计划胜利结束后的第 25 年，美国向月球发射了一个探测器"克莱门丁"号。本来它的主要任务是试验美国在执行"星球大战"计划中研制的新仪器，但

知识窗➝难窥其实的月亮背面

由阿波罗号和美苏太空站传回来的上千幅月球照片和视频资料，向科学家们揭示月球上有某种不明文明活动的痕迹。照片上，月球表面的城市废墟绵延长达几千米。大面积地基上有巨大圆穹形建筑遗迹，数不清的地穴遗迹以及其他一些不明建筑。科学家们认为它们不可能是自然的地质现象。到现在，不同的人造物体在月球上 44 个区域被发现，美国宇航局戈达德太空飞行中心和休斯敦行星协会的专家们目前正在研究这些地区。气压都变化很快，一天中，最高温度为 -13℃，最低温度为 -73℃，昼夜温差极大。

《月球表面图

这是一幅较为详细的月球表面图，它能使人们清晰地看到月球表面的样子。

8.指令舱进入地球上空120千米处的大气层。

9.宇宙飞船曳降落伞坠入大海。

这些仪器都用在探月方面。同年 2 月 25 日，"克莱门丁"号进入了环绕月球的轨道。"克莱门丁"号重 425 千克，携带着 8 千克重的科学仪器。专家们通过对探测器所拍的照片和探测的数据进行分析，居然发现在月球南极的低洼地区，以冰的形式存在着水，估计有 1.1 ~ 11 亿吨的存贮量。专家们认为是 36 亿年前一颗彗星的撞击产生了这些水。人类开发和利用月球的效益和前景的关键是看月球上是否有水，所以，科学家和航天专家都很关注月球的水源问题。

因此，1998 年 1 月 6 日，美国发射了肩负着揭示月球水冰之谜重任的"月球勘探者"探测器。它所带的仪器中有一个用于探测氢的中子光谱仪，通过确认氢的存在，证明月球表面有水。在宇宙射线的轰击下，月球表面不断从岩石和土壤成分中逸出中子。这些中子如果具有特定的能级，那么它们一定与氢（水的主要成分）相互作用过。所以，如果测到月球上存在这类中子，那也就相当于探测到了氢，就证明月球存在水。

1998 年 3 月，美国公布了初步探测结果：月球上除南极地区有水冰外，在北极地区也存在着数量为南极两倍的水冰。另外，除两极地区，对大量环形山的谷地也进行了进一步勘测，因为它们也反映出了较弱的水的信号。按照目前可达到月面深度为 0.5 米的中子光谱仪测量估算，月球上大约有 1100 万吨到 3.3 亿吨的水存贮量。与"克莱门丁"号的探测结果所做的估计数相比较，这个估计数要小得多，但因为这是 2 种仪器采用 2 种机理探测的结果，现在还很难说哪一种探测结果更准确。

但月球上有水这是确定无疑的，这一重大发现必将激发人们再次探测月球的热情。

目前，长期的月球开发计划已在各航天大国轰轰烈烈地展开了。在 2010 年前，各国

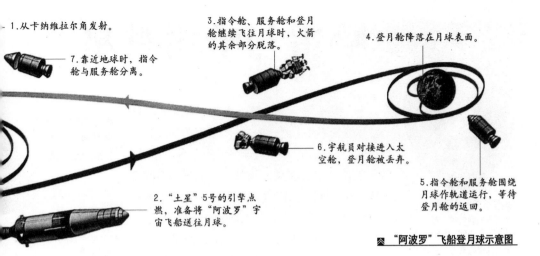

1. 从卡纳维拉尔角发射。

7. 靠近地球时，指令舱与服务舱分离。

3. 指令舱、服务舱和登月舱继续飞往月球时，火箭的其余部分脱落。

4. 登月舱降落在月球表面。

6. 宇航员对接进入太空舱，登月舱被丢弃。

2. "土星"5号的引擎点燃，准备将"阿波罗"宇宙飞船送往月球。

5. 指令舱和服务舱围绕月球作轨道运行，等待登月舱的返回。

◈ "阿波罗"飞船登月球示意图

的探月计划都是为建立月球基地做准备，主要是无人探测，估计还要 10 年才能实现载人登月。建立月球基地预计从 2010 年开始，美国航天局将用 7 年的时间建立月球基地。俄罗斯展开了新的月球探测计划，其最终目的是开采新能源物质 "^{3}氦"，因此，他们也打算在 2010 年之后在月球上建立基地，研究月球采矿工艺。欧洲航天局月球计划中，建立小型月球基地的第四阶段从 2015 年起，5 年结束。2017 年，日本也有可能在月球上建有人系统，包括建造居住舱、食品加工厂和能源生产厂，他们也提出了 5 年计划。

　　虽然各国都有建立月球基地的野心，但由于此项技术复杂、投入资金非常多，所以单个国家靠自己的力量难以完成。鉴于此，各国开展了合作，希望能联合开发月球，并且人们也从"阿尔法"国际空间站的成功中看到了这种希望。

▼ "阿波罗"15 号的宇航员吉姆·埃尔登上月球

"阿波罗"15 号的吉姆·埃尔

在月球上，登月舱就是宇航员的家。图为登月舱的上部返回地球时发射升空

月球车是一个类似吉普车的电动车。"阿波罗"15 号、16 号、17号宇航员都曾经使用过月球车

哈雷与哈雷彗星

彗星是太阳系内质量很小的一种天体，只有地球质量的几千亿分之一，其轨道为扁圆形，绕行太阳一周的时间从几年到几百年各不相同。彗星的外观呈云雾状，由彗核、彗发、彗尾3部分构成。彗核是其主要部分，由冰物质组成。彗核的冰物质在彗星接近太阳时升华成为气体，这层云雾状的气体即彗发。太阳风推斥彗发中的气体和微尘，在背向太阳的一面形成彗尾。彗尾有单条或多条，一般长几千万千米，有时甚至可达9亿千米。当彗星远离太阳时，彗尾就变得越来越短，直至消失。构成彗星的尘埃、冰冻团块在彗星绕太阳转动时都要损失一部分物质，原因是从彗核蒸发出来的气体及尘埃等被吹离彗核，进入行星际空间了。彗核中所有的气体、尘埃一次次地被蒸发，使得彗核变得越来越松散，最后整体瓦解，彗星的生命至此也就结束了。彗核瓦解崩溃后，有的可能成为很小的小行星，有的在太阳系中形成流星群。观测表明：地球上常见的流星雨现象和彗星的关系十分密切。

据史料记载，最早看到并记录哈雷彗星的是中国人。但最早计算出彗星运行轨道的却是英国人，他就是天文学家哈雷。

哈雷从小就热爱天文学，他不仅勤于观测，还善于思考，这些进行科学研究所需的良好品质为哈雷研究彗星奠定了很好的基础。在父亲的帮助下，17岁的哈雷带着自费购置的望远镜进了牛津大学王后学院。入学第2年，哈雷就给格林尼治天文台台长、皇家天文学家弗兰提斯德写信，指出他绘制的木星图和土星图中的计算错误。哈雷20岁的时候，放弃了获得学位的机会，依靠印度公司的资助，奔赴圣勒拿岛，在那里

◈ 彗星构成：彗星由彗核（固体）、彗发、彗尾构成

彗头能延长到10万千米宽

由雪和尘埃组成的彗核通常只有几千米大小，它藏在彗头之中

◈ 哈雷彗星运行示意图
这幅系列图展示了哈雷彗星1910年4月26日到6月11日从接近到远离太阳的过程。其间，彗尾有明显的生成和消失过程。

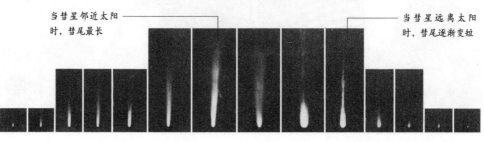

当彗星邻近太阳时，彗尾最长

当彗星远离太阳时，彗尾逐渐变短

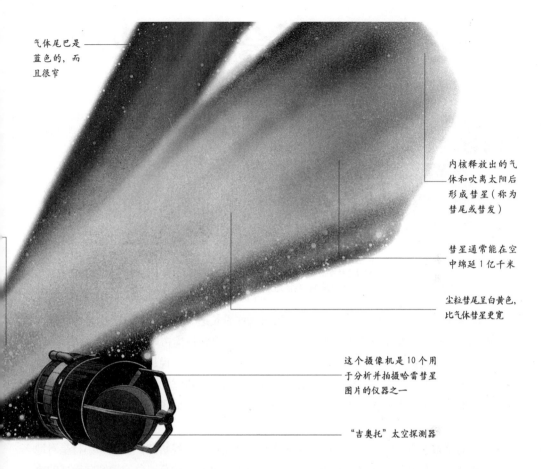

气体尾巴是蓝色的，而且很窄

内核释放出的气体和吹离太阳后形成彗星（称为彗尾或彗发）

彗星通常能在空中绵延1亿千米

尘粒彗尾呈白黄色，比气体彗尾更宽

这个摄像机是10个用于分析并拍摄哈雷彗星图片的仪器之一

"吉奥托"太空探测器

建立了南半球第一座天文台。他的第一个包含341颗南天恒星黄道坐标的南天星表，就是由他在那里亲自观测编制出来的。

1682年，欧洲很多人发现一颗明亮的大彗星出现在夜空里，因为彗星历来被视为不祥的预兆，人们很惊恐。为了打消人们的疑虑，哈雷决心研究彗星。他想方设法搜集有关彗星的历史记载，编制了一张表，把彗星出现的时间、在天空中的位置和运行路线在表上详细地列了出来。哈雷经过反复计算和分析，发现这颗彗星的轨道很像1607年、1531年出现的彗星轨道，而且前后出现的时间间隔也相近，大约都是76年。1704年，哈雷被聘为牛津大学教授。第2年，他的《彗星天文学论说》发表了，其中对1337～1698年间天文学家观测的24颗彗星的轨道分别予以记述。他指出1531年、1607年、1682年出现的3颗大彗星的轨道十分相似，并断定它们是每隔75～76年回归一次的同一颗卫星。他预言：这颗彗星于1758年底或1759年初将再度回归近日点。遗憾的是，哈雷没有亲眼看到这个景象。1742年，86岁的哈雷在格林尼治病逝。

后人为了纪念哈雷在彗星轨道计算方面的伟大贡献，就把这颗彗星命名为哈雷彗星。

小行星会不会撞击地球

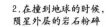

1. 陨星爆裂并在与大气层的摩擦中燃烧

2. 在撞到地球的时候，陨星外层的岩石粉碎

3. 在陨星撞入地球时，冲击波沿地球表面传播开来

4. 由高温和高压引起的爆炸将地球表面炸开一个坑

陨星撞击地球示意图

小行星撞击地球会产生巨大的能量。如果这种撞击发生在人口稠密区，则产生的破坏力甚至比一颗小型原子弹爆炸产生的威力还要大。人们正加紧科学研究，力争想办法避开体积较大的小行星撞击地球的可能。

1908 年 6 月 30 日凌晨，一个来自太空的火球拖着长达 800 千米的尾巴在通古斯河谷上空爆炸。这一事件被称为"通古斯事件"，它被认为是行星撞击地球引起的。

事实上地球从诞生伊始，便在漫长的年代里不断受到撞击。说起来人类应感谢这些撞击，因为正是由于这些撞击，地球才会有水和其他生命出现所需的有机物质，从而使地球生命的产生和进化成为可能。然而，这些不速之客的光临也造成了像恐龙这种庞然大物的灭绝。

偌大的宇宙太空，天体运行中的"交通事故"经常发生。经研究，彗星和小行星对地球的威胁最大。太阳系的外部边缘是彗星的活动范围，这种活动范围急剧地倾向地球的轨道。不过与彗星相比，太阳系小行星对地球人类的威胁要大得多，毕竟彗星的物质构成还很稀薄。

小行星的构成成分通常是：石头、碳、金属、石头与金属的结合物。按所在的空间区域分，主要有以下 3 类：(1) 位于火星与木星之间的小行星带。在该区域中，小行星围绕太阳运行，轨迹近似圆形。多数小行星，尤其是最大的小行星都位于这一区域。(2) 特洛伊小行星群，包括 2 个小行星群。它们在与木星同一轨道上运行，其中一个小行星群在木星之前 60 度，另一个小行星群在木星之后 60 度。这些小行星以特洛伊战争中的英雄而命名。(3) 绕太阳运行时穿过地球轨道且自身轨道明显伸长的一群小行星，它们的轨道不规则。这类小行星以古希腊与古罗马神话中的阿波罗太阳神命名。

在上述小行星中，只有阿波罗型的小行星对地球有危险。这些小行星通常每隔若干年穿越地球轨道一次，它们穿过地球运行轨道时，虽说距离地球相对比较远，但少数的近地小行星仍有可能与地球碰撞。迄今已发现近 200 颗阿波罗型小行星，而且这个数字还在继续增长。它们主要是平均直径略超过 0.8 千米的石质小行星，直径从 6 米到约 39 千米不等。

天文学家认为，可以排除直径小于数十米的近地小行星对地球构成威胁，因为它们往往在与大气摩擦时产生巨大热量，在到达地面之前已经被燃烧殆尽。直径大约 100 米及 1000 米以上的小行星对地球构成了较大的威胁。直径 1 千米以上的中等小行星对地球的威胁最大。情况如果发生，会释放出极其巨大的能量。假定一颗小行星撞上地球，它的密度为每立方厘米 3 克、平均速度为每秒 20 千米、直径为 1 千米，那么它所造成的冲击相当于数十亿吨黄色炸药的爆炸力。

100 年间，天文学家发现过许多次近地小行星与地球近距离"照面"的情形，真是"险象环生"。1932 年首次发现阿波罗型小行星离地球最近时只有 2200 万千米。1989 年，在"1989FC"小行星远离地球半年之后，曾引起一场轰动世界的风波。人人都认为小行星可能撞击地球，后来证实这只不过是新闻报道的失误，让人虚惊一场。1991 年 1 月 18 日，人们发现"1991BA"小行星离地球的距离只是月球到地球距离的一半，仅 17 万千米，堪称"近地之冠"。"1997BR"是中国天文学家发现的一颗距地球距离小于 7.5 万千米的近地小行星，其运行轨道与地球轨道相切。像这样与地球轨道相切的近地小行星，是已知的对地球潜在威胁最大的小行星。据科学家预测，在 21 世纪里小行星与地球"照面"的机会将有 7 次，这 7 次都发生在距离小于 300 万千米的情况下。

我们只有提前探测到潜在的有巨大杀伤力的小行星并对之进行拦截，或使其偏离原来的轨道从而远离地球，才能避免悲剧的发生。各种各样的方案随之被提了出来。如利用太阳能让小行星"光荣妥协"：安置一面巨大的由超薄片制成的凹面镜在小行星活动区域附近来搜集太阳能，然后利用第二面镜子将能量聚集到小行星上的某个区域，使其发热，在受热不均匀的情况下，小行星会自动转向。甚至有人提出，干脆利用地球上发射的超高能激光，直接推动小行星偏离其轨道。

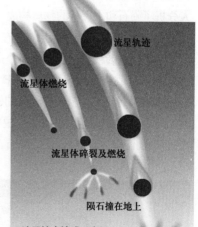

流星轨迹

流星体燃烧

流星体碎裂及燃烧

陨石撞在地上

流星撞击地球示意图

在星际中，像流星撞击地球这样的"交通事故"经常发生。只有较大星体撞击地球才能形成大的破坏力。

美国亚地桑那陨星坑

这是小行星撞击地球的最好例子。从理论上说，会有许多小行星可能撞击地球。但能对地球造成灾难性影响的并不多。

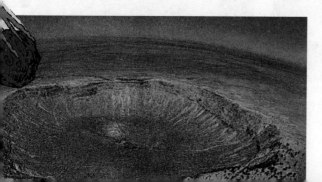

陨石的来历

关于陨石的话题，一直为人们所津津乐道，因为它们是从地球外的空间坠落到地面的，所以是名副其实的"天外来客"。陨石的构成成分有的是铁、镍等金属元素，有的是硅酸盐，有的甚至是金刚石！它们到底来自哪呢？

有人认为，陨石来自彗星。日本东京大学的古在山秀博士就认为，最早发现的小行星伊卡鲁斯，很可能就是由彗星转变来的。

❀ 寻找陨石
陨石在全球的各个角落都有分布。通过对陨石的研究，可以确定陨石形成的时间，并确定它们的成分。

但是有些彗星没有彗发和彗尾，只有彗核，这就与小行星难以区分了。

大多数人还是认为，陨石来自太阳系中的小行星。太阳系中有数不清的小行星，它们像地球一样也是围绕太阳作周期性转动，但有一些质量较小的小行星运行到距地球较近的位置上时会被地球引力吸引到地球上来，穿过大气层坠到地面，成为人们常说的陨石。有人分析了陨石和小行星的物质构成，发现它们的构成成分相同。

1947年2月12日上午10点左右，在符拉迪沃斯托克北面的锡霍特·阿林山脉，降落了一块巨大的陨石。根据陨石坠落的方向和角度，考察队员推测这颗陨石进入地球大气层时的轨道是细长的椭圆形，远日点在地球内侧，近日点在火星和木星的轨道之间。这说明这颗陨石与小行星具有一致的轨道。由此推测，这颗陨石的前身是小行星。1959年4月7日晚，落在捷克斯洛伐克布拉格市附近菲拉布拉姆镇的陨石和1970年降落在美国俄克拉马州北部的罗斯特西底的陨石，也被证明是小行星。

❀ 美国宇航员测量月球上的陨石，陨石不仅地球上有，它还广泛存在于月球等其他星球上。它是宇宙中最常见的"星际旅客"。

❀ 新疆大陨石
陨石是小行星或彗星经过地球大气层燃烧后的残存部分。陨石大的达60余吨，小的比豌豆还小。

科学家在对陨石的不断研究中发现，陨石是坠落地面的流星体残余。对其物质成分进行分析后，科学家认为可以把它们分为3大类：

陨铁，或称铁陨石，其主要组成成分为铁和镍等金属元素。已知世界上最大的陨铁质量约为60吨，现仍位于非洲纳米比亚南部的原降落地。中国的"新疆大陨铁"质量约为30吨，在世界上名列第三。

陨石是各类陨石的统称。有时为了加以区别，将其称为石陨石。多数石陨石直径一般为零点几毫米到几毫米的很小的球状颗粒，在地球上的岩石内还没有见到过这种球状颗粒结构。含球状颗粒结构的石陨石中，球粒陨石均占84%。1976年3月8日，世界上最大的石陨石降落在中国吉林省。

陨铁石，或称石铁陨石，一般比较少见，基本上是由铁、镍等金属和硅酸盐各半组成，是介于陨石和陨铁之间的一种陨石。

◆ 在火星和木星的轨道中间有一个小行星带，那里是陨石的故乡，当小行星沿轨道运行靠近地球时，有些便离开故乡，在地球上安家落户。

陨石穿过地球大气层时因熔化而形成的黑色外壳

由铁—镍合金组成的陨石图

在南极洲发现的这块6cm宽的石铁陨石是一个小行星体的一部分

5万年前撞击地球的峡谷魔王陨石

铁—镍陨石上的淡绿色橄榄石晶体

▨ 陨石标本
陨石按其成分来分，有铁陨石、石陨石等种类。它们主要由铁、镍或岩石组成。

UFO 之谜

✦ "地球之音"唱片

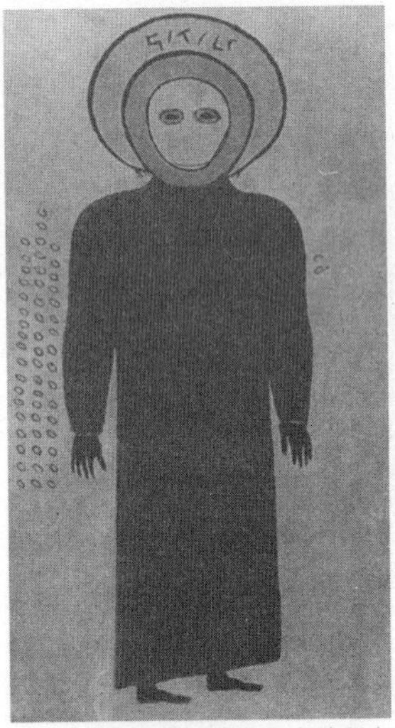

✦ 澳洲土著居民壁绘画中神秘文字及人物装扮也被认为与外星人有关联。

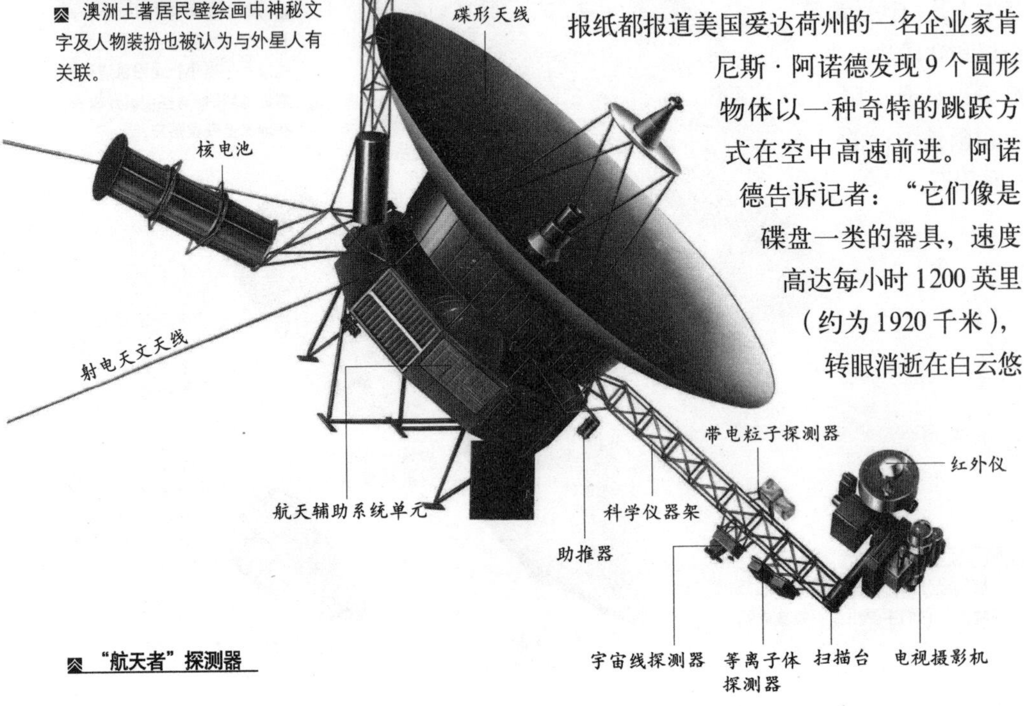

磁力计

磁力计支架

碟形天线

核电池

射电天文天线

带电粒子探测器

红外仪

航天辅助系统单元

科学仪器架

助推器

宇宙线探测器　等离子体探测器　扫描台　电视摄影机

✦ "航天者"探测器

UFO 是英文"Unidentified Flying Object"（不明飞行物）的缩写。据称它们是由包括地球上可能存在的非人类在内的非地球人类生命体制造出来的一种宇航乘具，我们通常称之为"飞碟"。

1878 年 1 月，人们在美国首次发现不明飞行物。当时美国 150 家报纸同时登载了一条新闻：得克萨斯州农民 J·马丁声称看到空中有一个圆形物体。

此后关于不明飞行物的记载一直不断。

1947 年 6 月 24 日，美国几乎所有的报纸都报道美国爱达荷州的一名企业家肯尼斯·阿诺德发现 9 个圆形物体以一种奇特的跳跃方式在空中高速前进。阿诺德告诉记者："它们像是碟盘一类的器具，速度高达每小时 1200 英里（约为 1920 千米），转眼消逝在白云悠悠的晴空中……"这一事件引发了一次世界性的飞碟热。阿诺德贴切的比喻使"飞碟"一词很快流传开来。

1956年10月8日,一个UFO突然出现在日本冲绳岛附近。这时在附近恰好有一架进行实弹打靶的西方盟国的战斗机,炮手反应迅速,立即向它开炮。然而,战斗机碎成残片,机毁人亡,而UFO未见丝毫损伤。

1966年8月的一天,在美国西部某导弹基地附近滞留了一艘UFO。这回,在对它拍完录像之后,该基地几乎所有的导弹发射装置都对准了UFO。然而,奇怪的事发生了:基地所有的装置都同时瘫痪,其中一套最先进的装置顷刻间"熔为一堆废铁"!科学家们认为,击中装置的射线可能是一种类似于高脉冲的东西,否则,先进的导弹发射装置不可能变成废铁。

科幻世界中的飞碟所依据的形象,与发现于世界各地的不明飞行物相类似。

20世纪七八十年代以后,有关发现飞碟的报道纷至沓来,整个世界为之疯狂。由于每次飞碟均从北方飞来,因此美国和西欧一度认为飞碟和苏联研制的"秘密武器"有关。

现代科学技术还无法解释飞碟的这些异常特征。当代地球人的科学技术还达不到这种令人惊叹的水平。是谁制造和控制它们的呢?答案似乎只有一个:有比地球人具有更高智能的生物存在,它们制造并控制着飞碟。

越来越多的目击报告涌向军方、天文台和传媒,政府也不得不正视飞碟问题。

1967年到1972年间"闯入"英国境内的UFO事件高达1631起,英国国防部对此进行调查研究,得出的结论是:绝大部分UFO是飞行器碎片、高空气球、陨石、大气现象和飞机,真正的不明飞行物只有极少数。

与此同时,在美国空军的协助下,美国政府授权的哥诺兰大学,组成了一个以爱德华·U·康顿博士为首的调查委员会,对1948年以来美国空军搜集到的12618起UFO报告进行调查。他们用了18个月进行分析鉴别,发表了长达2400页、重达9磅的《不明飞行物的科学研究》。这份报告宣称:"UFO问题对国家安全并无妨碍,不应予以重视。"

很多科学家否认UFO的存在,他们认为大多数目击报告中的不明飞行物只不过是人们对极光、幻日、幻月、海市蜃楼、流云、地震光等已知现象的误认。有人认

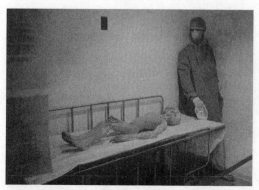
美国新墨西哥州UFO博物馆中陈列的死亡外星人模型,表现了1947年发生的一次引起广泛争论的UFO事件。

为UFO产生于个人或一群人的大脑之中，也许与人类大脑中某个未知领域之间存在某种联系，属于一种心理现象。

持肯定态度的科学家则认为不明飞行物正在被越来越多的事例所证实，属于一种真实现象。他们还一针见血地指出，我们不能轻易否认UFO现象的存在，UFO现象在许多方面的确与已知的基本科学规律不符，现代科学家如果不能正视它的存在就会引起理论上的困难。

美国飞碟协会的创始人格林。他自称曾亲自见过友好的外星人并与他们建有心灵传感关系。

国外科幻杂志封面，飞碟被绘制成可以悬浮于空中的巨盘。

然而，也并非所有持肯定态度的专家都支持"外星说"，有许多UFO专家表示不应该认为相信UFO存在就意味着相信它来自外星球，因为这只是根据其飞行性能、电磁性质以及目击者的印象推断出来的假设，不能确定其可靠性。

1978年11月27日，第33届联大特别政治委员会第47次会议一致通过了"各有关成员国采取必要的立场，以便协助有关国家进行对包括不明飞行物在内的外星生命的科学研究和调查，并把目击案例、研究情况和这些活动的成果报告秘书长"等内容的会议纲要。自此，UFO研究不再局限于各国政府和民间机构。但是由于UFO并无一个检验的标准，也不是每个人都能看到的，所以迄今为止尚未形成一种绝对权威的看法。

出现在美国得克萨斯州某农场上空的不明飞行物，这是人类首次发现UFO，引发了世界性的飞碟热。

1980年英格兰西部出现的倒塌的麦田怪相，在这之前经常有人说在空中看见不明飞行物。

动 物
Animal

动物的种类

动物分类

按照动物界生态分类学的观点，把整个动物界从大到小依次分为：门、纲、目、科、属、种6个阶层。其中，同种的动物为一群彼此相似，且可以相互交配生殖的动物个体的集合，而不同种的动物通常无法天然交配生殖。相似的种可合为一属，相似的属则可组成一科，科以上的分类阶层为目、纲、门及界。下表选择主要的、有代表性的8个门及其余5个分类阶层的代表性动物详细、具体地展示动物间的相互关系。

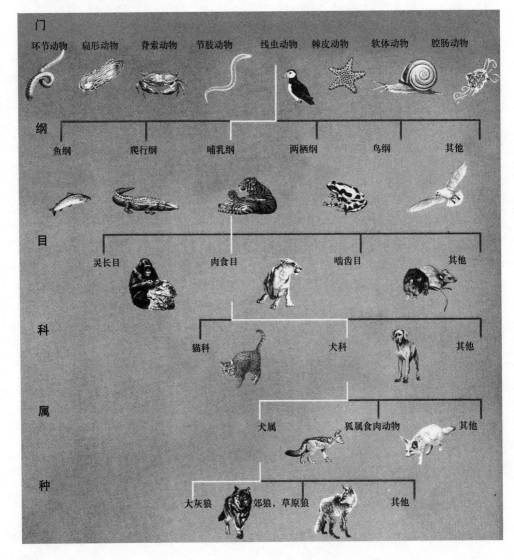

一般而言，人们一提起动物就会想到哺乳动物，其实动物还包括爬行动物、两栖动物、鱼类、鸟类。科学家按照动物的形态结构，把动物分成脊椎动物和无脊椎动物2大类，然后将动物按门、纲、目、科、属、种等单元一一区别开来。具有最基本最显著的共同特征的生物被分成若干群，每一群即一门。科学家将动物分成原生动物门、海绵动物门、腔肠动物门、线形动物门、扇形动物门、脊椎动物门、环节动物门等20余门。门以下为纲，纲是把同一门的生物按照亲缘关系和彼此相似的特性而分成的群体。同一纲的生物按照彼此相似的特征分为几个群，叫作目。同一目的生物按照彼此相似的特性所形成的群体则为科，如鸡形目有雉科、松鸡科等。科下面是属，是同一科的生物按照彼此相似的程度结合而成的群体，如猫科有猫属、虎属等。属下面是最小的类群——种，又叫物种，是动物分类最基本的单元，如科来特猫是猫属中的一种。随着科学技术发展的日新月异，科学家们还运用胚胎学、数学、生物化学等方法对动物进行分类，以便更好地研究自然界。

在动物界中，尽管脊椎动物只占一小部分，但却是最高等的类群，主要包括鱼类、圆口类、两栖类、哺乳类和爬行类。大约5亿年前生活在海底泥层中的一种像虫一样的小型动物逐渐进化成最初的脊椎动物。脊柱、四肢、感觉器官和大脑组成了典型的脊椎动物。脊椎从颈部延伸至尾部，由许多相互连接的块状椎骨组成，可以保护从脑至全身的神经组织。感觉器官集中在头部，其作用是帮助动物觉察危险，寻找食物和配偶。多数脊椎动物有四肢，有的四肢演化成鳍，有的则演化成腿、上肢或翅膀，包括蛇类在内的许多脊椎动物已经没有了外肢的痕迹。脊椎动物的大脑一般都比较发达，其中以哺乳类动物尤为突出。

脊椎动物按照不同的标准，可以分成不同的类别。如果以在胚胎发育中有无羊膜来看，圆口类、鱼类和两栖类为低等动物，其他的为高等动物；如以变温和恒温来区分，鸟类和哺乳类等恒温动物属于高等动物，

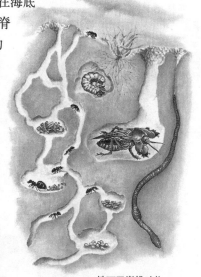

▨ 地下无脊椎动物

陆栖无脊椎动物

爬行类以下的变温动物属于低等动物。在大多数情况下，高等动物专指哺乳动物，鸟类以下的为低等动物。

相对于上述的高等脊椎动物而言，无脊椎动物是低等的，但种类繁多、数量庞大的无脊椎动物形成了一个巨大的多样化的物种体系。从理论上分析，世界上的任何地方都生活着无脊椎动物。在全世界约 1000 万种生物当中，90% 以上是无脊椎动物，许多科学家还提出，目前尚未发现的无脊椎动物大约为 1500 万种。这类动物并没有什么共同特征，仅仅靠血缘关系而互相结合。有些无脊椎动物是为人们所熟知的，如昆虫、蜗牛等；有些则是难以觉察的，生物学家甚至无法给它们命名。无脊椎动物通常集中在海洋里，它们有的具有庞大的躯体，如巨型枪乌贼有 18 米长；有的体型则十分微小，随洋流四处漂泊。除海绵外，几乎所有的无脊椎动物的躯体都具有对称性，有的呈辐射对称，有的呈双边对称。另外，许多无脊椎动物的躯体是由一些分离的环节构成的，

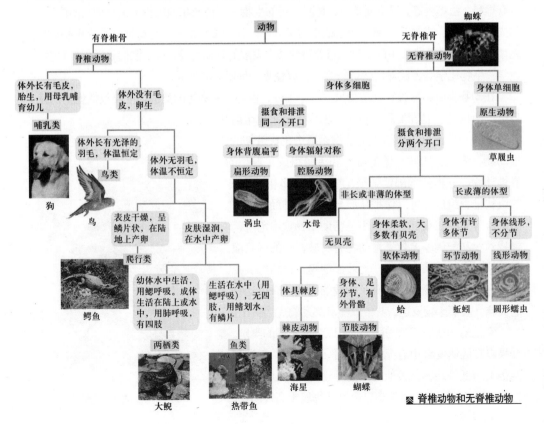

脊椎动物和无脊椎动物

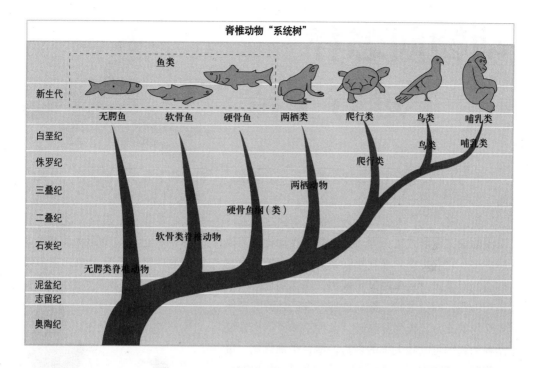

这就使得它们能改变自己的形状，并以复杂的方式运动。如蚯蚓在每一环节里都有分离的肌肉，它可以通过协调肌肉的收缩在土壤里蠕动。

动物世界中最大的群系是节肢动物，主要包括昆虫、千足虫、蜘蛛、螨、甲壳以及造型古怪的鲎和海蜘蛛。所有的节肢动物的躯干都是由一排节环构成的，外面由一层外生骨骼或角质层覆盖着，并长有带关节的腿。

脊索动物中的海鞘、柱头虫、文昌鱼等，属于中间类型，兼有无脊椎动物和脊椎动物的特点。

一般而言，同一类群的动物具有比较近的血缘关系。而不同类群之间的动物，有的亲缘关系比较近，有的则比较远。例如海绵这种最简单的有机生物，虽然它属于多细胞生物，却有着与单细胞生物相似的行为特征。它们的躯体是由两层细胞构成的，变形细胞很多，体壁细胞具有多种功能，因此可以说多细胞生物与单细胞生物具有较近的亲缘关系。而那些形态差异比较大的生物，其亲缘关系就比较远。动物的亲缘关系，实际上就是动物的演化关系。曾有科学家根据亲缘关系的远近，将各门动物的关系排列成"系统树"，树的上方是高级的哺乳类动物，下方则是原生的单细胞生物。从这棵树上，人们可以清楚地看到物种在历史长河中的进化步伐，有助于我们了解自然界的奥秘。

动物间怎样进行交流

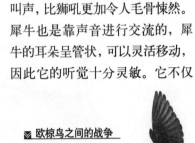

人与人的交流离不开语言，那么你知道动物之间是怎样进行交流的吗？

俗话说：人有人言，兽有兽语。动物之间进行交流的最常见形式是声音。狼是群居性动物，在狼群内部，它们用嗥叫来互相联系，表达感情。当它们遇到对手时，用嗥叫显示威力；当遇到危险时，则用嗥叫向同类求救。每只狼都有自己独特的音域或嗥叫的旋律，夜幕降临时，各种不和谐的声音混杂在一起，可以壮大狼的声势，增强恐怖气氛。斑鬣狗在一起的时候，就像一群嬉戏的孩子，吵吵嚷嚷，热闹异常。它们有时高声地咆哮，有时爽朗地大笑，有时低声地哼哼，有时痴痴地低笑。夜深人静的时候，

斑鬣狗会发出一种尖厉、阴森的叫声，比狮吼更加令人毛骨悚然。犀牛也是靠声音进行交流的，犀牛的耳朵呈管状，可以灵活移动，因此它的听觉十分灵敏。它不仅

▼ 欧椋鸟之间的战争

靠耳朵留意危险，还靠耳朵听出同类发出的声音。犀牛可以发出多种不同的声音，不同的声音信号各有其固定的意思。

鸟类的语言非常动听，种类也很多，据说共有两三千种。"关关雎鸠"、"交交黄鸟"都是鸟鸣的生动写照。啄羊鹦鹉的社群性很强，它们可以通过变化多端的鸣叫声来交流信息，如"啼……啊呵呵"这样的声音就是用于远距离召唤的。

很多昆虫也是靠声音进行交流的。例如，不同的蝉有不同的

为吸引异性注意，蟋蟀会发出悦耳动听的鸣叫声

◀ 蟋蟀的交流

打斗时，雄性蟋蟀的鸣叫声非常有力

叫声；蚱蝉的叫声像一声长长的"蚱——"，它也因此而得名；蟪蛄蝉的鸣声是尖锐的"吱吱……吱吱"，连续不断，从 4 月到 7 月都可听见它的鸣叫声；夏至蟓的叫声为"伏天儿……"，声音悠扬、清脆、悦耳；寒蜩常在深秋时节鸣叫，声音凄切，在瑟瑟寒风中，就像凄婉的哀歌；红娘子从 6 月开始"吱吱……"鸣叫，声音单调、高尖、刺耳；黑艳蝉的幼虫无法单独觅食，但它的腿上有一个发音装置，饥饿时只要"鸣号"，雌虫便会听见并给它喂食了。

有意思的是，同一种动物由于生活的区域不同，它们的"语言"也有明显的区别。如生活在太平洋的关东海豚有 16 种语言类型，而生活在大西洋的关东海豚有 17 种语言类型，它们的语言类型只有 9 种是相同的，另一半则是它们各自的"方言"。与此相反，不同种类的动物可能由于长时间生活在一起，却能懂得彼此的语言。如猪和羊长期关在一起，它们就会熟悉对方的叫声，一旦把它们分开，猪在一处叫起来，羊听见了也会在另一地遥相呼应。

有些动物是以气味语言进行联络的。许多哺乳类动物都通过腺体的分泌物或尿的气味来划分领域。印度猫鼬肛门的味囊能制造出一种气味，含有 6 种羚酸，可混合成浓淡不同的气味，散发到地面上，同类便可知道它的位置了。在求偶的季节里，雄蝎子会在夜间走出自己的洞穴或栖息地，跑到百米之外，身上散发出一种叫作"信息素"的化学物质，来吸引雌性蝎子与其约会。在动物世界中，小小的蚂蚁称得上是运用气味语言交往的典型。蚂蚁的"化学语言"其实是一种激素，是由身体的某一器官或组织分泌到体外的一类化学物质。当蚂蚁在外觅食时，它会一面爬行，一面在路上洒下这种化学物质，所分泌激素的

狼用嗥叫声警告着其他狼群不得靠近其领土半步

玩耍

进攻

戒备

退却

🐾 狼群有十分明显的势力组织，每个组织下有其自己的成员，这种等级制度由公认的姿势和行为来明确，这样每只狼就都知道了它自己的地位。

◈ 蚂蚁捕食时体内会分泌一种激素，作为联络其他成员的信号。

多少同食物的多少成正比。其他的蚂蚁根据激素的气味，就知道应该去哪里觅食了。如果许多蚂蚁一起释放这种激素，那么这条路便成了一条"气味长廊"，成群的蚂蚁就会沿着这条长廊忙碌地搬运食物。

还有些动物是以动作为联络信号的。比如说喜欢群居的大象是大自然中最稳定坚强的群体，它们共同生活，共同寻找食物，共同抵御敌人的进攻。当别离之后再次相见的时候，象群中的成员彼此之间会互相拍打耳朵，以鼻管彼此爱抚并发出鸣叫声，其情形不亚于人类亲友久别重逢时的热烈场面。当有小象出生时，象家族的成员们便会聚在一起，亲热地用鼻子嗅嗅它，仿佛在欢迎这个新成员的到来。

鳄鱼也是靠动作来警告竞争者的。一般来说，具有领导权的鳄鱼只要竖起头部和尾部，将身体夸张性地胀大，在原地静止不动，就足以把对手吓得迅速逃跑。如果这些还不能镇住对手的话，它就会狠狠地咬对手的四肢下端和尾巴后部。

小小的蜜蜂会用姿态各异的舞姿代表不同的语言，传递不同的情报。如果花蜜来源就在附近，侦察蜂就会在原地旋转，跳"圆舞"来指示同伴；如果蜜源较远，侦察蜂就会按

◈ 久别重逢的大象以鼻管彼此爱抚并发出鸣叫声来庆祝相见，这是大象独特的交流语言之一。

照和太阳位置构成的某一角度跳优美的"8"字舞，工蜂则按照"8"字舞与太阳的角度关系来判断该往哪个方向飞。

海豚是用独特的超声波进行联系的。它们的颌骨中有一个纤细的"窗口"，就像一个频率极高、功能繁多的发射器，能发出多种声频和超声频的声音信号。当它们发出的声波在水中遇到障碍时，便会迅速地反射回来。这时会

△ 海豚属水生哺乳动物，主要以鱼类和乌贼为食。它们通常一起合作围捕猎物，一些海豚发出很大的声音来弄晕或吓住鱼，这也是和同伴交流的方式之一。

有一只海豚先行去侦察情况，然后回来向其他海豚报告。这些海豚再利用超声波进行"讨论"，最后形成统一意见，一致行动。此外，运用这种独特的超声波进行联系的动物还有蝙蝠。

有些鸟类、爬行类、鱼类、两栖类以及昆虫等动物是通过色彩语言进行交流的。如刺背鱼在追求雌鱼时，腹部泛红，背呈蓝色，非常好看。在它们交配前，雄鱼的腹部由青灰色变成红色，以警告其他的雄鱼不要靠近。

许多动物会同时用多种"语言"进行交流，这种特点在高等动物的身上表现得尤为明显。如过着群居生活的猴子之间就是依靠多种方式相互交流的。当它们碰上敌人时就会互相发出警告，并能避免碰上敌对群体。猴子还会利用面部表情和打手势等视觉信号来传递信息，它们的表情能传达出愤怒、兴奋、惊恐等等多种丰富的信息。此外，它们也用叫喊、触摸、气味以及互相清洁等手段进行交流。

扫码获取更多资源

△ 面部表情是表明心情的一个重要标志。黑猩猩用不同的面部表情（还有身体姿势和声音）同它们群体中的其他成员联络，传递出丰富的信息。

▷▷ 狒狒正在为幼崽清洁毛发。

动物肢体再生之谜

　　在比人类低级的动物世界中，许多动物却比人类"先进"得多，它们在失去了肢体后能迅速地长出新的肢体！

　　动物的这种自断和再生现象，能够使它们有效地逃避敌害的攻击，也是生存斗争中长期适应环境的结果。

　　生活在海洋中的章鱼就有这样非凡的本领。章鱼的腕手在平时是很结实的，当它的某只腕手被敌害擒住时，这只腕手就像刀切一样迅速脱落，掉下来的腕手还会用吸盘吸在某种物体上蠕动，借此吸引敌人的注意。章鱼并不是整个腕手都断了，而是在整个腕手的 4/5 处断裂，腕手断掉后，它的血管自身闭合，极力收缩，因而损失的血液很少。6 个小时后，闭合的血管再次通畅，血液被输送到受伤的组织，结实的凝血块将腕手皮肤上的伤口盖好。十几个小时后伤口就能完全愈合，同时，新的腕手也开始慢慢生长，1 个半月后，就能恢复到原长的 1/3。除此之外，虾、蟹也有类似的本领。它们的螯足或步足的基部有一个折点，当它遇到危险或剧烈刺激时，在这个折点部分会发生"自切"，也就是自动折断。因为在折点上长有瓣和肌肉，所以在螯、肢折断以后，能迅速止住流血，不久新的螯、肢也就长出来了。

　　不过，这些动物的肢体再生能力与海星、海参相比，可就是雕虫小技了。

　　在一个养殖场里经常出现海星偷吃养殖的贻贝、牡蛎、杂色蛤等饲养物的情况，因而成为养殖场的大敌。养殖工人把海星捉起来，碾成肉末后再投入大海，结果每一块海星碎块都能在短时间内形成完整的新海星，让养殖工人哭笑不得。

海星的腕。其尖端对光极其敏感，可以帮助海星寻找隐藏的裂缝藏身

肛门

海星的腕具有再生性，这有助于海星逃离危险

　　海参在遇到敌人后，能倾肠倒肚，把内脏抛给"敌人"，既能让敌人得到"美餐"，又能干扰敌人的注意力，只需要很短的时间，它的躯壳内又能造出一副内脏，海参就又有了逃命的工具。

　　其实不光是水生动物，很多爬行动物也都具备这样的本领。众所周知，蜥蜴的尾巴又细又长，在被敌人抓住时会自动脱落，而且会不停地跳动，吸引敌人的注意力。那尾巴仿佛是自然生成了能够切断的构造，断后并不流血。

　　在一些更高级的哺乳动物中也有具备这种

能力的。兔子的皮像牛皮纸一样薄，当兔子的肋部被猛兽咬住时，它常常一挣就逃离而去，给敌留下一块皮毛。奇怪的是伤口不会出血，掉皮的地方很快会长出新毛来。山鼠是像松鼠般的小兽，要是被猛兽抓住了尾巴，尾巴上的皮会立即脱落，山鼠会趁机带着光秃秃的尾巴逃跑。家鼠、黄鼠等也用这种本领来保护自己。

1 这条小树蜥在遭到掠食者攻击时放弃了它的尾巴。断掉的尾巴会抽动数分钟，以吸引掠食者注意，小树蜥借此逃生。

—— 刚断的尾巴

虽然新尾在外表上和前半部看起来很像，但在内部它只有一段管状软骨以替代脊椎骨

2 虽然失去得很快，但过了2个月，尾巴才较明显地长出来。小树蜥曾花费相当一段时间在尾巴里储存能量以备不时之需，比如寒冬里或干旱季节。

为了长一条能使用的新尾巴，消耗了小树蜥大量的能量

3 8个月后，尾巴长到了原来的长度，如果可能，它还会再次断掉。

动物为什么会具有这样高超的本领？其奥秘在哪里呢？这些问题引起了科学家的关注。如果能够早日揭开这一谜团，将之运用到人类的肢体再植技术上，其意义将不可估量。

美国生物学家贝克尔在研究中发现：蝾螈的肢体被截开后，产生一种生物电势，残肢末端的细胞通过电流获得信息，开始分裂，形成新的组织。等到新的肢体长出来后，这种电势就消失了。有人切断老鼠前腿的下部，并让电流从此通过。实验的结果让人震惊，老鼠重新长出了肢体。这一惊人的发现在生物界引起了轰动，但由于这项技术还没有形成系统理论，而且也不具有普遍性，故要真正解开动物肢体再生之谜还需时日。

—— 螯足

※ 遇到危险时，螃蟹常常弃足逃生。

▼ **欧洲火蝾螈**

这种蝾螈全身长满橘黄色的斑，腹面亦是。

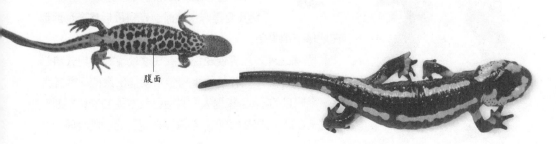

腹面

关于恐龙灭绝的

几种说法

◈ 翼龙假想复原图

大约 1.4 亿年前，地球上生活着一种巨大的爬行动物——恐龙。它们的体型和习性相差很大：最大的可达 30 米左右，小的却跟一只小公鸡差不多。它们的脖子长，头小，一条长长的尾巴拖在身体后面，极不成比例。这些恐龙遍布当时的陆地和沼泽，有的以肉为食，有的则以草为食。在距今大约 6500 万～7000 万年前，恐龙从地球上突然神秘地消失了。

长期以来，科学家们对恐龙这种史前生物的灭绝，一直多有猜测：究竟是因为它们自身进化的失败遭到了大自然的淘汰；还是因为飞来的天外横祸将这些头脑简单、躯体庞大的家伙斩草除根的呢？

科学家们经过对恐龙化石的研究后，得出以下种种推测。

◣ 霸王龙是生活在侏罗纪时期的大型食肉动物，凶猛无比，有良好的视力和敏锐的嗅觉，坚硬的头骨能承受住以 32 千米／小时的速度与猎物相撞的冲击。牙齿非常锋利，能将猎物身上的肉整块地撕下来吃掉，被称为残暴的爬行动物之王。

一些生物学家认为，恐龙是由于慢性食物中毒才灭绝的。当时，食草性恐龙的主要食物来源是苏铁、单齿等裸子植物，在恐龙极度繁盛后，这些曾遍布全球的植物为了保护自身的生存和繁衍，在自己体内产生了一些尼古丁、番木鳖和吗啡之类具有毒性的生物碱。最初，这些生物碱使得食草恐龙中毒。由于食物链的关系，食肉恐龙也间接中毒。就这样，毒素在恐龙体内越积越多。这些毒素最先侵入恐龙的神经系统，使其变得麻木呆滞，直到最后整个种群都在地球上消失了。

除此之外，还有便秘说、氧气过量说等。现代科学家认为这些观点纯粹是从生物学角度提出来的，并且都有一个明显的不足：根据人们目前已经掌握的资料判断，恐龙是在距今大约 6500 万年前"很短"的一段时间内突然灭绝的，而生物学意义上的物种灭绝需要一段极为漫长的时间，因此，这种生物学假设似乎站不住脚。

一些科学家从进化论的角度研究恐龙最终灭绝的原因，认为是恐龙自身种族的老化，以及在与新兴的哺乳动物的进化竞争中的失败导致了恐龙的灭绝。在几千万年前，正当恐龙称霸于地球时，大自然的力量造就了一种新兴的高等动物——哺乳动物。与体形庞大的恐龙相比，单个哺乳动物的力量是微弱的，可它们却依靠自身的优势成功地在地球环境变化中生存了下来，哺乳动物有能够隔热和保温的毛皮和脂肪层、高度发达的大脑和非常高的幼崽成活率。而貌似强大的恐龙由于种族的老化，在残酷的斗争及大自然的变迁中逐个倒下，最终退出生存的历史舞台。

现在，越来越多的科学家开始从宇宙天体发生物理变化的角度来研究恐龙灭绝的原因。

一些科学家认为，是太阳系在经过银河系中的"死亡地带"时引起了恐龙的灭绝。众所周知，由太阳和8大行星构成的太阳系围绕着银河系的中心旋转，其公转周期为2.5亿年。银河系中心释放出的强烈的放射性物质，使银河系的一部分地区形成了"死亡地带"。在

☑ 到了侏罗纪末期，也就是大约1.4亿年前，几乎所有的巨型植食恐龙都灭绝了，那些非常高大的植物也随之消失，而一些较小的恐龙如禽龙开始出现，禽龙的生存能力相对来说较强，尽管最终它们也灭绝了，然而它们却比巨型恐龙多生活7000多万年。

尖尖的喙状嘴把食物咬下来，然后由牙齿把食物嚼碎，同时其巨大而多肉的颊囊能把多余的食物含在口里，以节约用食的时间

禽龙的身躯矮而粗壮，当它走路时，大部分时间身躯是与地面平行的

禽龙的森林栖息地里长满了巨大的树蕨及针叶树，而开花植物，比如木兰树此时还在进化中

禽龙有力的前肢能接触到地面，末端出现了3个趾用来分担支撑体重，这种特征表示禽龙是以爬行方式前进的

科学家一度认为禽龙的尾巴过长而拖在地上，但现今的研究结果表明事实并非如此，禽龙脊椎骨的结构使它的尾与地面平行且向后伸展

距今 6500 万～7000 万年前，太阳系刚好处于这个"死亡地带"，强烈的放射性射线袭击了所有的地球生物，恐龙就在这次灾难中惨遭灭顶之灾。

另外一些科学家提出，是人们根本无法看见的宇宙射线导致了恐龙的灭绝。苏联科学家西科罗夫斯基认为，6500 万年前的生物灾难源于太阳系附近一颗超新星的爆发。据科学家们计算，刚好在距今 7000 万年前，发生了一次非常罕见的超新星爆发，爆发释放出巨大的能量以及强烈的宇宙射线是非常罕见的。超新星爆发的地点距太阳系仅 32 光年，

▲ 陆生恐龙和巨大的海洋爬行动物。大约在 6500 万年前灭绝，地球当时可能受到巨大陨石的撞击，太阳被灰尘遮掩，导致了一个"漫长的冬季"，于是植物死掉了，大部分以植物为食的爬行动物以及以爬行动物为食的动物也相继灭绝了。

包括地球在内的整个太阳系都未能幸免于难。强烈的辐射摧毁了地球的臭氧层和电磁层，地球上所有的生物都遭受了这场"飞来横祸"。在宇宙射线的侵蚀下，庞大的恐龙几乎丧失了自我防御的能力，最后整个种群都消亡在这场灾难中。

1983 年，"生物周期性大灭绝假说"问世了。它是由美国物理学家理查德·马勒、天文学家马克·戴维斯、古生物学家戴维·罗普和约翰·塞考斯基以及轨道动力学专家皮埃·哈特等人联合提出的。他们认为，地球上类似恐龙消失的这种"生物大灭绝"是周期性发生的，其周期大约为 2600 万年。这是因为，银河系中的大多数恒星都属于双星系统，太阳也不例外，只是人类从未见过这颗神秘伴星——"尼米西斯星"。大约每隔 2600 万～3000 万年，"尼米西斯星"就会在太阳系的外围经过。受其影响，冥王星外飘荡着的近 10 亿颗彗星和小行星就会脱离原来的轨道，在太阳系内形成流星风暴，其中难免有一两颗不幸撞击或者落在地球上，给一些生物带来毁灭性的灾难，恐龙就是

盐龙的脚扁平，脚上长有肉掌，很像大象的脚

遭此不幸而消亡的。

　　但有人也提出，是地球本身的变化导致了这场灾难。科学家们发现，地球的地磁磁极约每隔20万年出现一次反转现象。在这个过程中，地球会暂时得不到磁场的保护，这时的地球生物就"裸露"在宇宙放射性射线之中，而这一过程又长达上万年之久，从而导致恐龙这样的地球生物纷纷灭绝。

　　最新的科学研究表明，恐龙是在几十万年的时间里灭绝的。在此期间，恐龙至少经历了2次大规模的死亡。因此，说恐龙的灭绝是一个"突然"现象，这个"突然"是从相对意义上而言的。而"飞来横祸"和地球自身的突变，都不会对地球产生长期的影响，更不可能持续几万年，甚至几十万年。看来，这些观点都有经不起推敲之处，恐龙究竟是如何灭绝的至今仍是个谜。

蕨类植物高矮不一，矮的很矮，高的则像大树一般

》盐龙

盐龙曾经是陆地上最大的植食性恐龙，脑袋很小，全长26～27米，颈长6～7米，体重约有10多吨，他们在吃植物的同时，也吞下一些石块，以帮助它们磨碎食物，这是因为它们吃食物时从不咀嚼而直接吞下，从而增加了胃的负担。

盐龙以苏铁类植物为食。这类植物现在仍生长在气候炎热的地区

粗壮的脚支撑着盐龙的巨大身体

猴子王国的游戏规则

猴子属灵长目动物，大多栖息在热带丛林中。它们大脑发达，上肢和下肢也稍有分工，且上肢还具有与人手相近的一些功能；它们的视觉敏锐，身形灵活，善于攀爬跳跃，一条长长的尾巴可以使身体保持平衡。

◤ 善于攀缘跳跃的猴子

猴子是群居动物，这有助于它们守住觅食的领地，有效地抵御外来侵犯，更安全地繁衍生息。猴群按性别不同及其后代分为若干组。同人类一样，它们也非常喜欢通过声音、表情、动作进行交流。例如，当有敌情出现时，猴子们就通过面部表情、手势等视觉信号警告同类。有时候，它们也利用叫喊、触摸和互相清洁以及气味进行交流，这样的交流能缓解群体之间的紧张气氛，增进彼此之间的感情。

不仅如此，猴子也像人类社会一样有着复杂的群体关系和严密的等级制度。每只猴子在群体中都有着各自的地位，并且代代相袭，这种猴子王国的世袭制度是日本的一位动物学家在1950年发现的。当时，他认为这种规则只存在于猕猴王国中。近年来，科学家们又有最新的发现：在野生的罗猴、狒狒当中也同样有这种森严的等级制度。

世袭制意味着统治权是代代相传的。猴子王国是一个典型的母系社会，因此在这个王国中继承母系权力的自然是雌性小猴。继承了母亲权力的母猴具有绝对的权威，无论雌雄长幼都归它统治。同人类的原始母系社会一样，一个母猴也会有几个甚至几十个"丈夫"，所以猴子后代只知道谁是自己的母亲，至于父亲是谁就无从可知了。正是如此，雄性猴子是无法享有这种世袭权力的，所以公猴成年后就会

◤ 猴子也像人一样，它会用很长的时间精心照顾自己的后代，并想方设法呵护自己的后代。

离开原来的猴群，到一个新的猴群中开始新的生活。

　　同样，猴子们也有地位高低、出身贵贱之分，父母的阶级、血统直接影响着子女的"身份等级"。这就意味着，有的猴子的命运生来卑贱，而有的猴子则出身高贵，处处享有特权，并且这种地位会伴随其一生。比如当猴子之间发生争斗时，不管平民猴子多么有理、多么勇敢地"捍卫自己的权利"，最终的胜利者肯定是贵族猴子。因为无论是什么阶级，任何母亲总是会偏袒自己的子女，在猴群中当然也不例外。那些级别高的母猴在这些争斗场合中，只需站在旁边为自己的子女助威，很快就可以吓退对手。由于有母亲在一旁撑腰，小猴子们自然更加横行霸道，它们经常欺负那些年龄大但地位低的猴子，向平民猴子寻衅滋事，简直像极了人类社会中的"官家恶少"，称王称霸，无法无天。

　　如此黑暗的社会关系似乎在动物界是很少见的，这可以说是灵长类动物有别于其他动物的独特之处。

◥ 整理清洁卫生

猴子相互整理清洁卫生，既可以赶走身上的寄生虫，又增强了个体之间的感情。

◢ 秩序井然的
　猴狒王国

居主导地位的雄狒狒通常比雌狒狒大得多

成年雌狒狒

小狒狒学习如何觅食

骆驼
——不怕干旱的沙漠之舟

　　骆驼素有"沙漠之舟"的美称，它可以在炎热和缺水的条件下，日行 30 千米以上，而毫无身体的不适。那么，到底是什么使骆驼有如此本领呢？

　　一些科学家认为，骆驼抗旱的奥秘在于它的驼峰贮存着大量的胶质脂肪。驼峰可以随着气温的变化而增大或缩小：天气炎热时，驼峰里的脂肪被消耗，驼峰就变得又低又软；到了秋天，随着天气转凉，驼峰又渐渐鼓起来。据统计，贮存在驼峰中的 1 克脂肪经过氧化后，可产生 1.37 克水。因此，假定一只骆驼的驼峰中有 40 千克的脂肪，也就是相当于骆驼贮存了 50 多千克的水。骆驼不吃不喝时就靠驼峰里的脂肪氧化分解来补充营养、能量和水分。目前，赞同此种观点的人似乎占绝大多数。

　　另外，科学界还有一种"水囊说"，这是由意大利自然科学家蒲林尼提出的。他认为骆驼的真胃有 3 个室，其中最大的一个叫瘤胃，瘤胃里有许多肌肉带将瘤胃分隔成几个部分，起到了"水囊"的作用。在

野骆驼足的上表面长有长而浓密的毛

野骆驼身上有 2 个驼峰，里面储存着大量胶质脂肪，以平衡身体中能量及水分

眼睛边上长着 2 排眼睫毛，可以把沙子挡在外面，晚上还能保护眼睛，不被沙漠的严寒气候冻坏

适应沙漠环境

骆驼每足长有 2 趾，中间有垫子相连，使得重量均匀分布，在沙地上行走也较容易。沙漠单峰驼生活在沙漠里，有宽而平坦的足垫帮助它们在松软的沙地里行走而不会沉下去。山地单峰驼则长有窄窄的足垫，这使得它们能在较硬的顽石地面上行走。骆驼没有蹄，它们的两个足趾长到爪端处就没有了，足坚韧的底部使它们能够忍受沙漠的高温，适应沙漠环境。

耳朵布满细毛，能阻挡风沙

骆驼的 2 个脚趾朝外岔开，避免让身子陷进柔软的沙里

◈ "沙漠之舟"——骆驼

骆驼超强的耐热能力使它能在沙漠中生存下来，从而被人类所利用。由于利用太频繁，所以目前尚存于世的真正野骆驼为数极少，多半是人工驯养的。

水源充足时，骆驼就会利用"水囊"贮存一些水，一旦遇到干旱缺水的情况，就可以从"水囊"中取水解渴。

然而，"水囊说"很快就被美国生理学家施密持·尼尔森推翻。通过解剖，他发现"水囊"的体积其实很小，根本起不到贮水器的作用，而且瘤胃内部也并没有像蒲林尼所说的那样分隔开。他认为骆驼耐旱的秘密在于骆驼本身的抗脱水能力。人在沙漠中若失去12%的水，就会中暑死亡，而骆驼即便失去相当于体重25%的水，也只是体重略微下降而已，不会妨碍它的生存。对此尼尔森是这样解释的：人失去的水来自血液，人一旦失水，心脏的负担会随着血液浓度的急剧升高而加重。而骆驼失去的水却是来源于它的体液和组织而不是血液，因此不会有什么危险。而且骆驼即使严重脱水，一旦补充水分，身体状况就会马上恢复正常。

尼尔森对骆驼为何耐干旱的解释看起来很合理，但也有很多人不同意这种说法。日本学者太田次郎曾写过一本名为《生命的奥秘》的书，他在书中提出这样的观点：骆驼出色的保水能力才是耐旱的主要原因。因为骆驼很少出汗，体温也很稳定，只有在最热的时候才稍微出点汗。还有学者认为是骆驼的肝脏在起作用，才使得它特别能耐干旱。骆驼肝脏的作用可以使大部分尿素得到循环利用，这样，骆驼身体流失的水分会大大减少，尿中毒的情况也不会发生。

最近，科学家又有新的发现：一般动物在呼气时，由于排出的空气温度和体温相同，肺部的水分被大量带出。而骆驼呼出的空气温度比体温低，由于冷空气比热空气含水量少得多，因此，骆驼通过呼吸丧失的水分比一般动物少45%，所以骆驼耐干旱的原因是由其独一无二的鼻子决定的。

以上的结论究竟哪一种是正确的呢？我们暂时还无从知晓，但不管哪种结论是正确的，骆驼拥有这种神奇的本领是毋庸置疑的。

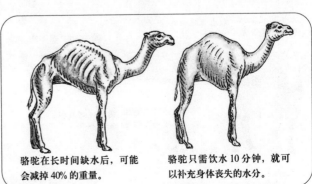

骆驼在长时间缺水后，可能会减掉40%的重量。

骆驼只需饮水10分钟，就可以补充身体丧失的水分。

克隆出来的绵羊

多利的缔造者——英国科学家伊恩·维尔姆特

　　"克隆"一词是来自英文单词"clone"。简单地说，克隆就是一种无性繁殖的方法。这种繁殖方法无须经过生殖细胞的结合而由亲体直接产生下一代。

　　在生物世界中，细菌、涡虫等低等生物就是以克隆的方式进行繁殖的。通常一个亲体会分裂成两个子体，两个子体相互脱离之后，就成为两个新生的独立个体。由此看来，低等生物的繁殖比起我们人类来说真是简单极了，难怪它们的繁殖数量大得惊人。

　　生物学家们通过对这些低等生物的研究，总结出一套人工克隆技术，植物扦插法其实就是克隆技术的最早运用。具体做法是将植株的一根枝条剪下，通过扦插就会得到许多外形和遗传性质极其类似的植株。

　　那么，"克隆"技术可不可能有广泛的应用空间呢？"克隆"技术能不能适用于高等生物呢？

　　多年来，大多数科学家对这个问题的回答是不置可否的。原因是，他们曾经以为高等生物是无法进行无性繁殖的，高等动物的组织细胞只能由本组织产生，也就是说肝细胞只能由肝组织产生，而不可能无性繁殖成为一个完整的动物，因为含有一个动物

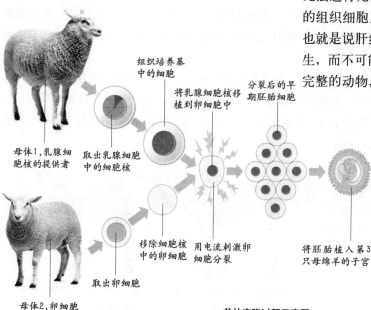

组织培养基中的细胞

将乳腺细胞核移植到卵细胞中

分裂后的早期胚胎细胞

母体1，乳腺细胞核的提供者

取出乳腺细胞中的细胞核

移除细胞核中的卵细胞

用电流刺激卵细胞分裂

取出卵细胞

母体2，卵细胞核的提供者

将胚胎植入第3只母绵羊的子宫

羊的克隆过程示意图

在英国罗斯林研究所诞生的克隆羊。由于没有用生殖细胞的卵和精子，而是以乳腺细胞的核为基础培育出来的，因此成为世界上的热门话题

完整的遗传信息的体细胞已经特化了。

1997 年 2 月，一只名叫"多利"的绵羊来到了这个世界。它的诞生引起了生物界乃至全球的震惊和瞩目，开创了高等动物也能克隆的先河，使得"高等生物不能无性繁殖"的说法不攻自破。

那么，"多利"是怎样被克隆出来的呢？

科学家首先从 1 只母绵羊的乳腺中取出一个没有繁殖能力的细胞，经过大约 6 天的体外

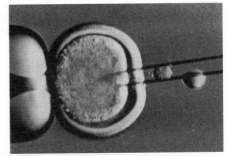

❧ 受精卵中正在运动着的遗传因子

培养，将其细胞核分离出来备用。然后，再从另一只母绵羊身上取出未受精且具有繁殖能力的卵细胞，取出其细胞核，用备用的那个细胞核代替。工作就绪之后，用电流将这个"新"的卵细胞激活，这样它就像正常的受精卵那样分裂了。等受精卵分裂成为幼小的胚胎之后，再将其移植到第 3 只母绵羊的子宫内。至此，克隆的工作就算完成，以后的过程就像正常的怀孕后期一样，直到最后小羊出世。这样看来，多利似乎有 3 个母亲。其实不然，从严格意义上说，那只提供乳腺细胞核的母绵羊才是多利的亲生母亲。

第 2 年，多利同一只威尔士公山羊交配，顺利产下一头名叫"邦尼"的小羊羔。多利的故事似乎到此可以告一段落，但由此人们又把焦点转到"能否克隆人"的话题上。目前世界上已经有人声称"能够成功地克隆人类"，到底是真是假还无从证实。如果"克隆人"真有其说，除了其正面的科学价值之外，那些随之而来的道德伦理等诸多方面的问题不免令人担忧。

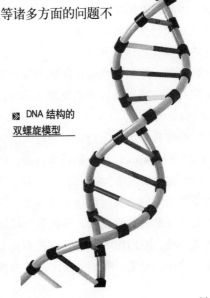

❧ DNA 结构的
双螺旋模型

❧ 克隆绵羊"多利"的诞生引起了生物界乃至全世界的瞩目。由此人们把焦点转移到"克隆人"的话题上。社会学家认为，克隆人不但侵犯了人的生命个体的"独特基因型权利"，对社会也有极大的危害。

既生蛋又喂奶的动物

——鸭嘴兽

众所周知，哺乳类动物的一大特征是胎生，也就是说，哺乳动物不会下蛋，下蛋的就不是哺乳动物。然而在全世界已发现的4000多种兽类中，就有既要生蛋孵雏、又要喂奶的动物，其中之一便是鸭嘴兽。

鸭嘴兽生活在澳大利亚东部和塔斯马克岛等地，是现存哺乳动物中最古老、最原始的一种珍稀动物。它的嘴巴与鸭嘴类似，前后脚五趾间长有很大的蹼，尾巴扁平，这个特征使它非常适于水上运动。其身上密布着浓褐色的短毛，4条健壮的腿使它可以像龟那样爬行。鸭嘴兽之所以是一种哺乳动物，是因为它全身长毛，又用奶水哺育后代。但是由于它也下蛋孵雏，因此又像鸟类。它的构造具有哺乳类从爬行类进化而来的许多特征，比如它的生殖孔和排泄孔合二为一，行走时匍匐前进等。这些奇怪的特征标志着鸭嘴兽是爬行类向哺乳类过渡的类型，具有很高的研究价值。

鸭嘴兽生活在河边，用五趾末端的尖钩爪打洞为家。它们一般昼伏夜出，以水中的小动物为主要食物。每年10月是鸭嘴兽交配的时间，此时雌兽会生下1～3个不足2厘米长的软壳蛋，并像鸟一样把蛋孵成小兽。刚出生的小兽与成兽不完全相像，体小、无毛、嘴短、眼闭。鸭嘴兽的

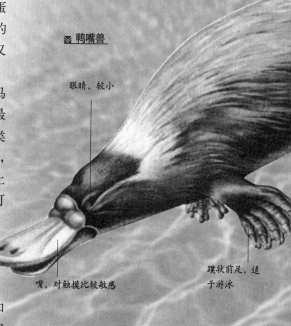

▽ 鸭嘴兽

眼睛，较小

嘴，对触摸比较敏感

蹼状前足，适于游泳

▌ 知识窗→鸭嘴兽小档案 ▌

分布：澳大利亚东岸和塔斯马尼亚。
体型：雄性最长可达60厘米，雌性则较小。
重量：最重可达2.4千克。
产卵数量：2
孵化期：12个星期
哺乳期：45个月
寿命：野生的大概10年，笼养的可达17年。
脊椎动物亚门
哺乳纲
单孔目（卵生哺乳动物）
物种数量：1

尾巴，较宽，扁平，
用来储存脂肪

蹼

钩状的爪子

❄ **卵生的哺乳动物**
鸭嘴兽流线型的身体、质密防水的皮毛和蹼状的前足
为它高超的游泳和潜水本领提供了前提条件。

哺乳方式也很奇怪，母兽没有乳房，其乳腺隐藏在腹部，从一
个小孔顺毛流出乳汁。哺乳时，母兽仰卧在地上，奶水会流进
腹部中线上的一条没毛的沟槽内。小兽会爬到妈妈的肚子上，
用短短的嘴舔吃奶水。这种哺乳方式在哺乳动物中算得上是独
一无二的。

　　鸭嘴兽最早是由英国和德国学者于 19 世纪 70 年代发现
的。他们刚见到这种动物的标本时，以为是有人搞了恶作剧，
将数种动物的标本拼接在一起。后来经过仔细研究，才肯定鸭
嘴兽的存在。现在鸭嘴兽的分布地区越来越窄，数量也越来越
少，澳大利亚政府已将其列为濒临灭绝动物加以保护。

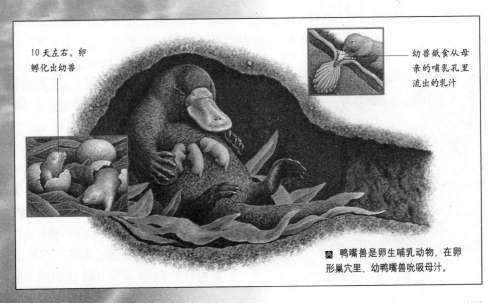

10 天左右，卵
孵化出幼兽

幼兽舐食从母
亲的哺乳孔里
流出的乳汁

❄ 鸭嘴兽是卵生哺乳动物，在卵
形巢穴里，幼鸭嘴兽吮吸母汁。

鸽子认路的奥秘

在通信手段极不发达的古代社会，人们往往利用鸽子进行远距离的消息传递。而鸽子也不负众望，能够准确地传递书信情报。鸽子卓越的飞翔和认路的本领，使它在很多领域，如通信、战争等方面成了人类的好帮手。如第一次世界大战期间，德军包围了法国的凡尔登城，法军的通信设备被炮火彻底摧毁了。就在这紧急时刻，鸽子不畏艰难险阻，顺利地完成了通信联络。早在 20 世纪 50 年代初，我国的军鸽就被列入军事编制，为在深山老林执行任务的边防军传送情报。不管距离多么遥远，地形多么复杂，它们总是能成功地完成通信任务。

鸽子为什么会有如此高超的认路本领呢？

众所周知，地球是一个巨大的磁体，地磁场的磁南极（S 极）位于地球的地理北极附近，而磁北极（N 极）却位于地球的地理南极附近。因此，习惯上以"磁北极"称位于地理北极附近的地磁极，但它具有 S 极的磁性；而以"磁南极"称位于地理南极附近的地磁极，但它具有 N 极的磁性。地球上所有带磁性的物体，没有一个不受到地球磁场的作用力，也就是排斥力或吸引力的影响。那么，鸽子为什么不会迷路呢？原来鸽子的眼中有一块突起的"磁骨"，它能测量地球磁场的作用力，通过地磁辨别方向。

科学家们曾做过这样的实验：将 20 只飞翔素质差不多的鸽子分成 2 组，每组 10 只，在其中一组的翅膀下装上一块磁铁，而在另一组的翅膀下装上等重的铜片，然后将它们一起放飞。结果，装有磁铁的 10 只鸽子飞了 4 天后，仅有一只精疲力竭地回来了，而装铜片的 10 只鸽子在一

▨ 树林中的鸽子

鸽子能够长途旅行而不会迷路，主要是因为它的眼中有一块突起的骨头，即"磁骨"，鸽子通过磁骨测量地球磁场的作用力，从而为自己的飞行定向。

▨ 鸽子共有 300 种，有家鸽和野鸽之分。其中，家鸽由野鸽改良而成。有信鸽、赛鸽、观赏鸽及食用鸽等等。

磁场

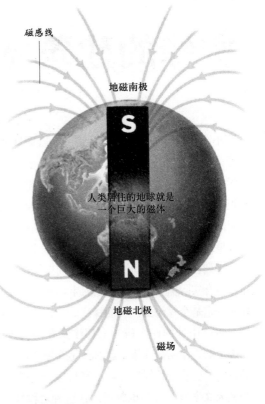

磁感线

地磁南极

人类居住的地球就是一个巨大的磁体

S

N

地磁北极

磁场

◤ 地球磁场示意图

天之内就返回了 9 只。原来，鸽子翅膀下的磁铁干扰了地磁场对它的影响，从而使之失去了磁性导航的能力。

其实，自然界中的许多动物都有这种神奇的导航能力。绿色海龟每到春季产卵时，就会从巴西沿海游向位于南大西洋的阿森匈岛，产卵后又渡海返回；生活在太平洋的大马哈鱼万里迢迢赶到黑龙江流域繁殖后代；北极燕鸥每年都飞越半个地球到南极过冬……

◤ 空中飞翔的鸽子

知识窗→信鸽活跃的时期

信鸽在 1500 年前的罗马帝国时代就已经被赋予了军事任务。在进入通讯技术发达的 20 世纪以前，每逢战争时，鸽子都担负着非常重要的任务。信鸽每分钟可以飞 1 千米，在通讯设施都已断绝的情形下，想了解各地现况时，信鸽正好派上用场。

◤ 大西洋大马哈鱼

大西洋大马哈鱼有很强的记忆力，它可以跳跃 4 米的高空逆水洄游而回到出生地，它们是靠发达的嗅觉系统长久地记住自己故乡的土壤、动物、植物或其他气味，然后便循着这些气味回到故里的。

蜜蜂的建筑本领

　　小小蜜蜂不仅勤劳，而且是一个既聪明又高明的建筑师，它的筑巢技能令人类叹为观止。大家都知道，从数学角度来看，如果用正多边形去铺满整个平面，这样的正多边形只能有正三角形、正方形以及正六边形3种。聪明的蜜蜂在建筑蜂房时，选择了角数最多的六边形，从而最大限度地利用了空间。整个蜂房由无数个正六棱柱状的蜂巢组成，蜂巢一个挨着一个，紧密地排列在一起，中间没有留下任何空隙。可以说，精巧奇妙的蜂房是一种最经济的结构，非常符合实际需要。难怪著名的生物学家达尔文说："如果一个人看到蜂房而不倍加赞扬，那他一定是个糊涂虫。"而蜂房的构造也给无数建筑师以深刻的启迪。

　　古今中外的许多科学家都注意并研究过蜜蜂筑巢的本领。早在2200年前，一位叫巴普士的古希腊数学家，就细致地观察并研究了蜂房精巧奇妙的结构。在其著作《数学汇编》中，巴普士这样写道："蜂房里到处是等边等角的正多边形图案，非常匀称规则。"著名天文学家开普勒也曾指出：这种对称蜂房的角，应该与菱形12面体的角相同。法国天文学家马拉尔第则亲自动手对许多蜂房进行测量，结果发现：每个正六边形蜂巢的底，都是由3个完全相同的菱形拼成的。更令人惊讶的是，每个菱形的锐角都是70°32′，钝角都是109°28′。

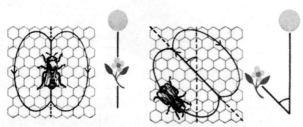

知识窗→寓意深刻的舞蹈

　　工蜂在蜂房上飞舞，告诉同伴关于蜜源的信息。蜂舞构成的图案中央和垂直线相交的角度，恰与花蜜与太阳相交的角度相同。工蜂如果跳圆舞（如上图所示），是指蜂房与蜜源相距仅有100米左右；如果距离挺远就会用跳8字舞来表达（如右图所示）。类似的是，工蜂跳舞的频率和圈数与距离成正比，距离越远，频率越高，圈数越多。

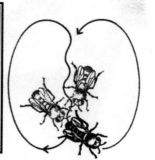

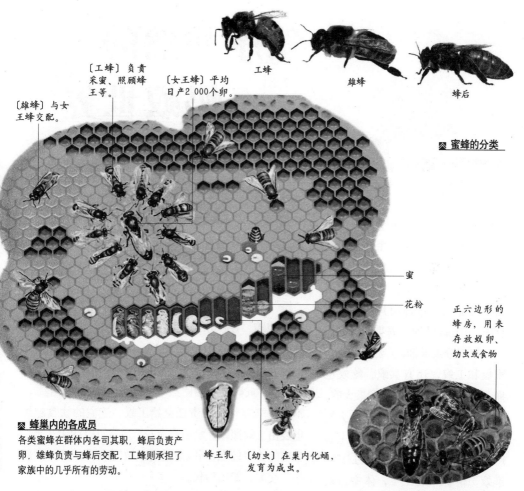

〔工蜂〕负责采蜜、照顾蜂王等。

〔女王蜂〕平均日产2 000个卵。

工蜂

雄蜂

蜂后

〔雄蜂〕与女王蜂交配。

◈ 蜜蜂的分类

蜜

花粉

正六边形的蜂房，用来存放蚁卵、幼虫或食物

◈ 蜂巢内的各成员

各类蜜蜂在群体内各司其职，蜂后负责产卵，雄蜂负责与蜂后交配，工蜂则承担了家族中的几乎所有的劳动。

蜂王乳

〔幼虫〕在巢内化蛹，发育为成虫。

　　18世纪初，法国自然哲学家列奥缪拉提出这样一个设想：假如蜂房是以这样的角度建造起来的，那么肯定是相同容积中最省材料的。列奥缪拉为了证实自己的这个设想，便向巴黎科学院院士、瑞士数学家克尼格请教。克尼格用高等数学的方法对这个数学上的极值问题做了大量计算，最后的结论是：只有每个菱形的锐角为70°34′、钝角为109°26′时，才能建造出相同容积中最省材料的蜂房。这个结论与蜂房的实际数值仅差2′，可以说这种误差是小到可以忽略不计的。

　　就在人们对蜜蜂的这一小小误差表示谅解时，著名数学家马克劳林竟然发现了一个令人震惊的事实：要建造相同容积中最省材料的蜂房，每个菱形的锐角应该为70°31′44″，钝角应该为109°28′16″。蜂房的实际数值与这个结论正好吻合。原来，数学家克尼格在计算时所使用的对数表印刷有错误。

　　数学家到18世纪中叶才能证实的问题，蜜蜂却早早地运用到蜂房的建筑上去了。看来，即使是万物之灵的人类，也不该小觑动物的智慧，我们可以从动物身上学到许多知识。

秩序井然的蚂蚁世界

※ 切叶蚁将咬下叶子的一部分带回巢内，培育一种菇类作为食物。

蚂蚁属蚁科，膜翅目，是地球上相当典型的社会性昆虫，它们有高度严密的组织制度，其成员之间所处的地位和身份虽然不同，但都自觉地各司其职，井然有序，和和睦睦地过着集体生活。

蚁群分工很细，主要有雄蚁、雌蚁和工蚁，还有兵蚁。雌蚁也称"蚁后"，是群体中体型最大的，生殖器官发达，一般有翅，交配筑巢后其翅自然脱落。蚁后主管产卵、繁殖后代，是大家庭的总管。雄蚁，俗称"蚁王"，体型较蚁后小，触角细长，外生殖器发达，主要职能是与蚁后交配，但交配后不久便死亡。工蚁，又叫"职蚁"，体型最小，数量最多，无翅，是一群无生殖能力的雌蚁，故也称中性蚁，专门负责筑巢、觅食、饲喂幼蚁、侍奉蚁后、护卵、清洁及安全等。兵蚁，头大，上额发达，无翅，也是不能生育的雌蚁，专管保卫群体安全之职。

每年的繁殖季节，众多的蚂蚁开始进行婚配。"婚"后，蚁王使蚁后受孕，便撒手离世。蚁后则脱掉翅膀，在产房中准备"生儿育女"。它在生产之后还要负责抚育幼蚁长大。当工蚁在新的群体中出现并初具规模后，蚁后的"统治"地位便日益得到巩固。此时的蚁后俨然一位养尊处优的"女皇"，不仅将喂养幼蚁的责任交给工蚁，连它的饮食起居也要由工蚁照顾。蚁后寿命长，通常可以活十几年，生殖能力也较强，所以总是可以做"新娘"，不断与"新郎"交配，繁殖后代。

蚂蚁大部分都很勤劳，如生活在南美阿根廷、巴西、巴拉圭等地的一种蚂蚁，它们有一手种蘑菇的好技艺。这种叫作切叶蚁的蚂蚁整天爬行在枝繁

※ 同族之间的争斗

工蚁照看着卵子

蚁后产卵

幼虫

将要发育成幼虫的卵

◾ 小小的蚂蚁世界里各有分工，秩序井然。

叶茂的大树上，相中某棵果树后，它们就用大颚切光树上的叶子，然后再把碎片运回蚁巢，接着再用大颚将碎叶反复咀嚼成碎屑后，将碎屑堆放在专门培植蘑菇的地方，然后在上面排泄粪便。一种小蘑菇很快便从碎叶堆里"破土而出"了，并茁壮成长。到了此时，一些切叶蚁就会来到"蘑菇房"，它们啃破子实体，吸食着从被咬破的蘑菇顶部流出的蚂蚁们的第一道佳肴——某种黏液，随后，其他蚂蚁也争先恐后地来到这里吸吮黏液。

这时，籽实体表面变得极为黏稠，许多蛋白质积聚在上面，这成了切叶蚁的第二道大餐。出去重建新家庭的雌性切叶蚁，会在自己的"嗉囊"里装上带孢子的蘑菇碎片，以便在新的家庭里种植蘑菇以生存下去。很奇怪，这种小蘑菇只有在切叶蚁的蚁穴中才能继续生存，若非切叶蚁，而是别的蚁穴的话，小蘑菇就难逃一死，更别提继续繁殖生长了。

自然界中到处都是弱肉强食的现象，蚂蚁世界中也充满着战争。蚂蚁的社会是一个母系社会，蚁巢中除蚁后外，雌蚁管理整个蚁巢的正常运作。蚁后产下的卵中，雌雄比例相当，而蚁巢内雌蚁比雄蚁多好几倍。这是为什么呢？原来，为了保持性别比例平衡，延续种群遗传优势，雌蚁消灭了雄卵。

当然，蚂蚁世界中的战争不能简单地理解为争夺配偶或获取食物，它常常由某些掠夺成性的蚁群的侵略挑起，而被侵略的蚁群则要誓死保卫家园，因而战争也就不可避免地一次次爆发。

蚂蚁的军队同人类的军人一样具有兵种的分工，不仅有机敏的侦察兵和坚守岗位的哨兵，还有勇猛的特种兵。而它们的武器主要有2种：一种是"冷兵器"，一种是"生化武

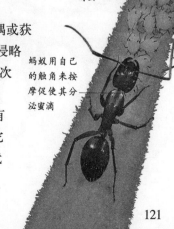

蚜虫

蚂蚁用自己的触角来按摩促使其分泌蜜滴

◾ **从蚜虫身上采集蜜滴的蚂蚁**

121

器"。前者就是头上的一对坚硬的大颚，可以当作战刀来使用；后者是一种带腐蚀性的蚁酸，敌人一沾上这种物质，便会受到伤害，这种武器往往更为重要。蚁军作战时还有不同的策略，有偷袭，有防守反击，有乘胜追击，还有围追堵截等。

蚂蚁王国中有一种最凶猛的蚂蚁，它们生活在南美洲的热带丛林中，是一种异常凶猛的食肉游蚁。一旦它们"光临"人类住宅，屋中的蟑螂、蝎子就会被消灭得干干净净，比最厉害的杀虫剂还要厉害。草丛中的小动物只要一碰上食肉游蚁群就没了，这时蚁群们会群起而攻之。有时候，毒蛇遇到它们，它们会很快组成一个圆圈，团团围住毒蛇。随着包围圈越来越小，一些游蚁开始进攻毒蛇，毒蛇被狠狠地咬住了。疼痛难忍的毒蛇疯狂地摆动身躯，可食肉游蚁仍然狠命地咬住它不放。惊恐万状的毒蛇更加猛烈地向四周碰撞，企图突出重围，可是食肉游蚁压根儿不理会，与毒蛇扭成一团的同时，一边咬一边大口吞着蛇肉，不到几小时，食肉游蚁便会全胜而退，只有一条被啃食过的毒蛇的残躯留在原地，让人看了不禁毛骨悚然。

除了这种最凶猛的食肉游蚁外，还有一种非常有趣的蚂蚁，它们靠掠夺、蓄养奴隶为生，这就是生活在南美洲的极为强悍的蓄奴蚁。在蓄奴蚁群中，所有的工蚁全都是兵蚁。骁勇善战的它们非常厌恶劳动，比如抚幼、造巢、觅食之类的工作，它们根本不想做。于是它们就攻击周围的邻居，抢邻居的蛹和幼虫。这些幼虫和蛹逃脱不了长大后成为"奴隶"的命运，专门承担筑巢、觅食、保洁、抚幼之类的繁重工作。由于奴隶的寿命太短，蓄奴蚁只好不断发动战争，不停地掠夺奴隶以备奴役。

"麻雀虽小，五脏俱全"，在蚂蚁王国中，同样上演着婚配、战争等各种重大事件，实在有趣得很。

> **知识窗→蚂蚁的行为**
>
> **搬运食物：**蚂蚁是搬东西的高手，它能搬运体积比自己还大的昆虫的尸体！看不见路怎么办？放心，它会嗅着自己沿路留下的气味回巢。
>
> **彼此喂食：**蚂蚁腹中除消化用的胃外，还有一个储存食物的嗉囊。好朋友见面，将存在于嗉囊中的蜜汁吐出，请对方品尝。
>
> **打架：**蚂蚁间常会为争夺而拼个你死我活。它们用尾部喷出的酸液互相攻击，直到一方死亡才结束。
>
> **负责产卵的蚁后：**蚁后原先有翅膀，结婚之后翅膀脱落。以飞行的肌肉为能源，产下卵来。

血管　腹部　　胸腔　心脏　头　眼　触角
脑
嘴
节肢
爪

❀ **工蚁构造图**

昆虫身体主要分为 3 部分：头、胸、腹。大多数昆虫有 3 对腿和 1～2 对膜翅都连属上胸部。

"潜水冠军"抹香鲸通常喜欢浮在海面枕着波涛进入梦乡。

鱼类是怎样睡眠的

睡眠是消除疲劳、恢复体力的一种生理现象，如果不睡觉，人或动物都会面临死亡。但是人与动物、动物与动物之间在睡眠姿势、睡眠时间等方面存在着很大差异。人躺着睡觉，马站着睡觉，而生活在海洋中的鱼类的睡眠方式则更加千奇百怪。

漂亮的鱼儿在睡眠。

通常陆生动物睡觉时是闭着眼睛的，而鱼类大多没有眼睑，所以只能睁着眼睛睡觉。除此之外，它们还缓慢而有节奏地扇动着鳃盖，偶尔也划动一下胸鳍或尾鳍，使身体保持平衡。海洋生物在睡眠时，一般会停止游动，静止在某一处，而且不同水层的生物，其睡眠姿势也不一样。比如，比目鱼清醒的时候喜欢静静地伏在水底，可睡觉时它们反而会漂浮在水面上；河豚静静地卧在水底，慢慢进入梦乡；隆头鱼睡觉时横卧在水底，身体侧面向上；白天喜欢成群结队地在水面游玩的幼鲉，到了晚上便分散开来，各自潜入海底睡觉，互不干扰；"潜水冠军"抹香鲸最深可潜入 2200 米深的海底，可它们在睡觉时喜欢浮在海面枕着波涛进入梦乡。

还有一些海洋生物的睡眠习惯也特别奇怪：海獭在吃过"晚饭"后，喜欢寻找海藻密集的地方作为舒适的卧榻。睡觉前，它先连续打几个滚，把海藻缠

在海藻的掩护下，比目鱼安然入睡。

123

在身上，就像盖了一床厚厚的棉被，有时为了防止在美梦中被海浪冲走，它还用前肢抓住海藻。海豚的睡眠时间非常短，而且睡觉时它喜欢睁一只眼闭一只眼，这是因为它的脑子构造非常奇特，半边脑子入睡后，另外半边的脑子还醒着。章鱼喜欢坐着睡，身体向上抬起，8只软足吸在海底，其中有2只伸向一旁并不停地转动，以防避敌害，只要海水一波动，它的身上就会出现黑点。有一种鹦嘴鱼的睡眠方式更加奇特，它的皮肤在黄昏时会分泌出许多黏液，将它的全身包裹起来，就好像穿了一件睡袋。

章鱼正在贝壳里睡觉，它腕足上的吸盘可帮助它抓获猎物和固定身体。

它还会在睡袋前后端各开一个小口，通过海水来呼吸，这样它就能安心入睡了。黎明时分，鹦嘴鱼便会脱掉睡袋，出去觅食。

有些鱼类到了冬天就会冬眠，这也是一种睡眠。它们的冬眠与爬行动物或哺乳动物不一样，它们仅仅是不吃不喝，进入半无意识状态。如鲤鱼到了冬天会成群结队地潜入水深处，围成一圈，头相互依靠着冬眠。

靠在珊瑚边休息的石斑鱼

更多资源获取 扫码获取

红鲷鱼
为什么会变性

　　大千世界无奇不有，绝大多数鱼类都是雌雄异体，而有的鱼类则是雌雄同体，有的鱼类甚至能变性，红鲷鱼就是一种会变性的鱼。红鲷鱼实行的是"一夫多妻制"。它们通常是一二十条组成一个大家庭，由一条雄鱼作"一家之主"，其余的都是它的"妻子"。如果这条雄红鲷鱼死了，雌红鲷鱼会悲伤地在它的周围游动。游着游着，其中一条较为健硕的"妻子"就会逐渐由雌性变成雄性，代替死去的雄鱼充当"一家之主"，带领其他雌鱼们开始新生活。

　　有一位生物学家为了验证这件事情的真实性，做了一个有意思的实验。他从深海里捕来一群红鲷

鱼，养在一个玻璃缸里仔细观察。雄鱼游在最前面，后面是一群悠然自得的"妻子"跟着。后来生物学家从鱼缸里取出雄鱼，放在另一个玻璃缸中。两个鱼缸紧紧相邻，雄鱼和雌鱼可以互相望见。这种情况下，雌鱼依然坦荡自如。可是当生物学家将装有雄红鲷鱼的鱼缸搬走后，雌红鲷鱼就慌乱起来。没多久，其中一条健壮的雌鱼就变成了雄鱼。

　　红鲷鱼为什么会突然由雌变雄了呢？原来雄红鲷鱼身上的色彩非常鲜艳，而且还能在水下发出一种特殊的信号。雌性红鲷鱼对这种色彩非常敏感，如果雄鱼色彩消失了，身体最强壮的雌鱼神经系统便会最先受到影响。它的身体内就会有大量的雄性激素分泌出来，然后卵巢消失，精巢长成，鳍也随之而变大，一条雄鱼就这样形成了。

珍珠是怎样产生的

华贵、高雅、美丽的珍珠是海洋里特有的精华，素有"仙女的眼泪"、"月亮的露滴"之称。自然界里的珍珠色泽各异，有银白色、粉红色、奶黄色，还有黑色，这是因为珍珠内含有铜、钚、钠等各种金属。判断珍珠价值的重要标准之一就是珍珠的色彩，各国人对色彩的喜恶也不尽相同。欧洲人喜欢粉红色的珍珠；南美、中美洲的人则对金黄色的珍珠比较钟爱。黑珍珠则是其中最为昂贵的，因为它非常稀少，因此价格几乎是银白色珍珠的 2 倍。

只有专家才能够分辨出珍珠是不是养殖的。

世界上最大的天然珍珠重 6350 克，直径为 279.6 毫米，几乎与排球一样大，称为"老子珠"。关于这颗巨大的珍珠，还有一段典故呢。菲律宾以南有一个名叫尼拉望的小岛，达雅克人祖祖辈辈都居住在这个小岛上。一天，几个达雅克人到附近海中捕捞贝类，其中一位同伴下水后，好久不见踪影。于是，大家分头寻找，结果发现他被夹在了一只巨型贝里面。大家赶紧连人带贝一起捞出水面。打开一看，贝壳里竟然有一颗人头大小的珍珠。后来这颗珍珠成为酋长的私有财产。几年后，酋长的儿子身患疟疾，生命垂危，一位美国考古学家用自己随身带的药品救了那孩子的命。酋长为了向这位考古学家表示感谢，便把这颗硕大的珍珠送给了这位美国人。如今，这颗珍珠被存放在旧金山银行的保险库里。

宝贵而又神秘的珍珠到底是如何形成的呢？古人对此有许多美丽的传说。普里尼乌斯博物志中曾记载：珍珠是海底的贝浮到海面后，吸收从天上降下来的雨露后而育成的。古代印度教传说珍珠的产生跟牡蛎的出现有关，牡蛎打开贝壳时，雨滴落在了贝中，不久就变成了珍珠。总之，古人没有破解其中的奥秘，便只能相信这些传说，认为珍珠的诞生非常神秘。

当然，人们现在已经明白，如此昂贵的珍珠出身并不高贵，普通的贝类动物就是它的母亲。当珍珠的母亲——贝类动物张开贝壳时，有时会掉进来一些小沙

贝壳类动物多生活在海水里，它们从围绕它们的淤泥中过滤食物，其中的一些食物形成了珍珠。

粒等异物，贝类的外套膜组织中落入这些异物后，机体便产生本能反应，分泌出大量的珍珠质，将其包裹起来，一层一层地，最后这异物就有变成珍珠的可能。

▼ **蚌蛤**
珍珠是贝类动物分泌的一种叫作珍珠质的东西经长期积累而产生的。

知识窗→由珍珠而诞生的职业

日本出现了一种新的职业——珍珠养殖。野生的珍珠属于一种自然的偶发事件：当细小的刺激物进入贝类体内时，由于贝类无法驱除这一外来物，出于自卫，它就分泌珍珠质包围这个入侵者，从而产生了珍珠。现在人们利用珍珠形成的原理，通过一定的手术处理，将人工做成的珍珠核植入珠母贝中，然后将珠母贝放回水中养殖，在1～3年的时间内，贝类会不断分泌亮闪闪的珍珠质包围珠核，这样就可以得到大量的人工培育的珍珠。

我国是世界上最早进行人工培育珍珠的国家，早在宋代就发明了人工养珠法。从20世纪50年代开始，人工育珠在我国得到了快速发展。广东、广西、海南等省的沿海地区建立了海水养珠场，上海、湖南、江苏和浙江等地则大力发展淡水养珠，通常利用的是三角帆蚌，不仅提高了珍珠的产量，还培育出了黑珍珠等名贵品种。

▼ **人工培育珍珠**

▼ **珍珠饰品**

身上带电的电鳐鱼

人类发电、供电需要建造一个巨大的系统，耗费大量的人力、物力。然而，有一种动物却能轻易地自己发电、放电，并且自己丝毫不受影响，这就是电鳐鱼。

电鳐鱼多生活在大西洋中，它身长约2米，体重足有100千克。它的身体是扁的，头部和胸部相连，很像一个大圆盘，后面还连着一根粗棒似的长尾巴，整个体态就跟一把芭蕉扇差不多。它的皮肤是暗褐色的，上面还有许多蓝色或黑色的大斑点点缀着，色彩十分鲜艳。身上没有鳞片，很光滑。这种鱼在我国东海、南海时常可见。

至于生活习性，电鳐鱼喜欢潜伏在海底泥沙里，一般只露出一双眼睛观察周围的动静。当它从泥沙中钻出来的

◈ 大西洋电鳐鱼

牙齿，宽、平，非常有力

嘴

鳃腔裂孔

胸鳍

腹鳍

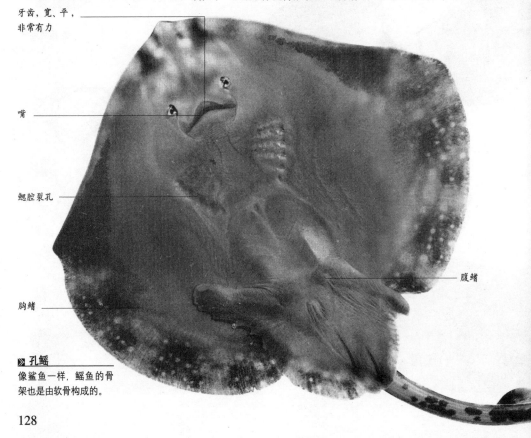

▶ 孔鳐
像鲨鱼一样，鳐鱼的骨架也是由软骨构成的。

胸鳍

颅骨

骨盆带

椎骨

鳐鱼的种类大概有 450 多种，属于软骨鱼。软骨坚固，有韧性，体型较小，但鳐鱼却是整个海洋中相当凶猛的捕食鱼类。

锯鳐

犁头鳐

灰鳐

鹞鲼

刺

刺鳐

电鳐的软骨骨骼
鳐鱼生活在水中，软骨已足够支撑它们的身体。

电鳐

时候，那就表示已饿得不行了。这时，它会将过路的鱼、虾当成猎食目标，向它们放电，等这些被它看上的猎物被击昏之后，就把它们吞掉。饱餐之后，电鳐鱼又重新沉入海底，趴在那里一动不动了。当有敌害来侵犯时，它会马上施展放电的本领用来自卫。

那么，电鳐鱼是怎样为自己充电的呢？科学家们在研究时，剥开电鳐鱼的外皮，在它体内发现了一堆六角形的肌肉。这堆肌肉的一面由神经连接起来比较光滑，另一面则没有神经，凹凸不平。当鳐鱼发电时，先是神经传来信号，这在肌肉光滑面就产生了电位。而另一面因为没有神经，所以不受控制，仍旧保持原来的静息状态。这样一来两侧形成了电位差，电流就随之产生了。至于鳐鱼在发电时，为什么电流是从腹部流到背部，这是由于它的发电器官位于身体中部两侧的原因。

此外，在电鳐鱼的肌肉里还有许多特殊的、紧密相连的细胞。每个这样的细胞，都可以产生一个电压，就像一个个小电池。尽管单个细胞产生的电压极其微弱，但是当许许多多这样微小的细胞紧密相连时，就会像许多电池串联一样，能够把这些电压叠加起来，形成很高的电压。而且这也使电鳐鱼在产生强大的电压的同时，避免了伤害自己。

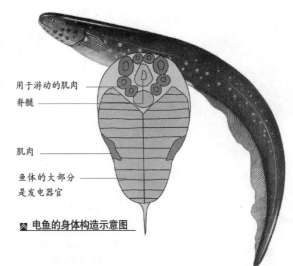

用于游动的肌肉
脊髓
肌肉
鱼体的大部分是发电器官

❀ **电鱼的身体构造示意图**

电鳐鱼的发电形式与我们常用的交流电或直流电不同，它所发的是脉冲电。因此在每次放电完毕之后，它都需要稍事休息，然后再放电，再休息。它的脉冲频率比较快，一般可在 10 ~ 30 分钟内放电 1000 ~ 2000 次。不过，在捕捉它的时候并不存在危险。因为电鳐鱼在落网后，会不断地放电，等到被提上甲板时，它已经筋疲力尽没有力量放电了。

电鳐鱼还可以用来治病。这在古时候就已经被人类所发现和利用了。古罗马时期，居住在沿海地区的居民中，风湿病或癫狂病的患者很多。每当病情发作时，他们并不急于找医生，而是赶紧跑到海边抓几条电鳐鱼来。被抓的电鳐鱼受到侵犯，便放出电来，这电正好可以刺激患者的神经，从而达到治病的目的。

与电鳐鱼的发电、放电系统相比，目前人类所发明的电池使用效率很低，而且耗费了巨大的能源。希望有一天，人类能从电鳐鱼身上得到启发，使人们能像它那样快速、便捷、高效地得到电能。

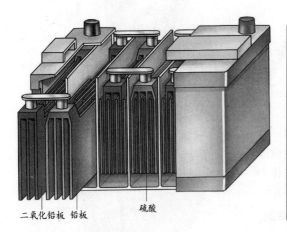

二氧化铅板 铅板　　　硫酸

❀ **模仿电鱼的发电器官制造的伏打电池**

> ■■ **知识窗→电力十足的电鳐鱼** ■■
>
> 据科学家用仪器测定，电鳐鱼的放电本领非常了得。它放电的电压最高时可达 200 伏，与我们日常的电源电压差不多。一般情况下也能在 70 ~ 100 伏之间。如果你在海边不小心踩着它，马上会感到四肢像触电一样麻木，浑身发抖，严重的甚至会使人晕倒。正因为这样，在我国海南岛一带，这种电鳐鱼被当地渔民称作"晕倒鱼"。

植物

Plant

植物如何进行自我保护

金和欢树叶是长颈鹿爱吃的食物。为了保护自己，金和欢树经过长期进化，在叶子上长出许多刺来保护自己。

自我保护是自然界万物为防御敌害、更好地生存下去的一种手段。

通常，大多数人会认为动物具有很强的自我保护的本能，它们在遇到敌害或危险时会采用各种手段来保护自己，而不会动的植物受到昆虫侵害时无法进行有效的自我保护，因为它们既没有手反抗，也没有脚逃跑，它们也没办法联合起来对这些欺负人的家伙进行自卫反击战，因此，植物对昆虫们肆无忌惮地啃咬只好逆来顺受。

然而事实却恰恰相反。植物们也是具有自我保护能力的。千百年来，为了抵御各种昆虫、动物的侵袭，各种植物悄悄地进行着化学战争，通过各种化学作用来保护自己。比如，橡树的叶子能集中地分泌一种叫作单宁的化学物质，抵御舞毒蛾的侵害。舞毒蛾在吃了这种物质后就会像吃了迷魂药似的，变得反应迟钝，行动缓慢，不是被鸟儿捉去，就是跌落到不知名的地方，慢慢地死去。

植物会采取各种方法来保护自己，如分泌毒液等，使昆虫等敌害不再袭击自己。

土豆和西红柿在遭受昆虫侵袭时也会自动地分泌一种叫阻化剂的化学物质。昆虫一旦不小心吃下阻化剂，就会无法进行消化，再也不会去偷吃西红柿和土豆了。

有些植物的自我保护机制更令人叹为观止，它们不但会欺骗敌人，而且还会联合起来进行共同防御。比如，有一种叫赤杨树的植物，它们受到枯叶蛾的攻击时，其树叶会将营养转移到其他地方，并迅速分泌出更多的树脂和单宁酸。这些蛾子吃不到自己所需要的食物，只好飞向另一棵赤杨，寻找美味佳肴。然而那棵赤杨已经接到了敌害入侵的信号，同样把营养成分迅速转移到身体的其他部分，同时分泌出大量的有毒液体，等待着那些枯叶蛾的来临。

科学家们对植物的自我保护方式一直具有浓厚的兴趣。通过长期的观察和研究，他们发现，植物的自我保护行为不是仅限于对有害的昆虫，对于妨碍自己生存的其他植物，它们同样也会表现出自我保护的行为。科学家们曾做过这样一个有趣的实验：他们从种着野草的花盆里取出一些水，浇到一棵苹果树的根部，经过观察，发现苹果树吸收这些水分后，其生长速度明显地减慢了。科学家们从这个实验得出一个结论，认为野草能够分泌一种对苹果树有害的化学物质。

◈ 沼泽地里的眼镜蛇百合

由于昆虫体内含有大量沼泽地里所没有的矿物质，所以眼镜蛇百合就靠捕食昆虫，作为一种特殊的营养补充方式。

此外，有些植物是非常"霸道"的，它们为了自己能够获得更多的营养和水分，常常会损害周围的其他植物。比如黑核桃分泌出一种化学物质，对许多植物都有害，因此在黑核桃周围，许多植物都不能正常生长。

植物是没有意识的，但是，植物的这种自我保护行为却又像是有意识的，这正是大自然长期选择的结果，然而其具体过程和原因，还有待于科学家的进一步研究。

知识窗→含羞草的自我保护

含羞草对外界刺激十分敏感，传达刺激的速度为每分钟 10 厘米左右。它之所以会害羞，是因为叶子里含有一种叫叶褥的细胞组织，里面充满水分。受震动时，叶褥里的水马上向上和两边流动，而下面的水没了会瘪下去，上面却因充满了水而鼓起来，整个叶子于是就合拢折叠起来了。含羞草有如此本领，完全是出自它的本能性保护，这是因为它的老家在巴西，那里经常有狂风暴雨，有了这种本领后，它就可以保护自己不受风雨的无情摧残了。

◈ 有些植物为保护自己采用以数量的优势换取个体的存在

植物也有语言吗

受到攻击的植物可以散发一种气体信息

众所周知，在诸种生物中，植物既不能运动，又是最安静而沉默的。然而出乎我们预料的是，植物的世界虽没有人类或动物界那么喧嚣，却有其独特的语言。这并不是杜撰或神话，而是科学家们的研究成果。

最早通过研究得出这一结论的是英国的植物学家们。他们通过一种特殊的仪器——植物探测仪，把仪器的线头与植物连接，人戴上耳机就能够听到植物说话的声音了。在正常情况下，植物发出的声音节奏轻微，曲调和谐；但遇到恶劣的天气情况或某种人为的侵害时，它们就会发出低沉、混乱的声音来表现它们的痛苦。此外，当植物缺水时也是会发"牢骚"的。因为植物缺水时，其运送水分的维管束会绷断，而维管束绷断时会发出一种"超声波"。这种声音很低很低，一般情况下是听不到的。因为它比两人说悄悄话的声音还低1万倍。目前，人们发现，渴了能发出这种"超声波"的植物有苹果树、橡胶树、松树、柏树等。专家们将植物的语言称作"微热量语"。

周围的植物接到这种危险信号，会继续把信号传递给其他植物

⚔ 植物之间的会话

遭受昆虫的攻击，植物可以通过根部传递信息，或是茎叶散发如乙烯之类的气体，通知其他植物有危险，某些植物也可以通过改变体汁的味道，使攻击者知难而退。

▨ 树林中的各种树木之间也会以散发气味等特殊方式进行"情感的交流"。

语言除了表达感情之外，主要是用来交流的。那么人和植物之间可不可以通过某种方式进行交谈，进入植物的"内心"世界呢？答案同样是肯定的。

研究表明，各种植物在生长过程中，能量交换的过程是时刻进行的。这种交换虽然很缓慢、不易觉察，但交换过程中微弱的热量变化和声响还是可以察觉的。如果把这些"动静"用特殊的"录音机"录下来，经过分析，我们就能解开植物语言的密码，明白它们说什么了。如果你能听懂植物的话，那么它会告诉你什么样的温度、水分和养料是它最喜欢的。

20 世界 80 年代，苏联的科学家通过电子计算机与植物成功地进行了一次交谈。首先，科学家们将计算机与植物进行特殊的连接后，向植物提出一些问题，植物根据它所"听到"的，将自身的形状变化、生长速度等信息通过计算机反馈给人们。当然，这些信息都是以数据的形式出现在计算机屏幕上的。然后，科学家通过另一台计算机来解读这些数据，绘出简单的图表。人们根据这些图表就能够明白植物说了些什么。人与植物的交流就是这样进行的。

▲ 橡胶树缺水时也能够发出"超声波"。

这样的程序未免太繁琐复杂，有没有一种更加简单、更加顺畅的交流方式呢？最近，意大利的发明家发明了一种能与植物直接交流的对讲仪。只是在目前来看，这种先进的对讲仪也只能与植物进行很初级、很简单的交流，因为它只能辨别出诸如"热"、"冷"、"渴"等词语。

尽管到目前为止，人类对植物语言的了解仍然是非常有限的，但是能听到植物"说话"，知道植物说些什么，仍然算得上是人类科学史上的一大进步。一旦有一天，人类同植物之间的交流变得顺畅起来，我们便可以更多地了解它们的所需所求，从而满足它们的需求，而最终的获益者则是人类自身。那时的世界鲜花会开得更娇艳，果树会更加硕果累累，五谷会更加结实而饱满……人们的生活也因此会过得更加富足而快乐。

知识窗→跳舞草

跳舞草又称无风自动草，是一种世界上濒临绝迹的珍稀植物，为多年生阳生植物，人工盆栽高 50 厘米左右，叶互生，为指状三出复叶，在同一叶柄上，长出 3 片叶，叶柄基部各对生 2 片小叶，2 片小叶以叶柄为轴心绕着大叶自然舞动旋转，时左时右，时上时下，时快时慢，旋转 1 周后以极快的速度回到原位，再行开始转动，周而复始，日夜不停。同一植株上各小叶转动有快有慢，但却颇具节奏，时而 2 片小叶向上合拢，然后又慢慢分开，平展，似蝴蝶轻舞双翅，像艺术体操中的优美舞姿，此起彼落，纵观全树，百十双叶子竞相争舞，像蝶群在树丛中翩翩起舞，令人百看不厌。

森林是怎样调节气候的

森林是大地母亲的绿衣裳，人们常将它称作气候的调节器、天然蓄水库和保持水土的卫士。森林在保护地球的生态环境方面，功不可没。

森林能够调节温度，使气温不至于太高，也不至于太低。当地面被森林覆盖着的时候，就可以抵抗太阳的暴晒，而且森林会蒸腾出大量的水分，同时吸收周围的热量，更可降低气温，因而，在夏季，森林中的气温一般要比当地城市低好几度，而相对于马路表面的温度，林内地面的温度更是要低10多度。森林还像一把巨大的遮阳伞，荫护着下面的空地，使森林里的热量不会很快散发到空中去而迅速地降低温度，所以，森林总是比无林区要暖和。

森林还能够起到天然的蓄水和保持水土的作用。森林能防止地面受到强烈的风吹水冲，保持水土，使其不易流失。防护林带能够大大减弱风的力度；暴雨碰到了森林，力量也大为削弱，雨水在树干的导流作用下，慢慢地流到地上，被枯枝败叶、草根树皮所堵截，就容易往地表渗透，而不会迅速流走。在雨水较少的季节里，这些贮存在地下的水，一部

▽ 森林是地球之肺，它能吸收大量的二氧化碳，通过光合作用释放大量的氧气。同时，森林能大大减弱风的力度并能防止沙漠的扩散。

森林是防风固沙的屏障。如果森林被大量砍伐或烧毁，那么就会形成荒漠或沙漠，极大地威胁人的生存。

分汇成清流，流出林地，灌溉农田，一部分被树根吸收、树叶蒸腾后，回到空中，又积云变雨，再落下来。有数据显示，在1昼夜间，每7500平方米森林输送到空中的水汽，约为几千至1万千克。因而，比起无林区来，林区空气的温度要更高些，雨量要更丰沛些。

森林不仅能调节温度，保持水土，它还能吸收二氧化碳和制造氧气，并且能够吸附滞留在空气中的粉尘，消除烟雾，净化空气。此外，森林还能起到消除噪声和隔音的作用。有的树种还能减轻大气的污染。

森林能够调节气候，保持水土，吸收二氧化碳，制造氧气，净化空气，消除噪声等，对环境的改善起到巨大的作用，所以，植树造林是一项很重要的任务，不仅如此，我们还要有意识地保护森林，如果肆意破坏森林，就一定会遭到大自然的惩罚。

许多国家的实践也表明，当一个国家的森林覆盖率超过30%，并且分布均匀时，就能够避免较大的风沙旱涝等灾害。而我国1998年夏季发生在整个长江流域的特大洪水，除了特殊的气候因素以外，在长江上游乱砍滥伐森林也是很重要的原因。

为什么新种的树林无法替代原始森林

在生物学家的眼中，新种植的树林是无法取代原始森林的地位的。为什么生物学家特别看重原始森林呢？因为在原始森林中，已经形成了一条完善的生物链，这是新种植的树林在短时间之内无法形成的。

每一个生态环境都会形成自己的生物链，一条完善的生物链对于维护该生态环境具有不可低估的作用。那么原始森林中的生物链是怎样发挥作用的呢？

猫头鹰是森林巨人的好朋友。它们把家安在树干上部的空洞里，时不时地捕捉在树底下活动的松鼠、田鼠。这些松鼠和田鼠老是偷吃长在大树根旁的蘑菇。这些蘑菇对于大树的生长是很有帮助的，它们吸收了树底下的腐殖质，又给大树提供矿物质和水分，所以是森林环境生物链中一个不可或缺的环节。

猫头鹰的存在能够有效地抑制鼠类的大量繁殖，但也不能允许猫头鹰过多存在。因为适量的鼠类能够散播蘑菇菌的孢子，使它们得到广泛的传播。因而这又是一条生物链。

原始森林中的每一个成员都各就各位，发挥着自己的作用。原始森林中大树形成的空洞，给猫头鹰提供了安家之处；猫头鹰守护着原始森林，经常要消灭那些偷吃蘑菇的松鼠和田鼠；田鼠和松鼠的活动范围很广，因而又能够将蘑菇的孢子播散在新的地方；蘑菇能给大树输送土壤中的矿物质和水分；

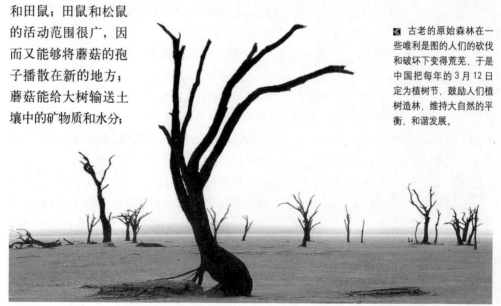

◤ 古老的原始森林在一些唯利是图的人们的砍伐和破坏下变得荒芜，于是中国把每年的 3 月 12 日定为植树节，鼓励人们植树造林，维持大自然的平衡、和谐发展。

❈ 原始森林中的生物链局部图

上图形象地说明了原始森林中的生物链各组成部分之间的相互依存、相互制约的关系。

对于偷吃蘑菇的鼠类，大树也一视同仁，给它们提供位置不同的树洞，供它们栖息。它们之间环环相扣，协调有序，形成了一条良性循环的健康生物链。

这就是生物学家强烈反对唯利是图的商家砍伐太平洋西北部沿岸那一片古老而茂盛的原始森林的原因。那是一片宝贵的原始森林，森林中有1000年以上的冷杉树，它们能够清除空气中的污染物质，吸收掉大气中的二氧化碳，同时释放出氧气；它们保护着脚底下的土壤，使它们不受洪水的侵害，而且恰到好处地保存着土壤里的水分；它们浓荫如盖，成为小溪里的鱼和周围昆虫的保护伞。更重要的是，在那片原始森林中，存在着一条运作良好的生物链。这些对于保护我们的地球和我们人类自己，都是很重要的。

所以我们万万不可像那些不法商家一样目光短浅，去破坏古老的原始森林。

❈ 森林是地球生命的重要依赖，鸟类也不例外。

根据年轮可判断
树木的年龄

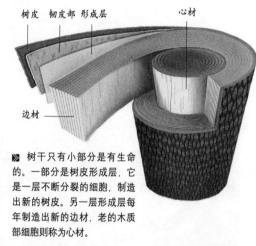

树皮　韧皮部　形成层　　　　心材

边材

▷ 树干只有小部分是有生命的。一部分是树皮形成层，它是一层不断分裂的细胞，制造出新的树皮。另一层形成层每年制造出新的边材，老的木质部细胞则称为心材。

在深山古刹，我们常常能够看到参天古木，它们的寿命少说也得有几百上千岁。树木一般都很长寿。要想知道它们的年龄，乍看不是一件容易的事。不过，只要人们掌握了树木的生长习性、生长规律，那么，判断一棵树的年龄就有据可循了。人们通常用数马齿来断定马的年龄，用"数年轮"的方法来判断树木的年龄。

所谓年轮，就是树木茎干每年形成的圆圈圈。我们可以从大树树干上锯下来一段木头进行观察，你会发现，原来树干是由一圈圈质地和颜色不同的圆圈构成的。

科学研究发现，在树木茎干的韧皮部内侧，生活着一圈特别活跃的细胞，被称为形成层，因为它们生长分裂得极快，能够快速形成新的木材和韧皮组织，可以说，它们是增粗树干的主导力量。这些细胞在不同的生长季节，生长情况有明显的差异。春夏最适于树木生长，因此，在这2个季节，形成层的细胞分裂较快，生长迅速，所产生的细胞体积大，细胞壁薄，纤维较少，输送水分的导管数目多，称为春材或早材；而在秋天，形成层细胞的活动较于春夏2季明显减弱，产生的细胞当然也比较小，而且细胞壁厚，纤维较多，导管数目较少，叫作秋材或晚材。

由以上的说明我们就可以知道，早材的质地比较疏松，颜色相对浅淡；晚材的质地比较紧密，颜色相对浓深。树干上的一个圆圈就是由早材和晚材合起来形成的，这就是树木一年所形成的木材，称为年轮。顾名思义，年轮1年只有1圈，这样一来，我们就可以根据树木年轮的圈数，轻松地数出一株树的年龄了。但是，也有例外的，一些植物如柑橘的年轮就不符合这条规律，它们每一年能够有节奏地生长3次，形成3轮。当然，我们不能把它当成3年来计算。这样的年轮，我们称其为"假年轮"。

凡事都不是绝对的，年轮虽然能够清楚地记下树木的寿命，但不是所有的树木都能够用"数年轮"的方法来确定年龄的。为什么呢？主要是气候的因素。热带地区由于气候季节性的变化不明显，形成层所产生的细胞也就不存在太大的差异，年轮往往不明显，只有温带地区的树木，年轮才较显著。因此，要想推算热带地区树木的年龄，当然也就比较困难了。

秋天树叶
为什么发红

❀ 即将凋谢的叶子颜色发生变化。

每到秋天，很多树木的叶子会变黄，甚至变红。尤其是枫树，到了秋天，更是一派"红枫如火"的景象。从古至今，无数文人墨客对这种景象发出赞叹，最有名的莫过于唐代诗人杜牧的名句"停车坐爱枫林晚，霜叶红于二月花"。人们不禁要问：在赞叹红叶美景之余，为什么有的树种的叶子到了秋天就会发红呢？

直到近代，科学家才发现，叶片所含的色素不同，叶子的颜色也不同。绿色色素在一般的叶子中大量存在，我们称之为"叶绿素"。另外，还有黄色或橙色的胡萝卜素，以及红色的花青素等等。

叶子的叶绿素和胡萝卜素能够进行光合作用。它们在阳光的作用下，吸收二氧化碳和水，呼出氧气，产生淀粉，所以叶绿素十分活跃。但叶绿素却很容易被破坏。叶子在夏天之所以能保持绿色，是因为被破坏的老叶绿素不断地被新的叶绿素替代。到了秋天，天气转凉，叶绿素就不那么容易产生了。这样，叶绿素遭破坏的速度很容易超过它生成的速度，于是树叶的绿色逐渐褪去，变成了黄色。

有些树种的树叶会产生大量的红色花青素，叶子就变红了。叶子产生花青素的能力和它周围的环境变化密切相关。如冷空气一来，气温突然下降，这非常适合花青素的形成。因此，秋天有些树上的树叶就会变红。

尽管叶子变红的原因我们已经弄清，可是至今为止，人们对于花青素究竟是什么样的物质，它在植物叶子中起什么作用仍不清楚，这将有待于科学家的进一步研究。

❀ 在温带地区，到了秋季，枫树的叶子会变成红色。

能独树成林的榕树

在我国热带和亚热带地区，经常会看到高大的榕树，每棵榕树都有宽大的树冠，而且树冠上悬垂一根根支柱根，远远望去，每一棵树都像是一片小小的森林。

榕树是一种常绿阔叶乔木，喜欢高温多雨、空气湿度很大的气候，所以在低海拔的热带林、热带和亚热带沿海海岸及三角洲等低湿地区，它们生长得十分茂盛。

由于湿热的气候，榕树生长得很迅速，并且每棵树都生有很多的侧枝和侧根。榕树的主干和枝条上长着很多皮孔，从每个皮孔处都生出枝条来，一根根向下悬垂着，好像老爷爷的长胡子一样，我们称这些倒生的枝条为"气生根"。这些气生根一直向下生长着，直到它长得碰到了地面后又入土生根，并渐渐长粗，长成一个真的树根，只不过这些根不生枝，不长叶，人们把这些根叫作支柱根。榕树的支柱根和其他根一样，帮助榕树吸收水分，汲取养料，同时还支撑着不断往外扩展的树枝，使树冠不断扩大。榕树的寿命很长，据统计，一棵古老的榕树能够长出1000多条支柱根。

其实，在植物界中，不仅榕树生长支柱根，除了榕树以外，棕榈科的伊利亚棕、露兜树科的露兜树、桑科的刚果桑、木麻黄科的苏门答腊木麻黄和第伦桃科的第伦桃等树木，它们也长出支柱根，只不过榕树的支柱根生长得更为壮观。

榕树的果实味道甜美，是小鸟最爱吃的食物，它们把果实连同坚硬的种子一起吞到肚子里，然后到处飞翔。如果你在热带和亚热带地区的古塔顶上、古老屋顶上和古城墙上，看到了郁郁葱葱的小榕树，那一定是小鸟的杰作，是它们把榕树的种子随粪便到处撒播，甚至小鸟还把含有种子的粪便拉在大树顶上，种子生根发芽长成小榕树，形成树上有树的奇观，成为热带林的一大风景。

园林工作者们根据榕树生长的特性，别出心裁地对榕树的气生根和树冠加以整形和打理，竟把榕树做成一种庭院绿化中具有奇特景色和富有岭南特色的盆景，真是不简单。

假如有一天你有机会走进热带和亚热带丛林，你一定一眼就会看见那些高大的生了胡须一样的榕树，把它们称为小森林毫不夸张。

成都黄龙溪渡口大榕树

没有根的大花草
怎样长成花中之王

不能进行光合作用，没有根、茎、叶的大花草却是当之无愧的"花中之王"。

在我们印象中，植物都应该有根，否则它们以什么为依托呢？然而，有些植物偏偏没有根，大花草就是其中的一种。大花草不仅没有根，连茎、叶都没有，甚至不能进行光合作用。可就是这种"一无所有"的植物，却是当之无愧的"花中之王"。

大花草是大花草科植物中的一种，又被称为"阿尔诺利基大花草"，这个名称来自于大花草的发现者——著名博物学家阿尔诺利基。19世纪初，阿尔诺利基与英联邦爪哇省总督拉夫尔兹爵士去苏门答腊旅行，发现了这种奇特的植物，阿尔诺利基用自己的名字给它取了名。拉夫尔兹爵士曾在一封信中写了一段大体意思是这样的话：这次行程中我们发现了大花草，我觉得，它的美丽是任何语言都无法形容的。它的重量超过7千克，直径90多厘米，世界上没有别的花比它大，比它美丽。这是我们最大的收获。

大花草在印度尼西亚被称作"本加·帕特马"，意即荷花。实际上它长得一点也不像荷花，它有五个暗红色的花瓣，而且肥厚多肉，花瓣上布满白斑，鼓鼓囊囊的。花瓣中央有一个长着很多小刺的"圆盘"，保护着花蕊，给人一种神圣不可侵犯的感觉。阿尔诺利基大花草的每一部分都异常大，"圆盘"大，花瓣大，花蕊也大。每片花瓣长30～40厘米，厚数厘米；中央的大圆盘其实是一个密槽，这个槽高30厘米，直径达33厘米，里面可容纳5000～6000克水。根据对标本的测量，阿尔诺利基大花草直径为70～90厘米，最大能够达106.7厘米，无愧于"花中之王"的称号。

原来，大花草是寄生类的植物，它靠别的植物活着。大花草有一种类似蘑菇菌丝体的纤维，利用这种纤维深深扎进葡萄科植物白粉藤的木质部，通过吸取白粉藤的大量养料，来供给自己生长。

大花草的种子异常小，它挤进白粉藤的擦破处，接着开始膨胀，萌发成像幼芽似的东西。用不了多长时间，"幼芽"慢慢长成扭曲的花蕾，有小孩的拳头那么大。此后，花蕾舒展开来，就会露出5片花瓣来，呈砖红色。刚开始时，大花草散发出一种清香。三四天后，气味变得极其难闻，这种气味和肉色的花瓣会招来大批厕蝇，通过它们完成授粉工作。就这样，大花草借助其他植物的力量，最终长成了花中之王。

植物中的"活化石"——银杏

距今 2 亿多年前，地球处于中生代三叠纪至侏罗纪时期，那时银杏树遍及全球，种类繁多。而第四纪冰川期来临之后，除了中国外，各地的银杏树均遭遇冻灾，从此银杏成了中国特有的树种，也成了植物中见证历史的活化石。

银杏是一种落叶大乔木，单种属树种，在裸子植物银杏科属中独一无二，其高度可达 40 米，直径 4 米。它出现于古生代二叠纪，受第四纪冰期影响在世界大部分地区绝迹。之所以在我国存活下来，得益于我国独特而又复杂多样的地理环境。

目前，野生银杏仅仅生存在浙江省天目山海拔 500～1000 米的天然混交林中。银杏的别名很多，大家都熟悉的是白果，而鲜为人知的名字有鸭掌树、公孙树、佛指甲等。银杏树形十分优美，高大的树冠像宽宽的绿色华盖，每片叶子则像一把把小扇子在风中摇摆。到了秋天，树叶转黄，银杏树更像是穿了黄艳艳衣服的少女，婀娜多姿，令人忍不住驻足观看。

银杏果实呈椭圆形，果核也是圆形。成熟的果实像一枚杏子，外面包着橙黄色肉质的种皮，而果实的内壳却是白色的，所以把它取名为银杏，俗名叫作"白果"。在自然状态下，银杏树的生长比较缓慢，一般 20 年后开始结籽，到了 30～40 年后才进入盛期，盛期之后，结子能力就百年不衰了。俗话说"公公种树，孙子收实"，就是说银杏的这种生长特点，这也是银杏的别名"公孙树"的来历。

银杏虽然生长缓慢，但它繁殖能力很强，有着一套高超的"求偶"本领。因为银杏树雌雄异株，在雌花与雄花授粉时，距离给它们带来了困难。可是在风的帮助下，雄树仍然可以将它异常细小的花粉，送到数千米之遥的雌树那里，让雌花和雄花完成"生儿

✿ 3000 万年前，地球上的多次大面积冰川运动，使亚洲银杏几乎绝种。

✿ 银杏叶化石

育女"的使命。科学家们还发现，银杏的"精子"依然像2亿年前它的祖先那样，具有鞭毛，会游动，这使它成为植物学家研究原始裸子植物的"活标本"。

银杏树的寿命也很长，树龄千年以上的古银杏树在全国各地随处可见。而寿命最长的一株古银杏，生长在山东省莒县定林寺前，树龄达3100多岁，树高24米，直径1.57米，至今还能开花结果，成了树木中的"老寿星"。

谈及银杏树的用处，真是数不胜数。可以说，它浑身是宝，比如，银杏材质细密，纹理直，有光泽，在建筑、家具、雕刻中用材时不翘、不裂，又很容易加工，是木材中的上品。就更不用提银杏的果实了，它富含淀粉、脂肪、蛋白质和维生

✎ "公孙树"银杏

素，既可食用，又可入药。连《本草纲目》中都记载着这样的句子："熟食可温肺盈气，定咳嗽，缩小便，止白浊，生食降痰，消毒杀虫。"银杏叶也是一宝，可提制冠心酮，用来治疗心血管系统疾病，把银杏叶放在书柜，或夹在书中，它清香的味道还可以驱除书内蠹虫。

银杏树的这些特点，使它备受人们喜爱，人们也经常把它栽种在庭院、庙宇内外，来点缀风光。银杏在我国已有了悠久的栽培历史，全国20多个省、市、自治区均有栽培，尤其是四川、广西更为广泛。不久，这种古老的植物将作为观赏树种来美化首都主要街道，银杏树也会再次像远古时候一样随处可见了。

✎ 银杏叶

知识窗→银杏

银杏是银杏目唯一现存的植物，已超过25000万年。原产于中国及日本，而今被引入世界各地，当作观赏之用。银杏一般株高20～25米，有时可达40米，成树的树皮为灰色而有深沟。叶长于短枝末端，成簇生或单生。叶片成扇形，长约5厘米，宽5～7厘米。雌雄异株。雄花成短穗状花序般的一丛；雌花通常成对，长于短枝上。种子为核果状，直径约2.5厘米，具有一个大的银色核仁，有一种不悦的味道，所以，庭园较少栽植雌株。

胡杨为什么不怕干旱和盐碱地

凡是有一些生物常识的人都知道，植物是很难在盐碱地生长的。因为，如果植物的根细胞里含有太多的渗透压很高的盐水，就会阻碍根进一步吸收水分，时间一长，植物会因得不到水分而枯死。另一方面，如果土壤中积累过多的可溶性盐类，根细胞就会"中毒"，从而受到伤害。事实证明，大部分植物在含盐量超过0.05%的土壤里都不能成活。但是，胡杨却能在含盐1%～3%的盐碱地里生长，这是为什么呢？

20世纪60年代，2位澳大利亚科学家和美国科学家伯恩斯坦在经过多年的研究之后，提出了"渗透学说"，向人们揭示出胡杨的这种特异功能。他们认为，胡杨之所以能在盐碱地生存，是由于其叶面的蒸腾作用比普通植物低，这样就保证了自身生存所需的水分，因此它的抗旱和抗盐碱能力才如此强大。胡杨的茎叶上布满了可以把从盐碱地中吸收的过多盐分排出体外的泌盐腺。

除了胡杨之外，黄须的抗盐能力也是很突出的。黄须是一年生草本植物，叶多

胡杨，属于杨柳科，是温带落叶林树种，河旁湖畔是它的家。其形象很奇特，幼树的枝条、叶子跟柳树相似，长高几米后，叶子的形状就变成了椭圆状，很像杨叶。

海边的胡杨林
胡杨是为数不多的能在海边盐碱地里生长的树种，它对保持沿海环境和水土及生态环境起到重要作用。

汁肥厚，像长满了茸毛的小棍棒。黄须的根系极为发达，从而将土壤变得疏松，加强渗透力。人们常叫黄须为"吸盐器"。因有人曾做过这样一个实验，在盐碱地上种了一片黄须，1 年后，通过取土化验，结果发现 75 厘米深的土壤内含盐量只剩 0.1%。

　　除了胡杨、黄须之外，世界上还有许多抗盐碱、抗旱能力强的植物，像碱蓬、盐角草、胡颓子、田菁、艾蒿等。碱蓬和盐角草都有肉质叶和茎，它们之所以具有高度的抗盐能力是因为它们茎、叶内的细胞质与盐并不排斥而是能够相结合，以至于它们细胞含水量高达 95%。胡颓子、田菁和艾蒿的根细胞对盐的排斥力很强，同时，它们的细胞内还含有较多的有机酸和糖类，从而使细胞吸水的能力加强了。瓣鳞花能将吸收的盐分与水充分溶解，然后通过叶面分泌出去，水分干了之后，叶面上的盐的结晶颗粒被风一吹就散落了。

🔥 盐碱地上种植的棉花和胡杨林

　　由于具有了抗旱耐盐碱的"特异功能"，所以盐碱地也就成为像胡杨这样的植物生长的乐园。

草木也有感情

你一定见过这样的现象：如果你用手轻碰含羞草的叶子，它就会像少女一样羞涩地垂下头；向日葵的花总是随着太阳位置的变化而转动；大豆、花生的叶子到了夜间就会紧紧合拢……这是怎么一回事呢？

从表面上看，植物总是不言不语，默默地生长着，其实它们也和人一样是有感情的。它们都能相当灵敏地感受到外界环境的刺激，并做出反应。当然，在外界环境的刺激下，植物所表现出来的各种姿态都是建

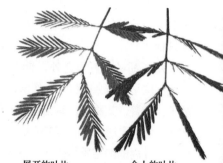

展开的叶片　　　　合上的叶片

立在一定的生理基础之上的，多数是出于自我保护的需要。有时植物还会表现出很高的音乐鉴赏力。

法国有一位园艺家曾做过这样一个实验：他为了研究音乐对植物生长的影响，把耳机套在一个番茄上，每天播放 3 个小时的音乐。结果，这个番茄成熟后比一般番茄大很多。法国国家研究中心的一位科学家，曾试图利用超声波促进蔬菜生长。结果发现，在超声波的影响下，蔬菜的生长速度是一般的 2 倍以上。我国的科学家也曾用超声波对桔梗等中草药种子进行处理，从而提高发芽率。大量的研究证明，超声波能够加速植物的光合作用，促进细胞分裂，从而加快植物的生长速度。

除此之外，科学家们还利用各种仪器试图探索植物的感情生活。

美国著名的测谎机试验专家克里夫·巴克斯特有一天突发奇想：如果把测谎机接到植物身上会怎样呢？1966 年的一天，他把测谎机的电极连在龙舌兰的叶子上，然后浇上充足

被碰触前　　　　　被碰触后

≪ 含羞草叶子的膨压作用

含羞草也是一种有丰富感情的花。只要它的叶子被人或其他动物触动，它就会闭合。其实，这种防预性动作产生于一些细胞内部压力的变化。

的水，结果测谎机完整地记录下龙舌兰喝水的"情景"，这个情景很像人在短暂的感情冲动时的反应。后来，他又用测谎机对 25 种植物进行了相同的试验，结果也是相同的。更令人惊讶的是，当他准备伤害植物时，仪器能够记录植物的特殊反应。

◪ 科学家用音乐激励西红柿生长，结果证明：植物也有"丰富"的感情，它能够对外界刺激做出反应。

美国加利福尼亚州洛斯加托斯国际商品粮用机器公司的化学师马塞尔·沃格尔也是研究"植物与人的交流"、"植物情感"等课题的专家。他曾做过一个这样的实验：从树上摘下 3 片榆树叶，把它们放到床边的一个碟子里。每天早上，他会聚精会神地用 1 分钟时间注视其中的 2 片叶子，以鼓励它们顽强地生存下去；而对中间的那片叶子却不闻不问。7 天后，中间那片被"冷落"的叶子渐渐变黄、枯萎，而那 2 片被一直鼓励的叶子依然青绿。更使沃格尔惊喜的是，那 2 片没有枯萎的叶子的小茎上由于采摘而留下的伤痕看上去竟已经愈合了。

沃格尔的实验证明了植物不仅具有"知觉"、"情感"，而且能够捕获比用语言表达更为真实可信的任何恶意或善意的信息。这个发现为植物学的研究开辟了一条新的道路。

无独有偶，日本"新世纪"公司经过长期研究也得出了类似的结论。该公司宣布发明了一种机器，这种机器能够测定植物对外界刺激做出的反应，他们称这种机器为"植物与人类之间奇妙的交流工具"。

有了这样的机器，人类就可以不费力气地走进植物的感情世界，了解到植物的许多有趣的事：植物也会像小猫小狗那样，当主人接近它时，会感到害怕；若植物的主人经常与它轻声对话，或像父母抚摸婴儿一样轻抚它的叶子时，它也会有愉快的感觉；植物甚至能感受到走近它的主人的呼吸和体温，能够感受到将要发生什么，并在 10 秒钟内做出快速反应。

◪ 蒲公英昼开夜合是对外界刺激做出的反应。

叶绿体与光合作用

你想过没有，我们吃的食物是从哪里来的？我们呼吸的氧气又是从哪里来的？是谁在滋养着我们人类？也许大家没有想到，这些都源自于那些普普通通的绿色植物。它们不仅是我们人类生存所需的食品的主要来源，而且还通过吸收空气中的二氧化碳，将其转化为供人呼吸的氧气。

◪ 植物的光合作用是植物进行新陈代谢的主要过程，也是植物生长中的重要过程。在这个过程中，植物还产生叶绿素，所有植物的叶子通常都是绿色的。

那么，绿色植物是怎样茁壮生长的，它们又是如何制造氧气的呢？

科学研究表明，绿色植物的细胞中有一个特殊的器官，它叫叶绿体。叶绿体在不同的植物中的含量不同。通常，在高等植物的叶细胞中，每个细胞中含有 30 ～ 500 个不等的叶绿体；而在低等的地藻类植物的细胞中，每个细胞所含的叶绿体数量就相对少多了，大多只有一个到几个。绿色植物的叶片和幼枝之所以呈现出绿

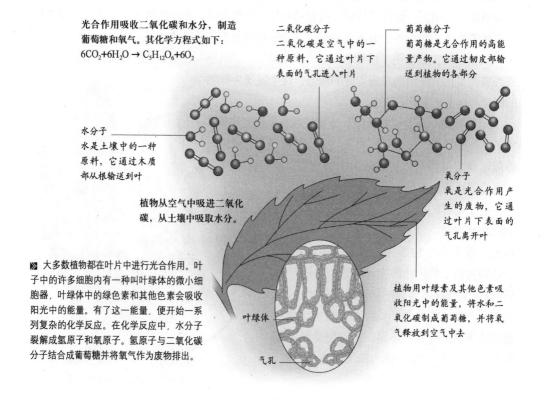

光合作用吸收二氧化碳和水分，制造葡萄糖和氧气。其化学方程式如下：

$$6CO_2 + 6H_2O \rightarrow C_5H_{12}O_6 + 6O_2$$

二氧化碳分子
二氧化碳是空气中的一种原料，它通过叶片下表面的气孔进入叶片

葡萄糖分子
葡萄糖是光合作用的高能量产物。它通过韧皮部输送到植物的各部分

水分子
水是土壤中的一种原料，它通过木质部从根输送到叶

植物从空气中吸进二氧化碳，从土壤中吸取水分。

氧分子
氧是光合作用产生的废物，它通过叶片下表面的气孔离开叶

◪ 大多数植物都在叶片中进行光合作用。叶子中的许多细胞内有一种叫叶绿体的微小细胞器，叶绿体中的绿色素和其他色素会吸收阳光中的能量。有了这一能量，便开始一系列复杂的化学反应。在化学反应中，水分子裂解成氢原子和氧原子。氢原子与二氧化碳分子结合成葡萄糖并将氧气作为废物排出。

叶绿体

气孔

植物用叶绿素及其他色素吸收阳光中的能量，将水和二氧化碳制成葡萄糖，并将氧气释放到空气中去

色，就是叶绿体起的作用。

不过，单单有叶绿体还不行，还不能制造食物和氧气，还缺什么呢？那就是阳光。

俗话说：万物生长靠太阳。如果没有太阳，地球就漆黑一片，植物就不能生长了。绿色植物的叶绿体在太阳光的照射下，以空气中的二氧化碳和水为原料，通过光合作用，合成碳水化合物（如淀粉等），并放出氧气。这个化学过程可以通过下面的式子直观地表示出来。

二氧化碳 + 水 +————→碳水化合物 + 氧气

就这样，绿色植物的叶绿体，在太阳光的作用之下，转化成人类所需的物质食粮。所以说，叶绿体在太阳光作用下发生的这一个光合作用，不仅为绿色植物自身的生存提供了必要的条件，也为世间万物解决了"吃饭"问题，同时它吸收空气中的二氧化碳，将其转化为氧气，再释放回空气中，为世间的生物提供了生存所必需的氧气。

据统计，在光合作用之下，绿色植物每年大约可以将1500亿吨二氧化碳和600亿吨水转化成1000亿吨营养物质（即碳水化合物，诸如淀粉之类）和1000亿吨氧气。由此可见，光合作用多么重要啊！要是没有了光合作用，这个星球就会失去生机和活力，变得死寂冷清。

从小的方面来说，叶绿体及其光合作用对于美化、净化我们周围的环境也是很有用处的。人们经常在居室内外种植一些花花草草，一方面是为了美观，另一方面，这些绿色植物能够吸收空气中的二氧化碳，释放出氧气，这对于人们的身体健康是大有好处的。所以，我们万万不可小瞧了这些绿色植物哦！

水蒸汽

茎

水蒸汽

水及养分

水蒸汽

阳光

二氧化碳

花

氧气

水蒸汽

水及养分

茎

水及养分

侧根

主根

◤ **植物光合作用过程示意图**
植物通过光合作用，吸入二氧化碳、水分及阳光，制造出氧气及其他营养物质。

植物为什么也喜欢吃虫

在自然界，动物吃植物已经是天经地义的事。牛、羊、马吃草，猴子吃果子，熊猫啃竹子，连小鸟也寻找植物种子充饥。可如果反过来说，植物吃动物，就让人觉得太不可思议了。不过，世界上真的有"吃"动物的植物，它们被叫作食虫植物。

18世纪中叶，科考人员在美洲的森林沼泽地进行科学考察时发现了一种珍奇植物——孔雀捕蝇草。这种草的叶子是长方形的，很厚实，叶面上长有几根尖尖的茸毛，叶的边缘还有十几个轮牙。每片叶子中间有一条线，把叶子分成两半儿，就像开屏的孔雀一样，可随时开合。

平时，孔雀捕蝇草会散发出一种香甜的气味，以此来诱惑那些贪婪而愚蠢的昆虫。昆虫如果不小心触动了捕蝇草的叶子，捕蝇草就会迅速叠起来，边儿上的轮牙也互相交错咬合，这只贪婪的虫子就成了它的食物。捕蝇草的叶子既可以用来捕捉食物，又是其自身的消化器官。叶子会分泌出消化液，将昆虫消化掉。虫子越挣扎，叶子就夹得越紧，分泌的消化液就越多，直到只剩下虫子的残骸为止。猎物很快就被吃完了，然后叶子又设下新的陷阱，等待着别的虫子上钩。但是，孔雀捕蝇草一生只有3次打猎的机会，然后就逐渐枯

捕捉器（具双圆裂片的叶子） 中肋（捕捉器的铰链） 触发毛

①

≪ 捕蝇草捕食昆虫

有些食肉植物如捕蝇草，具有可活动的陷阱。陷阱由位于叶端处的圆裂片构成。圆裂片的边缘长有很长的褶边，内面呈红色并长有灵敏的长毛。这些长毛可感受到轻微的触动并启动陷阱。

每个叶片在枯萎之前大约要消化3只昆虫

捕捉器的红颜色吸引昆虫

萎了。

　　最有代表性的食虫植物是猪笼草。它看上去像普通的喇叭花或百合花，有的还能散发出像紫罗兰或蜜糖一样的香味，吸引昆虫的到来。猪笼草是一种生活在中国海南岛、西双版纳等地潮湿的山谷中的绿色小灌木。每片猪笼草的叶子尖上，都挂着一个伸长的带盖的小瓶子。由于它们很像南方运猪用的笼子，所以被称为"猪笼草"。它身上的瓶子有红的、绿的、玫瑰色的，有的甚至还点缀着紫色的斑点，十分鲜艳，而且，这些瓶子在瓶口和内壁处能分泌出又香又甜的蜜汁。小虫子闻到香味就会爬过去吃蜜，正在享受之际，小虫子的脚下突然一滑，一头栽进了瓶子里，再也爬不出来了。小瓶子里盛满了酸溜溜的黏液，被粘住的小虫子便成了猪笼草的一顿美餐。

　　在沼泽地带或潮湿的草原上生活着一种淡红色的叫作"毛毡苔"的植物猎手，在毛毡苔的生长环境里还繁衍着众多的小虫和蚊子，它们最终都要成为毛毡苔捕获的对象。毛毡苔的叶子只有一枚硬币大小，上面长着200多根既能伸开又能合拢的茸毛。茸毛像一根根附着在叶子上的纤细的手指。在茸毛的尖上有一颗闪亮的小露珠，这是茸毛分泌出来的黏液，散发出蜜一样的香味。昆虫禁不住香味的诱惑，就会迅速飞过来。昆虫一碰上茸毛，茸毛尖上的黏液就会粘住昆虫，然后像手一样抓住昆虫，不让它跑掉。接着，茸毛又分泌出可以分解昆虫的蛋白酶。最后，毛毡苔的叶细胞就把消化后的养料吸到植物体内。一切结束后，毛毡苔的茸毛又伸展开了，一只倒霉的昆虫就这样化为乌有了。

　　捕蝇草、猪笼草、毛毡苔都是陆地上的食虫植物，水中食虫植物的代表之一就是狸藻了。狸藻(utricularia)漂浮在池塘中，叶子像丝一样分裂开来，长达1米。在狸藻的茎上长有很多扁圆形的小口袋。这些口袋能产生消化液，在袋口还有个向里打开的小盖子，盖子上长着能"绑"住昆虫的茸毛。一棵狸藻上长有上千个这样的小口袋，每个小口袋就像是一个小陷阱，在水里分散开来，形成了一个疏而不漏的陷阱网。如果有小虫子不小心撞进这个陷阱网，只要碰到袋口的茸毛，小口袋就会张开，小虫子随着水就进入了陷阱，小口袋很快就把虫子囚禁起来，这时候，口袋的内壁就会分泌出杀死虫子的消化液，不多时，小口

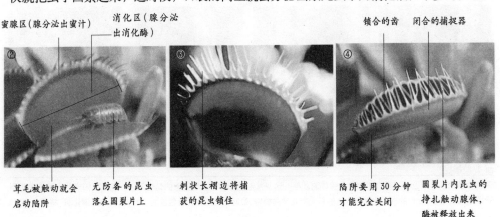

蜜腺区(腺分泌出蜜汁)　消化区(腺分泌出消化酶)　　　　　　　锁合的齿　闭合的捕捉器

②　③　④

茸毛被触动就会启动陷阱　无防备的昆虫落在圆裂片上　刺状长裙边将捕获的昆虫锁住　陷阱要用30分钟才能完全关闭　圆裂片内昆虫的挣扎触动腺体，酶被释放出来

袋便能恢复原来的样子，等待下一个猎物自投罗网。

地球上像这样的食虫植物还有很多，主要分布在热带和亚热带地区。目前的统计数据显示，地球上的食虫植物共有500种左右。其中，在我国境内的品种约有30种。

这些食虫植物的身上都具有特殊的武器，一是各种陷阱，用来捕捉昆虫；二是香饵或伪装，用来诱捕昆虫，像气味、花蜜、颜色等；三是含有可以溶化昆虫的消化液。

那么，为什么这些植物要"吃"虫子呢？

一些科学家认为，食虫植物之所以吃虫子，也许跟它们生存的环境有关。此类植物一般分布在酸性沼泽地、泥炭地、水中、平原、丘陵或高山上。它们居住的地方一般缺少阳光和养分，其生存受到了严重威胁，但那里一般有很多昆虫。于是，食虫植物便学会了捕食昆虫的本领，就是因为这种本领才让它们能在当地活下去。

当然，这只是人们的一种猜测，很多问题现在都无法解答，比如，食虫植物是否有神经系统呢？为什么这些植物有如此灵敏的感觉？当外界的刺激出现时，食虫植物又是如何在体内传递信息的呢？但愿在不久的将来，科学家们能够找到这些问题的真正答案。

中肋　叶片　　　　　盖，防止昆虫爬出并阻止雨水淹灌瓶状叶

❊ **红猪笼草**

未成熟的瓶状叶

盖张开

瓶状叶的口　瓶状叶　瓶状叶的沿　卷须　　　部分被消化的昆虫
（含有蜜汁腺）

❊ **黏胶捕捉**
茅膏草植物的叶子上覆盖着红色的布满腺体的茸毛，这些茸毛能分泌出透明清澈的黏性液体。昆虫被闪光的小黏液滴吸引着跌落而被粘住。昆虫的挣扎会刺激旁边的茸毛向其弯曲缠绕。当叶子将猎物完全包围后，植物就释放出消化酶，将昆虫溶解。

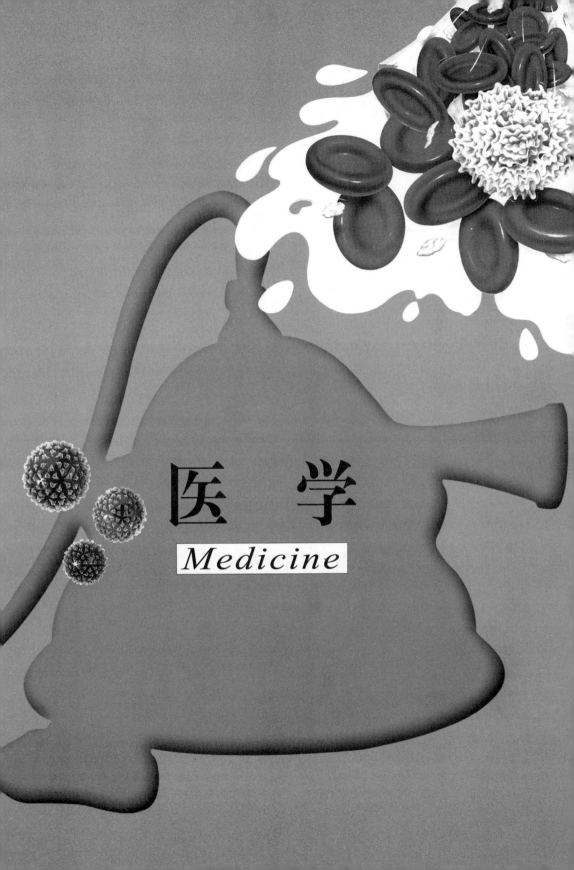

医　学
Medicine

中医诊断法与神医扁鹊

切脉诊病创始于扁鹊，到《黄帝内经》已有了脉诊的基本理论。虽然在《内经》时代仍以切全身脉的遍诊法为主，但《内经》已经明确提出切脉独取寸口的方法。图为后人根据《内经》的有关论述绘制的脉法图，出自清代《疡医大全》。

人们都知道"望、闻、问、切"是中医诊断病症最基本的方法，在我国已经有上千年的历史。这种古老的中医诊断法的创始人就是战国时期的名医——扁鹊。

扁鹊原名叫秦越人，是战国时期的齐国人。秦越人在年轻的时候与一个名叫长桑君的人结识，2人结伴四处游历。在这期间，秦越人向长桑君学习了医术。孜孜不倦地学习加之不断地摸索实践，秦越人的医术越来越精湛，渐渐地成为当时远近闻名的良医。他不仅深谙内科，而且还精通小儿科、妇产科、五官科等。后来，秦越人在越国行医，以其精湛的医术和高尚的医德博得了当地百姓的爱戴。人们将其视作传说中黄帝身边的御医扁鹊，称赞他就像能使人起死回生的神医一样。因此人们就称其为"扁鹊"，而他的真名却被人们淡忘了。

扁鹊汲取前人的经验并结合自己的医疗实践，总结出了一套比较完整、科学的诊断方法，即通过观察病人的脸色，仔细聆听病人发出的声音，向病人询问病情、感受，同时为其诊脉，这就是望、闻、问、切的诊断方法。在这4种方法中，望诊和切诊是扁鹊最为擅长的。

扁鹊像
我国古代名医，擅长用望、闻、问、切等方法诊断病情。

有一次，扁鹊行医来到蔡国。当他见到蔡桓公后，一看其气色便确知其身体有病了，但病症很轻，刚刚潜伏在皮肤部位。于是，扁鹊劝蔡桓公及早治疗，以免病情加重。可是桓公觉得自己身强体壮，也没有什么不适的感觉，所以根本不把扁鹊的话放在心上。几天之后，扁鹊又见到了桓公，对他说："大王您的病已经进入到血液中了，快快医治吧，要不然会越来越重。"桓公听了仍是一脸的不屑。又过了一段时间，扁鹊再次去见桓公，发现他的病果然又比上一次加重了，于是再次劝道："大王您真的不能再拖了，现在您的病已深入肠胃中了。"可桓公非但不听，而且满面怒容，干脆不理扁鹊了。就这样又过了大约几十天，扁鹊再次见到蔡桓公，看了看他，一句话也不说就转身走了。桓公觉得奇怪，便派人追出去问个究竟。扁鹊对那个人说："当桓公的病潜伏在皮肤时，用熨帖之法就可以治好；病深入血脉时，用针灸法也能治好；即使后来病深入肠胃，用汤剂、药酒还能治疗。我一次次地劝他，他却不相信我的话，现在桓公的病已侵入骨髓，已经无药可救了，我也无能为力了，所以我也就不劝他了。"说完，扁鹊就头也不回地走了。没过几天，蔡桓公就死了。

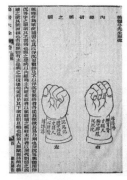
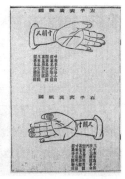

✿ **左右手脉图**

寸口脉诊的基本理论是认为左右手寸口（腕横纹后约 1 寸范围）的寸、关、尺 3 部及每部的浮、中、沉 3 候（3 部共 9 候）的脉象，反映了人体五脏六腑的生理和病理情况。图为《疡医大全》中的左右手脉与脏腑对应关系图。

　　这就是历史上有名的"扁鹊见蔡桓公"的故事，扁鹊高超的望诊技术由此可见一斑。

　　除此之外，扁鹊的切诊技术更是出神入化。一次，扁鹊带着自己的弟子们行医来到虢国，刚巧遇上这个国家的太子病亡。当扁鹊得知太子的病情复杂，死去还不到半天，便来到宫中，请求看一下太子的尸体。虢国的国君对扁鹊这位名医的医术早有耳闻，就抱着试试看的态度带扁鹊来到停放太子尸体的地方。扁鹊先是贴近太子的鼻子听了听，发现还有一丝气息，再用手摸了摸其胸口和大腿，还有体温，接着他又给太子诊了诊脉，发现脉还有轻微的跳动。于是扁鹊诊断太子是得了昏厥症，就是现在人常说的"休克"，根本没有死。确诊后，扁鹊为太子扎了几针，又进行热敷，并给他灌了汤药。没过多久，太子竟"起死回生"了。

　　像这样，扁鹊凭借自己的高超医术治病救人的故事不胜枚举，在《韩非子》、《战国策》、《史记》等书中都有记载。

　　扁鹊一生为人正直，以自己高超的医术治病救人，并将自己的医技传授给了 9 个弟子。在他死后，人们为了纪念他，在其生前走过的地方建庙修祠，后代医家还尊称他为"脉学之宗"、"神医扁鹊"。

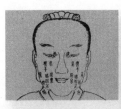
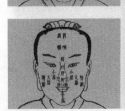
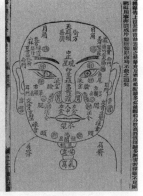

✿ **面诊图**

望诊为中医"四诊"之一，而望面又是望诊的重要内容。面诊法是把面部视为人体的缩影，认为内部五脏六腑及外部肢节器官的生理和病理可以通过面部的对应部位反映出来。左上图为明代张介宾《类经图翼》中的"肢节色见面部图"，左下图为同一书中的"脏腑色见面部图"，右图为清代《疡医大全》中的"冯氏小儿面部见吉凶之图"。

华佗研制消肿药

　　在历史上有"起死回生"之术的东汉"神医"华佗，对我国的医学发展做出了重大的贡献。消肿药就是他研制的，说起消肿药的发明，还源于蜘蛛与马蜂的一场殊死搏斗……

　　一个夏天的傍晚，正在院中乘凉的华佗发现院子里一棵枣树的树杈上，一只大蜘蛛正停在网中静候着食物自投罗网。忽然，一只大马蜂一头撞到了蜘蛛网上。这时，守候在网边的蜘蛛迅速出来，要用蛛丝缠住挣扎的马蜂。但蜘蛛刚靠近马蜂，就被马蜂狠狠地蜇了一下。蜘蛛的身体当即肿了起来，连连后退，竟从网上一不小心跌落在草丛里。只见大蜘蛛艰难但很顽强地爬起来，朝不远处的一棵芦荟爬了过去，接着就在那棵芦荟上啃咬打滚儿。蜘蛛在打了几个滚之后，身子又变得轻巧起来。蜘蛛不肯善罢甘休又迅速爬上树去，继续与仍粘在网上的马蜂交战。几个回合过后，马蜂终于筋疲力尽，成了蜘蛛的盘中餐。

　　这使华佗感到很奇怪，他经过反复试验，终于发现了芦荟的强大功效。华佗记录了芦荟的功效，并画下了它的样子。几天之后，在华佗去广陵（今扬州市）行医的路上，遇到一个儿童，正捂着脸痛苦地呼喊，原来他的脸被大马蜂蜇得肿了起来。华佗一面安慰他，

▼芦荟

又称开宝，一种观叶植物，具有消肿止痛、去毒的作用。用于实热便秘、小儿癫痫、惊风、疳积。外用治湿癣。

■■■ 知识窗→奇妙的动物自疗法

　　国内外很多动物试验和跟踪观察表明，热带森林中有一种猿猴，每遇身体不适，打寒战时，就会寻找并咀嚼金鸡纳霜树皮，很快即病愈康复；乌干达森林中的一些猩猩一旦患肠道病，便食以白尖市和茜草属的一些植物自疗；野兔受伤后，会撞擦蜘蛛网上的黏性网丝止血；大象怀孕时，主动觅食紫草科小树枝叶，而这类小树枝叶经分析含有催产素成分……

　　动物的自疗防治疾病之本领，启示人们开发研制了不少新药，蛇医用半边莲解蛇毒是受了狗的启迪；云南白药的研制就得益于此。

名 医	医学成就	医学著作
扁鹊，战国	中医脉诊的创始人，方剂学的鼻祖。精于望诊和脉诊，掌握针灸、汤熨、酒醪、外科等多种方法。内科、外科、儿科、妇科均能。其"六不治"医学思想受到后世赞誉	《扁鹊内经》（已佚）《外经》（已佚）《难经》，主要讨论脉理
华佗，东汉	擅长外科手术；发明全身麻醉的"麻沸散"；设计体育医疗的"五禽戏"。医疗涉及现在的传染病、寄生虫病、妇产科病、小儿科病、呼吸系统病和皮肤病等	《中藏经》（托名之作）《华佗针灸经》（已佚）
张仲景，东汉	总结出中医临床辨证论治法则，为中国临床医学的奠基人，被后世尊为"医圣"。采用脏腑辨证治疗，被称为"众方之祖"、"经方"	《伤寒论》，分"伤寒"和"杂病"2部分内容，主要论述伤寒以及一些外科、妇科病证和杂疗急救症治
孙思邈，唐代	①在伤寒学方面，以六经辨证改为按方剂主治与临床症状结合的分类法，倡导以脏腑虚实寒热为纲的辨证法 ②重视"道地"药材，强调药物栽培、采集、炮制、保管、贮藏方法 ③针灸方面，重订针灸明堂，创用"孔穴主对法"、"阿是"穴法 ④提倡按摩、导引、散步、适度劳动及食治、讲求卫生等，发展了养生学说 ⑤总结妇科、儿科成就，对妇、儿科形成专科有促进作用 ⑥临床上，对麻风、脚气、夜盲、甲状腺肿的描述和治疗方面都有创见，还倡行了葱管导尿术、食道异物剔除术以及自家血、脓接种，以防治疖病的免疫法等	《千金方》，包括《千金要方》、《千金翼方》、《千金髓方》和目录4部分
李时珍，明代	其成就主要体现在《本草纲目》一书中	《本草纲目》 1. 新增药物374种 2. 对植物的形态描述达到植物学的要求 3. 体现出由简单到复杂、由无脊椎动物到脊椎动物进化的趋势 4. 含有丰富的生态知识，如动物的变异等 5. 对植物的分类从纯人为分类趋向于自然分类

一面走到路边草丛里找到了这种能消毒的芦荟，并拔出放在一块石板上捣碎，然后敷在了那孩子肿痛的脸上。很快肿胀消下去了也不疼了，孩子也露出了笑脸。其实芦荟只是一种很常见的植物，它的叶子大，上面长满了小针状的物质，肉质肥厚。而华佗之所以能发现这种常见植物的消肿功效，与他善于观察周围的事物是分不开的。只有做生活中的有心人才能从生活中获益。

坏血病及其治疗法的发现

患坏血病的人开始常常会牙龈肿痛、溃烂、牙齿脱落；接着皮下出血，内脏也跟着出血；身体日益虚弱，病情严重的可引发死亡。现在，对于坏血病，人们已经掌握了一定的预防和治疗方法。但当初人们认识坏血病以及发现它的治疗方法的过程，却颇费了一番周折。

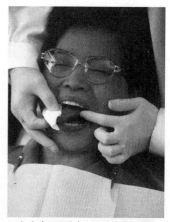

⚑ 坏血病可导致病人牙龈肿痛、溃烂、内脏出血等症状，严重者可致人命。

1535年，英国探险家卡特带领整船水手进行远洋探险。船在途中可以不断得到食品和淡水的补充，所以船员们不会受到饥饿的折磨。但是，船出发不久，水手中间就出现了一些奇怪的病症，陆续有人牙龈肿痛，然后溃烂，接着牙齿松动脱落。时隔不久，病人皮下出现紫一块、红一块的瘀血，随后出现了内脏出血。病人身体极度虚弱，甚至路都走不动，贫血症状也一天比一天加重，形容枯槁，直至死亡。等到了纽芬兰岛附近时，船上的100名水手无一幸免都患上了坏血病，其中已经有25人死亡。水手们恐慌极了，一起跪倒在甲板上，向天空伸出双手，祈求能够得到上帝的佑护。

其实在更早些时候，坏血病在人们还不甚了解它的时候，就已悄悄地侵袭了远航的水手们。1487年，葡萄牙航海家迪亚士发现了非洲最南端的好望角。10年后，另一个葡萄牙探险家达·迦马沿着迪亚士开辟的航线继续向东方远航，进行探险。远航历时1年，所有的水手都患上了一种怪病，100名水手死于这种怪病……船上的水手相继死去，但是在当时的医疗水平下，谁也不知道究竟是什么使水手们患上了这种怪病，而这种怪病是陆上所少有的，他们只知道这种病被称作血疽病。"疽"的意思是人体组织坏死，当时人们已经认识到可能是血液病引起了坏死。后来人们经过研究，证明当时在达·迦马船上流行的血疽病，就是现在我们所说的坏血病。

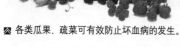

⚑ 各类瓜果、疏菜可有效防止坏血病的发生。

船长卡特决定靠岸，来度过这个危急万分的时刻。他们登上一个小岛，印第安人是这个小岛的土著居民，他们热烈欢迎这些白人。他们了解到这些白人患了坏血病，就将当地虎尾枞树的针叶泡在水里，煎成汤药，这是当地土著祖传的偏方。他们把制成的汤药送给卡特船长和他的水手服用。奇迹发生了，接连几天治疗后，病弱不堪的水手康复了。

一个多世纪过去了。1747 年，英国医生詹姆斯·林德找到了分析坏血病的病因思路，他从水手的饮食结构入手，并联系那次印第安人治疗坏血病使用新鲜树叶的例子。他指出，由于船上无法冷藏，新鲜蔬菜、水果类的食物无法保存，缺少新鲜水果和蔬菜造成饮食结构不合理，身体无法得到均衡的营养，这就是坏血病的病因。于是他治疗坏血病以食用新鲜水果和果汁为方法，疗效显著，相当可靠。

◤ 引起坏血病的根本原因是人体缺乏维生素C，及时补充维生素C可以有效防止坏血病。

1780 年 1 年内，英国海军的哈斯兰医院中就接待了多达 1457 个坏血病病人。到了 1804 年，英国海军下达命令，上船后的官兵必须每天服用柠檬汁。这项措施效果明显，1806～1807 年在加服柠檬汁后的 2 年中，患坏血病的只有 2 名。

科学家们于 1932 年发现，引发坏血病的原因是身体缺乏维生素 C。他们称维生素 C 为抗坏血酸。我们都知道新鲜蔬菜和水果中，含有丰富的维生素 C。所以，预防和治疗坏血病的最好方法是经常吃新鲜蔬菜和水果。

知识窗→坏血病

疾病简介： 维生素C缺乏能引起坏血病，所以，维生素C缺乏病主要是指坏血病。但维生素C缺乏不仅能引起坏血病，还与炎症、动脉硬化、肿瘤等多种疾患有关。坏血病在历史上曾是严重威胁人类健康的一种疾病。过去几百年间曾在海员、探险家及军队中广为流行，特别是在远航海员中尤为严重，故有"水手的恐怖"之称。关于坏血病的明确记载始于 13 世纪十字军东征时代。另据称，在原始社会人类的遗体上也曾发现坏血病的遗迹。关于坏血病的防治，早在 17-18 世纪就已经发现可以利用新鲜蔬菜、柑橘及柠檬等防治。时至今日，随着现代医疗水平的提高，它已经成为一种罕见的疾病。

病因和发病情况： 主要由于食物中缺乏维生素C而致病，人工哺乳婴儿及成人食物中长期缺乏新鲜蔬菜（嗜酒、偏食等），或长期感染对维生素C需要量增多时，可患本病。

症状： 维生素C缺乏后数月，患者感倦怠、全身乏力，精神抑郁、虚弱、厌食、营养不良、面色苍白、牙龈肿胀、出血，并可因牙龈及齿槽坏死而致牙齿松动、脱落、骨关节肌肉疼痛，皮肤瘀点、瘀斑，毛囊过度角化、周围出血，小儿可因骨膜下出血而致下肢假性瘫痪、肿胀、压痛明显、髋关节外展，膝关节半屈，足外旋，蛙样姿势。

预防： (1)选择含维生素C丰富的食物，改进烹调方法，减少维生素C在烹调中丧失。人工喂养婴幼儿应添加含维生素C的食物或维生素C。疾病，手术后，吸烟者、口服避孕药时、南北极地区工作者均应适当增加维生素C摄入量。(2)对症处理。如保持口腔清洁，预防或治疗继发感染，止痛，有严重食血者可予输血，给铁剂。重症病例如有骨膜下巨大血肿。或有骨折，不需要手术治疗，用维生素C治疗后血肿可渐消失，骨折自能愈合。

麻醉剂是怎样发明的

✿ 消除疼痛

在 1846 年发现麻醉学之前，手术是在患者神志清醒并可感知疼痛的情况下进行的。为了消除疼痛，当时使用了一氧化二氮（笑气）、乙醚或氯仿等麻醉剂。当时通过面罩将这些麻醉气体吸入。

如今，麻醉剂被广泛地应用到各种手术和治疗中，为人类减轻了痛苦。而麻醉剂的发明则要从 18 世纪医生拔牙时使用的"笑气"谈起。

1799 年，英国化学家戴维发现氧化氮气体能让人心情愉快，大笑不止，并给它取名为"笑气"。笑气的效力与鲜明生动的名称，很快传遍了欧洲大陆。当时好奇的人们都争着来吸笑气，以享受笑的乐趣。1800 年春季的一天，戴维在英国皇家学会作笑气的报告时，与会者都在好奇心的驱使下吸入了笑气。当场许多人笑个不停，有的人笑得前仰后合趴在桌子上起不来，会议一时间乱成一团。美国牙医韦尔斯听到了这个消息，马上联想到病人拔牙时的疼痛情景。他提出用笑气做麻醉剂以减轻拔牙痛苦的想法。韦尔斯开始拿自己做实验，他先吸入笑气，然后请助手把自己的一颗牙拔掉，疼痛的感觉变得很微弱，实验成功了。

但韦尔斯的助手摩尔顿认为笑气不具备足够的麻醉效力，他想另找一种更强的麻醉剂。在化学教授杰克逊的帮助下，摩尔顿决定利用乙醚作麻醉剂。他先是在动物身上试验，接着又在自己身上进行试验，证明乙醚的麻醉作用的确很好，而且对人体无害。于是，他开始在病人拔牙时使用乙醚麻醉，取得了普遍的成功。后来乙醚麻醉也被用到各种外科手术中，结果也获得了巨大的成功。从此，用酒精制成的无色透明的乙醚，成了世界上各个医院手术室必备的药品。而对于韦尔斯和摩尔顿在这方面的巨大贡献，我们应该深表感谢。

◁ 这是一幅名为"科学研究新成果！空气动力学新发现"的漫画。描绘了在皇家医学院的一次公开演示中，汉弗莱·戴维爵士正在操作一个充满笑气的液压传动装置。

麻醉药大事年表

TIMELINE

约公元 2 世纪	中国著名的医学家华佗发明了"麻沸散"。华佗是全世界最早使用麻醉法的医学家。
1800 年	英国的汉弗莱·戴维爵士发现"氮氧化物"（或称"笑气"）可用来减轻手术中的剧痛。
1846 年	美国一名叫威廉·莫顿的牙医，首次向公众演示如何在手术中使用乙醚作为麻醉剂。
1847 年	苏格兰外科医生詹姆斯·辛普森首次使用氯仿而非乙醚作为麻醉剂。
1884 年	奥地利人卡尔·科勒发现了可卡因的镇痛功能，在一次眼部手术中，意大利人约瑟夫·布雷塔尔首次使用可卡因作为麻醉剂。
1902 年	德国人埃米尔·菲舍尔合成了"佛罗拿"，人们首次使用它作为静脉注射麻醉剂。

哈维发现血液循环的机理

英国生理学家、胚胎学家、医生，首次发现血液是以循环的方式在血管系统中不断流动。

血液是怎样流动的？自古以来，人们就在寻找这个问题的答案。在17世纪以前，由古希腊人盖伦提出的血液运动理论由于充满神秘色彩并满足了教会的需要而一直统治着医学界，被教会视为不可动摇的经典理论。但真正的血液循环理论是由17世纪英国医生哈维提出的。

1578年，哈维出生在英国肯特郡福克斯通一个富裕的家庭里。1579年，哈维大学毕业后，来到意大利帕多瓦大学刻苦钻研医学。

哈维不断观察和研究各种动物，他做了无数次活体解剖，逐渐发现盖伦的血液运动理论漏洞百出，与解剖学事实相距甚远。他发现，血流是从心脏里经动脉流出来的，然后又经过静脉流回心脏，始终保持同一方向，周而复始地循环着，这种血液的循环带来大量的氧和营养素帮助人体完成新陈代谢。哈维的重大发现，解答了千百年来的血液循环之谜。

其实在哈维之前，许多医生都进行过此类的探讨。比利时解剖学家维萨里曾试图修正盖伦的理论而被流放到耶路撒冷；西班牙医生塞尔维特也因批判盖伦的理论而被教会处以大刑，惨死日内瓦。哈维也是真理探索者的一员，教会的黑暗势力并没有使他退缩。

1616年，哈维在圣巴多罗买医院作了一

◎ 人体血液示意图

血管壁

白血球

血浆

红血球　血小板

次医学演讲，第一次系统性地向世人公布了与盖伦血液运动学说截然不同的"心脏水泵"说，把人的心脏比喻成一个水泵，是这个"水泵"的搏动引起了血液的循环运动。

哈维的演说让世人震惊不已，有人支持，也有人反对，有人甚至警告哈维可能会遭到宗教裁判所的处罚。哈维并没有退缩，他又进行反复大量的研究，更坚信自己的发现是正确的。

1628 年，哈维的专著《动物心血运动的解剖研究》在法兰克福出版。它凝聚着哈维 20 多年的心血和坚强不屈的斗争精神。出版商菲茨被哈维执着探索的精神所感染，承担了该书的一切费用。该书是世界科学史上的重要著作之一，书中阐述了血液循环的基本规律，提出了完整的血液循环运动理论，开创了近代活体解剖的实验法，还把运动生理学和人体生理学确立为科学。这本书的正式出版宣告了盖伦理论的破产。

1657 年 6 月，哈维在伦敦悄然辞世。他的学说对学术界产生了巨大的影响，至今人们还在沿用哈维的这种理论。哈维敢于冲破不可侵犯的传统的束缚创立新的科学理论，他追求真理的精神和无所畏惧的革命精神一直让世人敬仰。

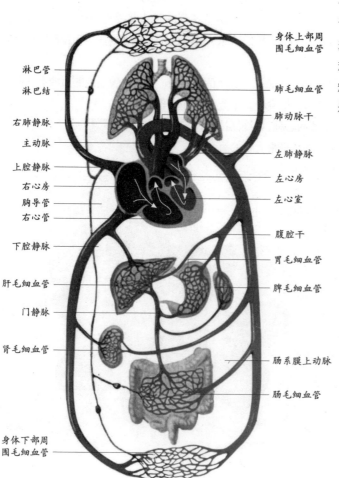

身体上部周围毛细血管
淋巴管
淋巴结
右肺静脉
主动脉
上腔静脉
右心房
胸导管
右心管
下腔静脉
肝毛细血管
门静脉
肾毛细血管
身体下部周围毛细血管

肺毛细血管
肺动脉干
左肺静脉
左心房
左心室
腹腔干
胃毛细血管
脾毛细血管
肠系膜上动脉
肠毛细血管

扫码获取更多资源

◤ **人体血液循环示意图**

血液在由心脏和全部血管组成的封闭管道中，按一定方向周而复始地流动，叫作血液循环。血液在一次完整的循环过程中要流经心脏 2 次，可分为体循环和肺循环 2 部分。血液循环的主要功能是不断地将氧气、营养物质和激素等运送到全身各个组织器官，并将器官组织呼吸作用产生的二氧化碳和其他代谢产物带到排泄器官排出体外，以保证生理活动正常进行。

听诊器
是怎样发明的

✹ 沿着管子听

1819年，法国内科医生雷内·雷奈克发明了一种可以听患者心跳的管子。

这一端较狭小，以便将声音汇聚到耳朵中

　　我们在医院里常看见医生用听诊器为病人看病，听诊器几乎成了医生的象征。听诊器是由19世纪法国医生雷奈克发明的，而他发明听诊器，却是从儿童游戏中找到的灵感。

　　一次，雷奈克在病房中对一位身体非常肥胖的女病人进行检查，由于病人的胸壁实在太厚了，雷奈克仔细听了半天，也没有听出什么声音。对这位肥胖女病人做完检查后，雷奈克一直想，有什么好方法能够使医生清楚地听到病人胸腔的声音呢？雷奈克琢磨了很久也想不出好的办法。他偶然看见几个用一根木头做游戏的小孩儿。在木头一端的小孩用一根普通的别针划拉木头，在木头另一端的小孩则用耳朵听别针划出的声音。这一幕启发了雷奈克。他连忙回到病房，将一本软皮的书卷成圆筒状，然后把自己的耳朵贴近书筒的一端，把书筒的另一端

空心木管

✹ 听诊器的发明

听诊器的发明源于儿童的游戏，它是一个偶然的发现，距今已有100多年的历史了，它是19世纪法国临床医学家雷奈克发明的。由于听诊器的发明，使得雷奈克能诊断出许多不同的胸腔疾病，因此他也被后人尊为"胸腔医学之父"。

▣ 这个19世纪30年代的听诊器上的盘形声音收集器可能是用来听取尖锐的声音，比如肺发出的声音，而不是听取心跳发出的声音。

这一端为圆形，以便将病人胸部的声音集中起来

◤ 听诊器是医生常用的辅助查病的工具，它是由法国医生雷奈克发明的。

◢ 听诊器

雷奈克的单管听诊器后来被发展成 1855 年型的听诊器，也就是现在还在使用的听诊器形状，有 2 个听筒。听诊器可以用来听诊心脏、肺或者血管发出的声音，还可以用来听婴儿在子宫内的心跳。

放在病人胸前心脏的部位。这时，心脏搏动声清晰地传了过来，比以前用耳朵直接听更清晰。雷奈克欣喜万分。回到办公室，他仔细琢磨制造这样一个便于听诊的器具该用什么材料。经过反复设计和试验，最后他选用了一根 30 厘米左右长的杉木，将其挖成一根外径约 5 厘米，管心只有 3 厘米的管子，以便携带。这就是最初的听诊器。这只听诊器就如同一支木笛，所以被人们称作"医者之笛"。伟大的听诊器就这样问世了。

　　在雷奈克发明听诊器之前，医生检查病人时总把耳朵贴在病人胸前，用耳朵听心脏或肺发出的声音。而这种情况直到听诊器发明之后才得以改观。雷奈克在给病人看病时，用他自己发明的听诊器进行听诊，许多过去靠耳朵难以听清楚的声音都可以听到了。他分类叙述了这些声音，而且给不同的声音取了不同的名字。如肺炎病人肺部音称罗音等。雷奈克使用的这些术语被医生们一直沿用到现在。而他发现的那种听诊器后来经过不断改进，再加上新材料的发明和使用，就产生了我们今天看到的听诊器。

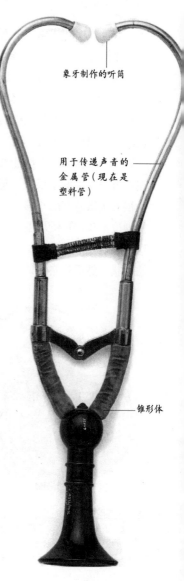

象牙制作的听筒

用于传递声音的金属管（现在是塑料管）

锥形体

自己动手制作一个听诊器

　　你可以用一小段塑料软管和一个漏斗做一个听诊器。请一个朋友把漏斗压在胸部的中央附近，也就是心脏的部位。然后把软管的另一端放到你的耳朵里，集中精神听。如果周围很安静的话，你就可以听到你朋友的心跳声了。怎么会这样？听诊器和软管电话是把声音直接导入你的耳朵而产生作用。通常声音会往四处散开，所以一个细微的声音很快就消失了。如果声音的能量可以沿着一个窄窄的通道导入我们的耳朵，那么我们就比较能够听到一些细微的声音。

实 | 验 | 课 | 堂

巴斯德
与巴氏消毒法

◪ 这些医疗器械在使用前要用巴氏消毒法进行严格的消毒，这种方法简单、实用。

巴氏消毒法，是将食物加热到一定的温度，从而消灭食物中的杂菌，防止食物腐坏的一种消毒方法。巴氏消毒法在食品工业中被广泛应用。那巴氏消毒法是如何发明的呢？

法兰西西部气候宜人，风光秀丽，适于葡萄和甜菜的种植。用葡萄和甜菜作为原料，可以酿制出甜美的葡萄酒。法国的葡萄酒早已闻名遐迩，远销海外，出口葡萄酒成为法国重要的收入之一。当时葡萄酒商找到一直从事微生物、化学研究的巴斯德，希望他能从事酿酒的研究工作，帮助他们解决葡萄酒变酸的问题。

巴斯德来到酿酒工厂。他先是提取了一些正在发酵的甜菜汁，并在显微镜下进行了观察，他发现镜下有许多淡黄色小球状物体，这些小球状物体多

◪ 巴斯德像

法国科学家、医生。他为解除人类病痛奋斗了一生，他发明的巴氏消毒法在临床上广泛应用。

得数不清，它们成群成簇地生长在一起，有的小球还向外长出一些芽。经过思索，他认出这些小球状物是酵母菌，并且认为葡萄和甜菜中的糖类转变为酒精必须借助酵母菌的帮助。

然后，巴斯德又对已经变酸但没有白色泡沫的酿酒桶进行了研究。他在桶壁边缘看到有些地方长出一些灰白色的薄膜，这些白膜也使酒的颜色变得混浊。他同样取出一些汁液，并从桶壁灰白色的薄膜上刮下一些东西，然后在显微镜下进行观察。这时，他发现酒汁中的酵母菌不见了，取而代之的是一些不停地活动着

消毒剂大事年表

1847 年	匈牙利人伊格纳茨·赛迈尔魏斯首次使用消毒剂。
1865 年	在伊格纳茨的启发下，英国人约瑟夫·李斯特开始在外科手术中首次使用消毒剂。李斯特后来被称为"消毒外科手术之父"，并成为第一位获得贵族封号的医生。

蒸汽发生器

石炭酸储器

▨ 石炭酸消毒喷雾器

1865 年，苏格兰外科医生约瑟夫·李斯特研制出石炭酸消毒喷雾器。这种设备能够产生石炭酸薄雾以杀灭手术台附近的细菌。法国人卢卡·尚皮高奥内在李斯特发明的基础上进一步改进，研制出了苯酚酸消毒液。法国外科医生于 1875 年率先使用了这种消毒方法。

■ 知识窗→"巴氏消毒法"的发明

1865 年，欧洲蔓延着一种可怕的蚕病，健康的蚕宝宝因感染上这种病，一夜之间就死掉了一大批。这种蚕病也影响了法国的蚕农。巴斯德教授来到蚕区。通过观察，他发现了一种椭圆形的微粒，这种微粒存在于病蚕和桑叶上，并且能繁殖后代。蚕就是因为吃了这种含病源的桑叶，才会得病死去，这种 H 能大量吞食蚕宝宝。巴斯德为人类发现的致病的微生物，被称为"病菌"，这也是人类首次发现致病微生物。

的棒状物体，而在那片灰色的薄膜里，棒状物体则更多了。

巴斯德苦思冥想，终于找出一个答案，是酵母菌使糖类发酵，而另外一些棒状的小东西破坏了酵母菌。

回到实验室，他设计了一种新的液体，挑出针尖大小的灰白色薄膜，将它们一起放在培养箱内。两天之后，培养皿里产生了一些气泡。他从培养皿中的液体中取出一滴，放在显微镜下观察，看到了那些小棒状的活物体，这说明在培养液中棒状活物体已经开始了繁殖。接连几天，他重复着同样的实验，每次都有大量的棒状物出现。当他将盛有棒状物的液体放入新鲜牛奶中时，牛奶立即变酸了。

于是，巴斯德找到了酒变酸的原因：是一些落进酒桶中的杂菌，造成了酒的变质。他告诉酿酒商们，只要设法消灭这些杂菌，就能防止酒变酸。

巴斯德又经过了 3 年研究，终于找到了防止酒酸败的方法。这种方法很简单，只要将酿造的酒加温到 62℃，持续 30 分钟，就可以消灭那些杂菌。因为这种方法是巴斯德发明的，人们就叫它为巴氏消毒法。直到今天，我们仍然采用这种方法。

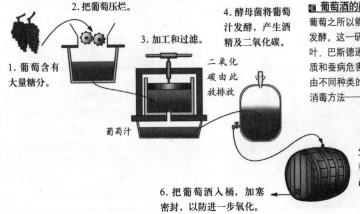

2. 把葡萄压烂。

1. 葡萄含有大量糖分。

3. 加工和过滤。

4. 酵母菌将葡萄汁发酵，产生酒精及二氧化碳。

二氧化碳由此放排放

葡萄汁

5. 将已发酵的葡萄汁贮存在桶内改善味道。

6. 把葡萄酒入桶，加塞密封，以防进一步氧化。

◈ 葡萄酒的酿制过程

葡萄之所以能酿制成酒，就是利用微生物进行发酵。这一研究成果得益于巴斯德。19 世纪中叶，巴斯德通过对当时影响法国经济的酒类变质和蚕病危害问题的研究，证明不同的发酵是由不同种类的微生物引起的，并提出了科学的消毒方法——巴氏消毒法，此法一直沿用至今。

青霉素的发现

青霉素是英国细菌学家弗莱明在一个偶然的机会发现的。1928 年夏季的一天，像往常一样，弗莱明在伦敦大学圣玛丽医学院的实验室里，从事着有关机体中的防御因子抵抗葡萄球菌致病因子的作用机理的课题研究。当他正准备用显微镜观察从培养皿中取出的葡萄球菌时，一个特殊现象引起了他的注意，在原来长很多金黄色葡萄球菌菌落的培养皿里，有一种也许是在实验中不小心飘落到培养皿上的青绿色的霉菌菌落长了出来，并已开始繁殖，在这个青绿色的菌落周围，原来培养的葡萄球菌菌落全被溶解了，这使弗莱明十分惊讶。他推测这个青绿色的霉菌可能分泌了一种能够裂解葡萄球菌的自然抗菌物质，而这种物质可能正是他多年来所寻觅的。

弗莱明正在研制青霉素

青霉素巨大的治疗价值直到 1939 年才被人们认识到。二战期间盟军的伤员接受了第一批青霉素样品的治疗。

这种青绿色的霉菌引起了弗莱明极大的兴趣，他把这些青绿色的霉菌从葡萄球菌培养皿中分离出来，培养在液体培养基中，让它迅速繁殖。这种青绿色的霉菌被弗莱明称为"青霉菌"。研究表明青霉菌能分泌一种极具杀菌能力的物质，正是这种可以扩散的物质，把周围的葡萄球菌消灭了。

接着，弗莱明开始提取青霉菌的分泌物。他先把青霉菌接种到肉汤培养液中，让它迅速地繁殖，接着把长满青霉菌的液体小心地过滤，就得到一小瓶澄清的滤液。随后，弗莱明把这种滤液滴进长满葡萄球菌的培养皿里。几个小时以后，

青霉素的发现为弗莱明赢得了世人的尊敬和无上的荣誉，图为弗莱明获得诺贝尔医学奖时被众人众星捧月般的高高举起的情形。

正在进行中的用青霉素对抗细菌的实验　　**电子显微镜下的青霉菌**　　**青霉素**

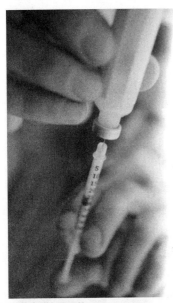

❀ 神奇的盘尼西林

1928 年，弗莱明把他发现的能杀死细菌的霉菌称为盘尼西林。

❀ 伦敦帕丁顿圣詹姆斯教堂的一幅彩色玻璃画，画中描绘的是 1928 年亚历山大·弗莱明在实验室里工作的情形。当时弗莱明正在帕丁顿的圣玛丽医院里工作并发现了盘尼西林。

原来长势旺盛的葡萄球菌全部被消灭了。这让弗莱明兴奋不已，他又开始了一系列实验。弗莱明用水稀释这种滤液，重新做实验，研究这种培养液对各种致病菌的抑制性状。结果表明：1∶1000 浓度的培养液对葡萄球菌的生长仍具有抑制作用，能杀死十分凶恶的链球菌，这种药效比当时的任何一种抗菌药药效都要好。

尽管青霉素被发现了，但由于青霉素的提炼过程相当复杂、困难，所以，它真正运用于医学上还经过了很长一段时间。弗莱明邀请了一些生物化学家合作，打算把培养液中的青霉素提取出来供临床使用。但是这种化学物质很不稳定，所有提炼青霉素的试验都失败了。但是，弗莱明丝毫没有气馁，10 多年以来，他一直坚持对青霉素的提炼，终于取得了骄人的成绩。

1939 年弗莱明发表了有关青霉素的论文，这引起了澳大利亚病理学家弗洛里的注意，便向弗莱明索取该菌作进一步的研究。弗洛里与当时侨居在英国的德国生物化学家钱恩，克服了在研制过程中的种种困难，终于在 1941 年，从青霉素滤液中提炼出青霉素的棕黄色粉末。经试验，把它稀释到 1∶200，也足以杀死病菌，可见这种青霉素粉末的杀伤力是前所未有的。

1941 年，青霉素第一次被用在被葡萄球菌感染的病人身上，经过临床试用，效果良好。二战后期，在众多科学家的推动下，青霉素的批量生产得以实现，并形成了工业制药，青霉素首先在战场上发挥了巨大的作用。1945 年，弗莱明同弗洛里、钱恩一起荣获了诺贝尔医学奖及生理学奖。今天，青霉素因为它广泛而显著的疗效而被广泛地运用，弗莱明的这项发现真正是造福了人类。

CT 机是怎样发明的

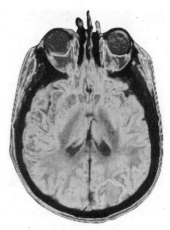

现在 CT 机的使用已经是很普遍的事了。它可从好几百个不同角度发出 X 射线来，这些 X 射线穿过人体后，被检测仪器接收，经电子计算机高速运算与处理，便能构成身体一部分的横断照片，这种横断照片既可显现在屏幕上，也可以录像或拍成照片。利用 CT 机检查疾病，不仅有清晰的图像、很高的密度分辨率，而且方便、迅速、安全。

❊ CT 机拍摄出来的头颅图像，其中白色区域表明被感染的区域。

又由于它能获得一连串相邻截面的照片，相当于将病变部位切成一片片逐一检查，故能对病变的主体位置和大小进行准确测定，真是奇妙极了。

CT 机是 20 世纪中期物理学家科马克和电器工程师豪斯菲尔德 2 人在同一时期内分别完成的。

豪斯菲尔德从小就对电子充满了兴趣。二战期间，他曾经是一位英军雷达教官。二战之后，他又重新学习电器工程。他本想设计能识别印刷字体的计算机，在研究过程中，通过人体的 X 射线激发了他的灵感。他想，可以从许多不同角度将人体对 X 射线的吸收系数测出来，然后利用计算机综合测量结果重新构成一张照片，这样就能在照片上清晰地区分人体各种组织器官。1972 年，他研制出第一代可供使用的 CT 机。

❭❭ CT 机
CT 机，即计算机 X 射线断层扫描仪。通过扇形 X 射线可以精确地诊断身体所检查部位的情况。

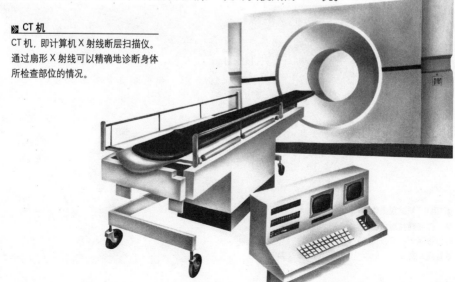

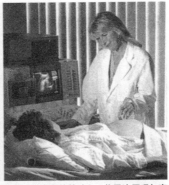

科马克的想法与豪斯菲尔德的想法基本一致。1956 年上半年，科马克在开普敦的一家医院负责监督医院进行的放射性治疗。按照当时的南非法律，医院在进行放射治疗时，必须有物理学家负责监督。而科马克在监督时发现，医生在对放射剂量作计算时，是把人体各组织按均质对待的，也就是说不分

B 超的全称是 B 型超声诊断。它是在现代电子学发展的基础上，将雷达原理与声学结合起来的一种新型疾病诊断方法。利用 B 超诊断疾病时间短，准确率高。医生可根据"B 超"仪的屏幕显露的不同断面声像图进行综合分析，来确定疾病的性质和部位。

差异地对待任何部位的器官。人体各个部位和器官都不相同，而这一点却被大家忽视了。他认为要改正这种做法，只有先弄清 X 射线通过人体时各个部位的器官吸收的系数，把这些不同的系数加以处理，一幅或一组人体的断层图像就可能被勾画出来，用来诊断疾病。于是，在本职工作之余，科马克用了 6 年的时间对这个问题进行研究，1963 年在回到美国之后制作出第一台 CT 原型。后来科马克又发表一篇有关人体不同组织对 X 射线吸收量的数学公式论文。遗憾的是，科马克的研究成果并没有引起当时人们应有的重视。

为了奖励 CT 机发明者在诊断技术上的巨大贡献，1979 年，科马克和豪斯菲尔德双双获得诺贝尔医学奖。

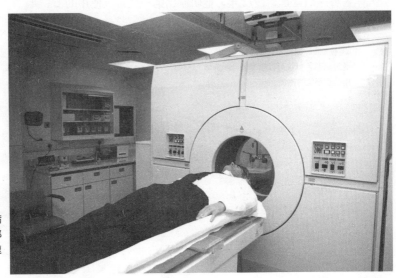

用 CT 机发现人体病变，并准确找到病变部位施以手术，可以迅速减轻病人痛苦。

手术治疗中的低温麻醉术

低温麻醉从 20 世纪 40 年代开始实施，到现在已经发展得较为完善和安全了。当对病人进行心脏手术时，手术必须在心脏停止跳动的情况下才能顺利实施。对人体来说，心脏停止跳动，无疑是一场灾难，而低温麻醉技术可以解决这一难题。另一方面，低温麻醉的方法保护了大脑这个人体最娇嫩而又最重要的器官。

❋ 蝙蝠冬眠
科学家们就是从动物冬眠特性中得到启发而发明了低温麻醉技术。

低温麻醉还可以由医生根据病情与手术的需要自主决定。比如，进行一般的心血管手术和其他手术，一般将病人的体温降到 32 ~ 28℃，就可以进行麻醉；一些较复杂的颅脑手术和心血管手术则将体温降到中度低温 28 ~ 20℃；如果要进行非常复杂的心血管和颅脑手术，那么就必须将病人体温降到 20℃以下了。

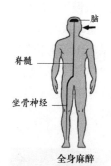
脑
脊髓
坐骨神经
全身麻醉

脊髓麻醉

神经阻断麻醉

浸润麻醉

❋ 人体麻醉的类型
根据手术的不同，对人体的麻醉可采用局部麻醉和全身麻醉等方法。本图就是几种不同的麻醉方法。

那么这种先进的低温麻醉技术是怎样发明的呢？其实，低温麻醉术是科学家们在动物的启发下才发明的。

在自然界中，

知识窗→麻醉药发明简史

麻沸散是华佗制造的一种很有效的麻醉药，这种药如果和酒一起服用，则效力更大，能起到全身麻醉的效果。而现代医学采用麻醉药剂，却仅有 100 多年的历史。很早以前，欧洲人做手术，先放血使病人休克，然后再进行手术。用这种方法，非常危险，因为血放多了，病人就永远醒不过来。即使不发生危险，病人也会因手术前大量失血，导致身体极度虚弱，恢复健康是很困难的。1842 年，法国人黑克曼开始用二氧化碳作麻药，但这只能用在动物身上，而不能用于人。过了 2 年，美国人柯尔顿用一氧化二氮作麻药，效果也不太好。直到 1848 年美国人摩尔顿才开始用乙醚作麻药，今天西医还用这种药物。

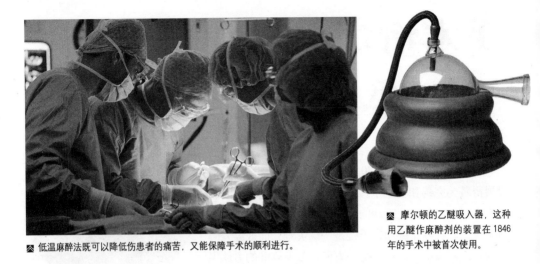

低温麻醉法既可以降低伤患者的痛苦，又能保障手术的顺利进行。

摩尔顿的乙醚吸入器，这种用乙醚作麻醉剂的装置在1846年的手术中被首次使用。

许多动物为了度过严寒的冬天而进行冬眠。一直以来，动物学家们对动物冬眠状态下身体发生的一系列变化十分感兴趣。动物在冬眠时随着体温下降，变得呼吸缓慢，心跳减速，新陈代谢减慢，体内只消耗极少的养分，勉强维持着生命的基本活动。医学家受到了启发：如果人类处于低体温下，是否会与动物冬眠一样，出现上述的表现呢？这些变化要是应用到医疗方面会有什么效果呢？

医学家开始对人体进行低温试验。医学家们观察到，人体内所需的氧气在体温每下降1℃时会减少6%～7%，整个身体的代谢功能也会下降，生命的节奏好像也放慢了。其次，在正常体温条件下，如果切断大脑的血液供应3分钟，大脑细胞就会因严重缺氧而造成完全的功能丧失，但是，如果人体温度下降的话，情况就有所不同了：如果将人体温下降到30℃，在心脏停止6分钟、全身血液不循环的情况下，大脑里的神经细胞尽管会严重缺氧，但还有办法补救；如果体温降低到15℃，即使脑组织的血液供应停止60分钟，也不会出现严重的损害。于是，医学家们从这种现象中得到启发而发明了低温麻醉。

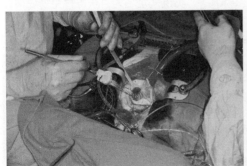
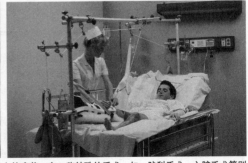

人在做手术时，由于神经痛觉的作用，常常给病人带来极大的痛苦。在一些特殊的手术，如：脑科手术、心脏手术等则需要降低心脏跳动率、降低血液供氧能力等，低温麻醉就能满足这一要求。

艾滋病
是如何发现的

据联合国有关部门不完全统计，截至 2003 年底全球艾滋病病毒携带者或艾滋病患者总数预测为 3400 万～4600 万，而且感染艾滋病的人还在不断增多。而对于这种不治之症，人们始终没有找到有效的治疗方法，艾滋病对人类的安宁、社会的稳定和发展构成了严重的威胁。

艾滋病能够将人体免疫系统瓦解，使人体失去免疫力，任凭各种病菌肆意攻击。一些对具有免疫能力的人根本不

⚑ 显微镜下的艾滋病病毒，这种病毒具有很强的生命力和变异性。

具有威胁作用的病毒，却能直接使缺乏免疫力的艾滋病患者丧生。因遗传因素先天免疫能力缺乏的情况虽有发生，但毕竟很少；而艾滋病是后天获得性的，通过一些途径可以不断传染。免疫能力的缺失将造成不可估量的结果，这就是艾滋病的可怕之处。

那么艾滋病是怎么被发现的呢？

美国是首次报道艾滋病病例的国家。1981 年，美国洛杉矶一家医院收治了一名病症奇怪的患者。经诊断病人患的是"卡氏囊虫性肺炎"，并伴有"巨细胞病毒感染"。不久后，在纽约陆续出现了 26 例类似的奇怪病症。美国在短时间内接连出现患有同样怪病的患者，这引起了医学专家的高度警觉。美国疾病控制中心的多位专家通过详细的调查，发现这些患者的血液中一种 T 淋巴免疫细胞的数量远远低于正常值，也就是说这是一种免疫系统缺乏的病症，他们正式把这种新的人类疾病定名为"获得性免疫缺损综合征"，现在人们俗称的"艾滋病"就是这种病。

关于艾滋病的起源，人们怀疑是猴子身上所携带的病毒发生变异，传染给了人类。人们认为中非可能是艾滋病的发源地。一些人类学家为了寻找艾滋病病毒来源，对非洲大湖地区土著部落的生活进行长期观测，发现当地的土著居

⚑ 对于艾滋病的产生，不少学者认为是源自中非的绿猴，然而这只不过是诸多艾滋病起源的理论之一。

民由于相信注射猴血可以治疗一些疾病，而感染上了猴子身上携带的艾滋病病毒。随后，这种疾病被大批来非洲猎奇寻欢的美国人和一些以卖血为生的美洲西印度群岛人从非洲带到了美国。此后，艾滋病病毒又通过不安全的性行为、输血和静脉注射毒品等方式，在全世界广为传播，危害人类的生命健康。

遗憾的是，对于这种可怕的疾病，所有的抗生素都无济于事。1985年，科学家们发明了在血清中检测HIV抗体，这是一种能够有效检查是否携带艾滋病的办法。如果HIV抗体检查为阳性，就说明被测者是艾滋病病毒的携带者。目前，全世界已广泛采用这种办法。虽然能控制艾滋病的药物已被科学家研制出来了，但昂贵的药价使那些真正需要帮助的人无法问津。在临床上，艾滋病昂贵的治疗费用，是普通人所承担不起的。还有，目前的治疗总的来说只能使患者的寿命延长，而不能达到根治艾滋病的目的。

人类能战胜肆虐全球的艾滋病吗？现在，攻克艾滋病已成为全人类的共同行动。2001年，联合国艾滋病规划署和世界卫生组织宣布12月1日为"世界艾滋病日"。他们声称："艾滋病已成为人类有史以来所面临的最具破坏性的疾病"，以提醒世人尽快找到战胜艾滋病的办法。

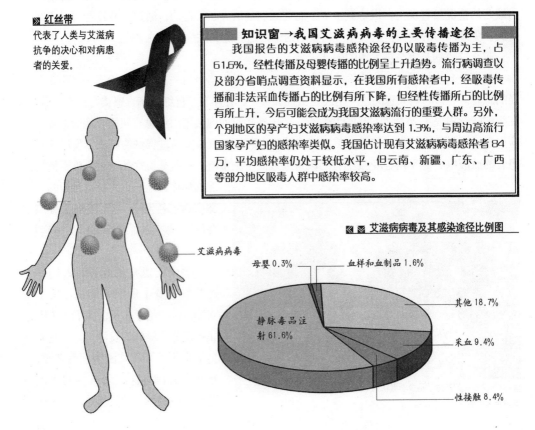

红丝带

代表了人类与艾滋病抗争的决心和对病患者的关爱。

知识窗→我国艾滋病病毒的主要传播途径

我国报告的艾滋病病毒感染途径仍以吸毒传播为主，占61.6%，经性传播及母婴传播的比例呈上升趋势。流行病调查以及部分省哨点调查资料显示，在我国所有感染者中，经吸毒传播和非法采血传播占的比例有所下降，但经性传播所占的比例有所上升，今后可能会成为我国艾滋病流行的重要人群。另外，个别地区的孕产妇艾滋病病毒感染率达到1.3%，与周边高流行国家孕产妇的感染率类似。我国估计现有艾滋病病毒感染者84万，平均感染率仍处于较低水平，但云南、新疆、广东、广西等部分地区吸毒人群中感染率较高。

艾滋病病毒及其感染途径比例图

艾滋病病毒

母婴 0.3%
血样和血制品 1.6%
其他 18.7%
静脉毒品注射 61.6%
采血 9.4%
性接触 8.4%

人类何时战胜癌症

癌细胞示意图

近几十年来，癌症发病率越来越高，形势非常严峻。据世界卫生组织报告，20世纪最后20年间，世界癌症发病率已上升了近1倍；未来20年中，癌症发病率还可能上升1倍以上。自20世纪90年代以来，每年全球癌症患者达900万人，约有700万人死于癌症。在中国，每年新患癌症的病人超过160万人，每年约130万人死于癌症。大约平均每90个家庭中就有1个癌症病人。肿瘤死亡是中国城市居民的第一致死因素，癌症的发展速度之快，令人始料未及。

对于癌症这种古老的疾病，人类在经历了一个漫长的过程后才真正认识了它。癌是一种恶性肿瘤，它生长迅速，对人体危害严重，多数来自上皮组织，约占恶性肿瘤的90%，而且癌也具有自己特定的基因。

癌基因是一种在细胞内或病毒内存在的基因，它能诱导正常细胞发生转化，使其获得一个或更多的新特性。癌基因可按特性和来源不同分为病毒癌基因和原癌基因。原癌基因是指细胞内潜在的癌基因，它是细胞基因组的正常组成部分，在一定条件下可被激活，由原癌基因转化为癌基因，参与细胞恶性转化及肿瘤发生的过程，细胞会因原癌基因的质量、数量发生变化或功能异常而出现增殖和分化过程的失衡，从而引起肿瘤发生。而病毒癌基因通常参与

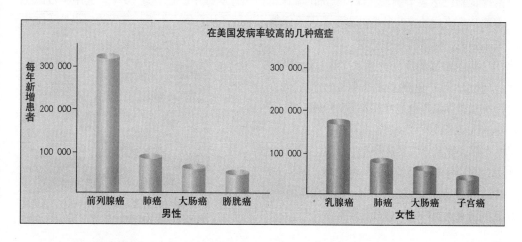

在美国发病率较高的几种癌症

每年新增患者

男性：前列腺癌　肺癌　大肠癌　膀胱癌

女性：乳腺癌　肺癌　大肠癌　子宫癌

细胞的生长和代谢，它指病毒所携带或含有的、在正常细胞内存在的、与反转录病毒癌基因具有同源序列的基因。

1970年，人们首先在反转录病毒（RNA病毒）中发现了癌基因。到目前为止，已发现了50多种癌基因。很快，科学家又发现了抑癌基因，亦称肿瘤抑制基因。研究表明，抑癌基因在癌的发生上与癌基因起着同样重要的作用，甚至是更重要。如果将癌基因比做细胞生长加速器，那么抑癌基因就是控制这种细胞生长的制动器。目前，已发现的抑癌基因有10多种。

随着研究的深入，科学家们找到了一

知识窗→多吃果蔬防不了癌症

传统观点认为，多食果蔬能降低患上心脏病、高血压或癌症的概率。但是，迄今为止都还没有找到确切的证据，证明果蔬中存在有抗癌功能最初产物的迹象。如果确实存在食疗防癌，那很可能是因为新陈代谢的原因，而与吃蔬菜的多少无关。有健康专家做出一项研究，结果证明，相同的参与者，根据她们蔬菜的食用量来确定她们患癌的症状应该没有不同，但在患乳癌的概率上却有25%~35%的差距。《美国流行病学杂志》在2005年1月15日的研究报告中称，血液中胡萝卜素含量较高的人患癌症的概率要低些。这似乎暗示大家多吃胡萝卜有利于降低患乳癌的风险。

◪ 科学家利用基因技术治疗癌症，为人类攻克癌魔指引了方向，由于致癌因素的复杂性，这项工程仍任重道远。

些诱发癌症的原因和一些治疗方法。他们认为癌基因被激活而过度表达，或抑癌基因表达受抑制是造成许多癌症发生的主要原因，由此人们自然想到利用正常型基因矫正或置换致病基因来治疗癌症，并把这称为基因疗法。根据治疗方式的不同，基因疗法可分为基因修饰、基因修复、基因置换、免疫调节和基因失活5种。

人们在20世纪90年代初期，首次将基因治疗应用于临床实践，至今全世界因各种疾病如艾滋病、肾上腺脑白细胞营养不良和单个基因缺乏而进行的基因治疗试验已达数十例。现在，欧洲的临床基因治疗实践中心已有近70个，其中半数以上主要从事癌症治疗及肿瘤抑制性基因治疗等。不过，从总体上来看，基因治疗仍处于临床试验阶段，疗效还不太稳定。

除了基因治疗外，手术疗法、化学疗法、立体定向放射疗法、免疫疗法、普遍放射疗法、内分泌疗法、冷冻加温疗法等也是目前人类对付癌症的主要手段。尽管人们还没有找到癌症的克星，但人们已经找到了一些防止癌基因突变、控制癌症发生的有效途径，比如说严格控制病毒感染和环境污染。医学不断进步，先进的治疗方法也层出不穷，我们乐观地相信，在不远的将来人类一定可以战胜癌症。

◪ 随着科技的不断发展，也许不久以后人类就能研制出彻底治疗癌症的药物。

交通通信
Traffic and Communications

瓦特与蒸汽机

瓦特在研制和改进他发明的蒸汽机

在人类漫长的历史发展过程中，每次技术革命都会推动社会文明的飞速发展。其中，蒸汽机的发明和完善，使人们告别了手工作坊时代，并标志着工业革命的到来。蒸汽机的发明者是谁？它的发明人就是英国人瓦特。

1736年1月19日，瓦特出生于苏格兰格拉斯哥市附近一个名叫格里诺克的小港口。瓦特的父亲是一位擅长机械研制且技术精湛的工人，他在格里诺克经营一个专门制造和修理船上装备的小作坊。格拉诺克竖立的第一台塔吊，就是老瓦特建造的。

瓦特性格文静，非常喜欢数学、物理等自然学科的知识。父亲的工作对小瓦特产生了潜移默化的推动作用，瓦特爱上了工匠活。每天放学后，瓦特总是飞一般地跑到父亲的作坊去。父亲和老师傅忙忙碌碌的身影让他痴迷。当瓦特亲眼看见父亲修理航海仪器那熟练的一招一式时，他简直入了迷。

1756年10月，瓦特从伦敦学艺归来，打算前往格拉斯哥大学求职。事有凑巧，当时格拉斯哥大学有一套天文仪器出现了故障，正需一位技术精湛的仪器师傅来修复。这是一项棘手的工作，有人推荐了瓦特。瓦特连续工作了一个半月，终于把全部仪器修整和安装好了。格拉斯哥学校对瓦特的工作十分满意，于是就聘用了他。

1764年，格拉斯哥大学的一台教学用的纽可门蒸汽机模型出了问题，送到伦敦请名匠修理也未修好，于是修复这台当时世界上最先进的蒸汽机的任务就落在了瓦特身上。瓦特很快就修好了这台机器。他深入研究了这台蒸汽机模型，并向人虚心求教，最后终于找到了纽可门蒸汽机耗煤量大、效率低的原因。原来，纽可门蒸汽机在运作时，蒸汽不但在汽缸中膨胀做功，还在里面冷凝，汽缸兼冷凝器这种一身二任的构造，严重影响了机器的性能和效率。汽缸一会儿被加热，一会儿又被冷却，白白浪费了大量的热能。

1765年5月，瓦特的研究有了突破性进展。经过多次试验，瓦特终于在汽缸的外面单独设置了一个蒸汽冷凝器，做成了

詹姆士·瓦特像

英国著名科学家，发明了蒸汽机，将人类带入到了蒸汽时代，从而大大推动了人类社会的全面进步。

一台可供实用的单作用式蒸汽机。

此后，瓦特又对自己发明的蒸汽机不断地进行改良，改善其性能。瓦特的蒸汽机还和英国锻工纽可门发明的蒸汽机进行过比赛，结果表明，瓦特蒸汽机的效率是纽可门蒸汽机的 5 倍多。事实胜于雄辩，人们看到瓦特蒸汽机的性能大大优于纽可门蒸汽机，便极力推广瓦特蒸汽机，而纽可门蒸汽机则逐渐被淘汰了。

1769 年 1 月 5 日，瓦特的"降低火机的蒸汽和燃料消耗量的新方法"通过了科技发明专利认证。

瓦特的研究并没有就此停步，他在吸取了德国人洛伊波尔德提出的利用排气阀使汽缸连续往复运动的原理的基础上，成功研制了双作用式蒸汽机。经过反复实践，瓦特用缩放仪的原理改进了原先的蒸汽机结构，并于 1781 年 10 月取得了双作用蒸汽机的专利权。

▨ 瓦特最早发明的蒸汽机，它在采矿上的运用显示了其巨大的成功。

瓦特坚持不懈地走着一条探索之路。他不停地研究探索，不断地改进蒸汽机的性能。1782 年，瓦特又利用飞轮解决了转动的稳定性问题，取得了第 3 个专利。1784 年是瓦特收益丰厚的一年。这一年里，他取得了第 4 个专利。1788 年，瓦特又发明了能控制进气阀的开启程度的离心调速器，从而使蒸汽机的运行速度得到了控制。之前，他研制出了带气泵的凝水机和使活塞平行运动的四连杆机构等，使蒸汽机的配气结构又得到了改进。1790年又发明了压力表。从此蒸汽机臻于完善。

蒸汽机诞生后，工业革命在英国迅速兴起，美国、德国、法国等也纷纷加入。这场革命影响之大，涉及面之广是前所未有的。以瓦特蒸汽机为基础，美国的富尔敦 1807 年发明了火轮船，英国的斯蒂文森 1814 年发明了火车头，使人类的生产力水平得到了前所未有的发展。

▨ **早期的蒸汽机车剖面示意图**
蒸汽在各种交通工具中被广泛地应用，既大大提高了交通工具的速度，也加快了工业化的发展进度。

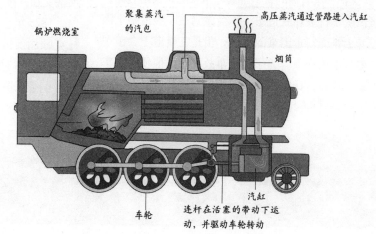

锅炉燃烧室　聚集蒸汽的汽包　高压蒸汽通过管路进入汽缸

烟筒

车轮　连杆在活塞的带动下运动，并驱动车轮转动　汽缸

蒸汽机车的诞生

早期的火车是由烧煤来驱动的。这是第一辆火车诞生时人们观看的情景。

火车是现代社会极为重要的一种交通、运输工具，对社会经济的发展起着巨大的作用。世界上第一辆火车是由英国工程师斯蒂文森发明的。

1781 年，斯蒂文森出生在一个煤矿，他的父亲是一名蒸汽机司炉工。一家 8 口人就靠父亲一人的工资生活，因此日子过得很艰难。

14 岁时，斯蒂文森也来到煤矿，成了一名见习司炉工。他聪明、好学，不久便成了一名熟练的机械修理工。1808 年，技艺日渐成熟的斯蒂文森升任机械师，1813 年又晋升为工程师，被当地的蒸汽机行业尊为权威。

蒸汽机车的研制在斯蒂文森之前就已经开始了，但均未成功。

前人失败的教训为斯蒂文森提供了宝贵的经验，他在研制蒸汽机车的过程中，对产生蒸汽的锅炉进行改进，将立式锅炉改为卧式锅炉。他决定把蒸汽机车放在轨道上行驶，这是一个极有远见的重大决断。为了防止火车出轨，他计划在车轮的边上加轮缘，又把一条有齿的轨道加装在承重的两条路轨间。蒸汽机车行驶在轨道上，不会碰到在一般道路上因机身太重而行走困难的问题，但是在轨道上会出现车轮打滑的现象。为了防止事故发生，他便在机车上装上齿轮，让它滚动于有齿的第三轨上，并带动机车向前行驶。

斯蒂文森的蒸汽机火车头终于于 1814 年诞生了。这个铁家伙重 5 吨，车头上有一个可以利用惯性帮助机车运动的巨大飞轮，斯蒂文森把这个发明叫作"布鲁克"。他又用了 10 年的时间造了 11 个与布鲁克相似的火车头。

当然，斯蒂文森的新发明尚需改进。1821 年，正在筹划铺设从斯托克顿到达灵顿供马拉车用的铁轨的皮斯先生，委托斯蒂文森制造一台火车头。斯蒂文森接受了这一委托，并加快了工作步伐。不久，一辆新的更先进的蒸汽机车问世了，这辆蒸汽机车被斯蒂文森称作"旅行号"。

1825 年 9 月 27 日，英国的斯托克顿周围被前来看热闹的观众挤得水泄不通。铁轨边整齐地排列着铜管乐队，满怀希望的人们眺望着那蜿蜒而去的铁路。忽然，

1814 年，斯蒂文森发明的第一辆由蒸汽牵引的机车在英国铁路上行驶。

◢ 子弹头高速火车是现代科技发展的产物。

随着一声激昂的汽笛声，疾驶过来一辆吞云吐雾的机车。机车后面拖着12节煤车，另外还拖着约450名旅客的20节车厢。世界上第一列火车由它的发明者——斯蒂文森亲自驾驶着驶来了。被惊呆了的观众根本不敢相信自己的眼睛，他们怀疑眼前的这个铁家伙哪来的这么大的力气。从达灵顿到斯托克顿，这列火车以24千米／小时的速度行进，铁路运输事业就此开始了。

有趣的是，火车虽然是斯蒂文森发明的，但铁轨却早在火车发明之前就出现了。

在16世纪下半叶英国和德国的矿山和采石场，行走在用木材做成的路轨上的车是靠人力或畜力推动的。1767年，英国的金属价格暴跌，许多铁加工厂里的生铁堆积如山，一家老板别出心裁，把这些既卖不出去、又占用很多地方的生铁浇铸成长长的铁条铺在工厂的道路上，打算等铁价上涨的时候再抛售出去。然而，人们发现车辆在铺着铁条的路上行走，不但省力，而且平稳。铁轨就这样比火车先一步诞生了。在后来的实践中，人们又几次改进了铁轨，将其下面加宽，使它与汉字的"工"字形非常相像，由于这种形状的轨道既稳定又可靠，一直到今天人们仍在使用它。

火车的优越性是很明显的，它不仅速度快，而且平稳、舒适，安全可靠。火车发明之后，一个修建铁路、建造机车的热潮随即在英国和美国掀起。美国仅1832年这一年就修建了好几条铁路。在这段时间前后，蒸汽机车也得到了很大的改进。一开始斯蒂文森建造的机车有2对轮子，后来发展到5对，甚至6对轮子。作为这个划时代的运输工具的发明者和倡导者，斯蒂文森又解决了诸如火车铁路建筑、桥梁设计、机车和车辆制造等许多问题。他还担任了国内外许多铁路工程的顾问。很快，世界各地都出现了火车的身影。

莱特兄弟与飞机的发明

在远古时代，人类就梦想着能像鸟一样自由翱翔于天际，为此，人们做出了不懈的努力。如今，这个梦想已变成现实。这一切得归功于莱特兄弟。

莱特兄弟出生在美国俄亥俄州的达顿市，哥哥叫威尔伯，弟弟叫奥维尔。当时，各种飞行器，如热气球、飞艇、滑翔机等已经出现，但这些飞行器不易控制，无法像人们想要的那样在天空中自由飞行。莱特兄弟对发明这样的飞行器充满了兴趣。

莱特兄弟受教育程度不高，但他们具有一股百折不挠的精神。兄弟俩做了许多次试验，终于成功地造出了一架滑翔机。这架滑翔机有 2 层翅膀，操纵时，人俯卧在滑翔机上。他们看中了一块宽阔的沙滩地，把飞机放在小丘上，然后迎着风将飞机使劲用绳子拉起，滑翔机终于腾空而起。

虽然飞行时间挺短，但它为飞机的最后发明奠定了基础。紧接着他们又改进了结构，重新制作了一架新的滑翔机。这架新飞机能够飞到 180 米的高度，还可以在空中改变方向。莱特兄弟这时觉得必须有一个发动机，这样他们的滑翔机才能依靠动力，自由地飞上天空。对于莱特兄弟来说，制造飞机已不在

人类历史上首次有官方记载并得到正式承认的载人持续性飞行的创造者，是美国人威尔伯·莱特（右）和奥维尔·莱特（左）兄弟。正是这一对天才的努力，才使得人类第一次实现飞翔之梦。

飞机在迅速地发展着，它成为改变无数人命运的现代化交通工具，同时也使人与人之间的距离大大缩短。图为正在组装的"协和"客机。

话下，接下来的任务就是寻找到合适的飞机发动机。但是没有人能提供符合莱特兄弟所要求的发动机，他们只能依靠自己的双手。6个星期后，莱特兄弟造出一台 12 马力的内燃机。最后，他们在制作机身和机翼的骨架时，以又轻又结实的木材为材料，将布蒙在机翼上，把内燃机装在飞机上，用链条与他们自己研制出来的两个螺旋桨相连。飞机长 6.5 米，双层机翼，机翼长 12.3 米。奥维尔躺在飞机上，用手拉动绳索控制飞机。

1903 年 12 月 17 日，是飞机试飞的好日子。莱

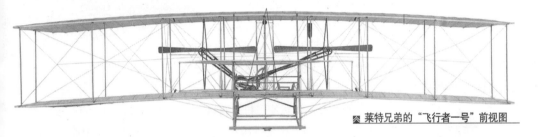

莱特兄弟的"飞行者一号"前视图

特兄弟早早地来到海滩，开始试飞的准备工作。俯卧在驾驶位置的是弟弟奥维尔。他在众目睽睽之下启动了发动机。巨大的轰鸣声把海滩附近的鸟都吓跑了，飞机轰鸣着，全身颤动着。奥维尔加大油门，螺旋桨旋转得越来越快。起先，飞机先是动了一下，接着开始慢慢移动。油门再次加大后，飞机滑行速度也越来越快。突然，飞机一下子冲离了地面，升到离地面约 3 米的高度。观众们欢呼雀跃！飞机向前飞行了 30 米左右后，安全平稳地着陆了。

成功了！人类翱翔蓝天的梦想终于变成了现实。人们一边欢呼，一边互相拥抱，祝贺试飞成功。哥哥威尔伯接着也上了飞机，这次飞机飞了 52 米。兄弟俩轮换着一共飞了 4 次，第 4 次由威尔伯驾驶，飞机在空中飞了 59 秒，距离近 260 米。次日，这个激动人心的消息成了报纸的头条新闻。莱特兄弟把这架飞机叫作"飞行者一号"。直到今天，它还被完好地保存在华盛顿的斯密森航空博物馆内。

莱特兄弟又于第 2 年造出了"飞行者二号"。到了 1905 年，他们改进后的飞机已经能够连续飞行 30 千米。1908 年，莱特兄弟把他们的飞机带到了欧洲，表演中他们的飞机在空中连续飞行了 2 个小时，一时间整个欧洲都轰动了。

莱特兄弟发明的飞机开辟了人类航天史的新纪元。从此，世界各国都开始了研制飞机的工作。

喷水的乌贼
与喷气式飞机

乌贼遇强敌时，会喷出墨汁来做掩护，自己则趁机逃走。

20世纪初，美国莱特兄弟发明飞机后，人类飞上天空的美梦成真了。而英国人惠特尔发明的喷气式飞机又使人类飞得更快、更高。不过，你也许想象不到，它的发明却与水里的乌贼有关。

惠特尔是当时英国航空士官学校的一名学员，本是学飞机驾驶的，但他却对研究飞机结构特别感兴趣。那时飞机的飞行速度很低，飞行距离也不远，因此富有钻研精神的惠特尔就大胆提出了一个设想：飞机应向高速度、远程的方向发展，所以必须设计出一种新型飞机。

在惠特尔看来，要想使飞机飞得既快又远，最重要的一点是要飞得高，因为越往上空气密度就越小，而地面空气密度比高空中约大4倍。所以飞得越高，飞机受到的阻力也越小。现有的飞机发动机一般采用机械活塞式结构，一旦上高空去飞行，飞机发动机会因为时速太快而无法工作。如此看来，必须要研制出一种新型的高速飞机。

惠特尔想从自然界中得到灵感，因此从那以后他便加大了对身边事物的观察和了解力度。

有一次，海洋博物馆里的乌贼引起了惠特尔的兴趣。他发现，乌贼遇到强敌时，会放出像墨汁一样的"烟幕弹"，为自己逃跑作掩护。乌贼不仅能放"烟幕弹"，而且逃得极快。奇怪的是，普通鱼是以双鳍划水游动，而乌贼却与此不同，它们是靠尾部喷出的水使自己前进的。他想起以前在书上看到过，古希腊曾有人主张以喷气作为车辆行驶的动力，以及牛顿提出的以蒸汽喷射的反作用力使车轮向前滚动……他恍然大悟，乌贼逃得快是得益于它尾部喷出的水的反作用。

惠特尔根据这些情况认识到，不管是乌贼喷水还是用蒸汽喷射，无一不是利用反作用力来驱动前进的。进而他联想到，飞机被装上喷气装置后，也许在这种反作用力的驱动下，能飞得特别快呢！于是，惠特尔便致力于研究新型飞机。他是这样构思未来

惠特尔像

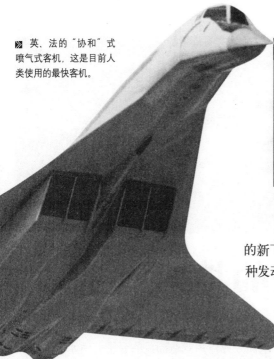

⊠ 现代的喷气式飞机，它的飞行速度大大提高，就是利用了乌贼喷墨汁的原理。

的新飞机的：飞机靠涡轮喷气发动机驱动。这种发动机在工作时，先将燃料和压缩空气混合，混合物的燃烧会产生强大的压力，把气体挤到飞机尾部，然后喷射出来，飞机就在由此产生的巨大气体反作用力的推动下飞行。

惠特尔做了许多研究和计算，直到完全肯定自己的设计方案之后，才踌躇满志地向英国皇家军部提交了这个方案，希望他们能进行研制和投产。

可出乎他意料的是，英国皇家军部拒绝了他的这一设计方案。惠特尔并未因此而灰心丧气。

惠特尔知道，要想使自己的设计方案变成现实，必须有大量资金的支持，因为造飞机毕竟不像造玩具那样简单。

机会终于等来了！1936年，一个富有的商人得知了惠特尔试制喷气式飞机的消息后，便表示愿意提供资金，因为他认为这种投资得到的回报将非常惊人。

于是惠特尔全身心地投入到新型飞机的研制中，但这个过程充满了挫折，连续5年都没有取得成功。惠特尔虽然备受挫折和打击，但他仍然挨个攻破了技术上和生产上的难题。

1941年4月，一架崭新的喷气式飞机终于诞生了。同年7月，飞行首次试飞。这架喷气式飞机穿云越雾速度达到600千米／小时，最后安全着陆。

通过飞机试飞后，人们也逐渐认识到喷气式飞机的优异性能。它将时速由亚音速提高到超音速，能够飞到万米以上的高空，逐渐替代了螺旋桨飞机。

⊠ 惠特尔发明的葛洛斯特涡轮喷射发动机

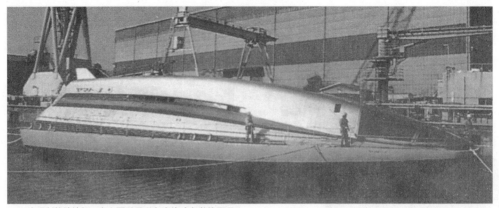

⚡ 日本研制的地效船，它主要采用磁力流体动力学的原理。

功能独特的地效飞行器

⚡ **俄罗斯的地效飞行器**

从结构上说，这种"地效飞行器"是飞机，但却贴着地面。它利用地面效应，在机体下形成一个空气卷筒，它随着飞机运动。通过三角形的相应承载面，这种效应更为加强。前面巨大的喷气发动机将吸入的空气斜射到支撑面下，从而加强这种飞行器的作用。这种地效飞行器既可以用作军事目的，也可以民用。

地效飞行器是利用地面效应作用制造而成的介于普通水上飞机和低速舰船之间的交通工具。这种飞行器兼备了前面两种交通工具的优点，但它的发明却得益于一次意外的飞行事故。

1932 年 5 月，德国一架巨型水上飞机"多克斯"号在穿越波浪涛天的北海上空时，上面的几台发动机突然一起熄灭停火，飞机快速地往下降，眼看要葬身大海。就在这千钧一发的时刻，奇迹出现了，在距海面 10 米左右，飞机便像着了魔似的不再往下跌了，竟稳定地保持在这个高度上缓缓前飞，最终使飞机幸免于难。人们事后研究发现，这种神奇的托力，原来就是由地面效应引发的。

这里所谓的地面效应，其实是一种非常常见的自然物理现象：当飞机降低贴近地面或水面的高度时，机身将会压缩下面的空气，导致气流速度下降，压力升高，这样，飞机就被托起来了。

第二次世界大战中，就有一些飞行员得益于地面效应而死里逃生。

他们发现负伤的战机可以贴近海面低空滑翔，即使受损，发动机的推力极其微弱，甚至完全熄火，也多半能安全地返回基地。这是飞行员们自发地利用地面效应的例子。在我们的日常生活中，也存在着许多地面效应现象。当我们叠的纸飞机从空中徐徐飘落，临近地面时，会又一次向上升起一定高度后才慢慢降到地面，这同样也是地面效应的作用。

到了 20 世纪 60 年代，科学技术的迅猛发展推动了地效飞行器的研发，各国政府对该技术极为重视，相继研制出的多种多样的地效飞行器、地效翼船和地效飞机等就是其中的代表。

20 世纪 80 年代初，美苏对抗时，美国的间谍飞机在黑海上空发现了苏联飞机特别神奇，不仅飞行速度奇快，而且能够躲过任何雷达的探测。这种被美英军事专家命名为"黑海怪物"的东西，就是苏联依据地面效应研制成功的"地效飞行器"。

地效飞行器介于普通飞机和舰艇之间，又兼具了两者的长处，形成了独具特色的长处：其一，它有较强的适航性，能够稳定地飞行在浪高 1.5 米以下的海面上空，浪高 1.5 米以上仍可飞行，可以说波浪基本上不能对其飞行造成影响。它还能够易如反掌地飞越一般地面交通工具难以逾越的沙漠、沼泽、江河、雪地和冰川等，并能在海上、陆地起降和飞行，因而是名副其实的"两栖飞行器"。其二，它有很好的隐蔽性。这种飞行器能贴近地面或海面飞行，因而不易被敌方雷达或红外探测系统发现，也很难被敌方舰艇和防空火力击中。其三，它有较高的航行速度，是普通舰艇的 10 倍，气垫船的 2 ～ 3 倍，就连直升机也望尘莫及。其四，它有较好的操纵性。利用襟翼，地效飞行器能实施倒退、悬停和垂直起降等作用，还能通过方向舵、升降舵、襟翼进行无坡度急转弯，甚至就地打转。其五，它有良好的经济性。这种飞行器的单位载荷油耗远低于高速航行的船舰，而它的载重却比普通飞机大一倍，耗油量比后者少一半，航程却增大一倍。

地效飞行器功能良好，用途广泛，早就引起了我国的重视。如今，国家已经将地效飞行器的研制和开发列入国家重点科技成果产业化项目和国家"九五"科技攻关计划之列。相信在今后，地效飞行器在我国必将获得长足的发展。

▼ 全垫升气垫船

全垫升气垫船是集飞行器与船舶为一体的两栖新型高速运输工具，适于水面、滩涂、沼泽、冰面、雪地等场所快速、稳定、安全行驶。可用于高速客运、巡逻、救险等。

扫码获取更多资源

磁悬浮铁路及其应用前景

我们通常所见到的火车都是有轮子的，但也有一种会"飞"的火车，它不需要轮子就可以在轨道上行进，这就是磁悬浮列车。磁悬浮列车的发明者是海曼·肯佩尔。

海曼·肯佩尔出生在位于德国与荷兰边境的下萨克森州的一个小镇拉腾。一天，肯佩尔异想天开，希望火车也可以像天上的飞机一样，没有轮子就能够飞行于地面之上。他为了实现自己的梦想，努力钻研电学知识。功夫不负有心人，最终他从电磁铁的特性中获得了灵感。

大家都非常熟悉磁铁，磁铁具有同性相斥、异性相吸的特点。如果是电磁铁，断开电源，铁芯由于没有了电流立即去磁，也就不会发生相斥相吸的现象了。由此，肯佩尔想，如果把很多电磁铁装在火车上及地面的轨道上，这样火车就会因为它们产生相互排斥的力量而浮了起来。如果再找到可以令悬浮的火车前进的方法，那火车就可以抛开轮子了，而且这样的行驶速度会远远大于普通火车。

因此，肯佩尔开始在自己家的地窖里创造高速火车模型。他把发动机的部件——转子（转子是电动机的转动部分，由转轴、转子铁芯、转子绕组、风扇等部分组成）和定子线圈（定子是电动机的不动部分，由定子铁芯、定子绕组和机座等构成）平铺在地面上，并且让 10 万赫兹的振荡电流通过它，果然和预想的一样，电磁力使火车模型悬浮了起来。1934 年，肯佩尔申请并获得了磁悬浮列车的专利。

1969 年，第一台磁悬浮列车在德国研制成功。

1974 年，日本研制出小型磁悬浮列车，并于 1985 年在国际科学技术博览会上进行现场表演，总计约有 11 万人次试乘。

1994 年，世界上第一条从柏林到汉堡的磁悬浮列车铁路正式开始动工修建。运行于其上的列车速度快于高速列车 2/3，而票价则与高速列车相差无几。

磁悬浮列车的前景十分美好，如今，它正朝着超导磁悬浮列车和真空隧道磁悬浮飞车方向发展。超导磁悬浮列车用的是没有电阻的超导电磁线圈，即使经过很长时间，电流量也不会衰减，又进一步提高了列车速度。真空隧道磁悬浮飞车是设想修建一条长距离被抽成真空的地铁隧道，由于运行中几乎没有空气阻力，列车速度可达 2.3 万千米／小时。

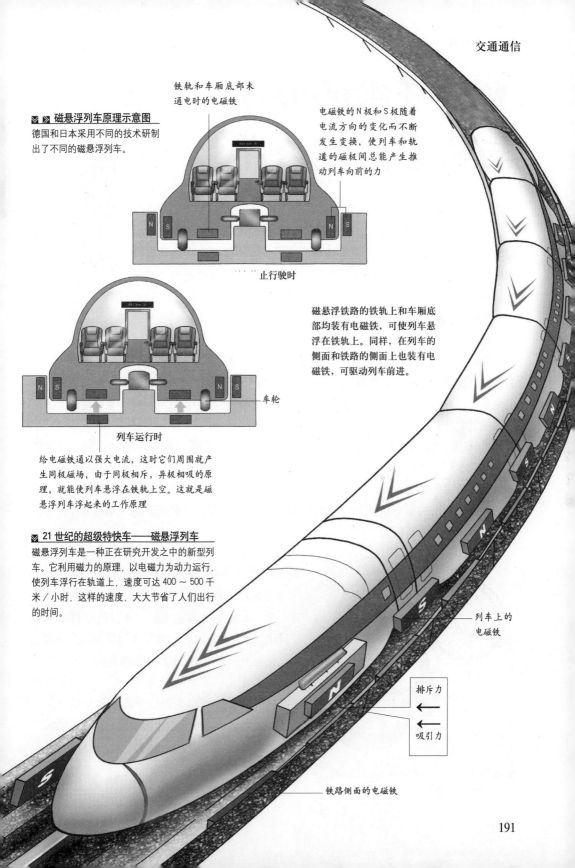

磁悬浮列车原理示意图
德国和日本采用不同的技术研制出了不同的磁悬浮列车。

铁轨和车厢底部未通电时的电磁铁

电磁铁的N极和S极随着电流方向的变化而不断发生变换，使列车和轨道的磁极间总能产生推动列车向前的力

止行驶时

磁悬浮铁路的铁轨上和车厢底部均装有电磁铁，可使列车悬浮在铁轨上。同样，在列车的侧面和铁路的侧面上也装有电磁铁，可驱动列车前进。

车轮

列车运行时

给电磁铁通以强大电流，这时它们周围就产生同极磁场，由于同极相斥、异极相吸的原理，就能使列车悬浮在铁轨上空。这就是磁悬浮列车浮起来的工作原理

21世纪的超级特快车——磁悬浮列车
磁悬浮列车是一种正在研究开发之中的新型列车。它利用磁力的原理，以电磁力为动力运行，使列车浮行在轨道上，速度可达400～500千米／小时，这样的速度，大大节省了人们出行的时间。

列车上的电磁铁

排斥力

吸引力

铁路侧面的电磁铁

光导纤维的发明
与信息高速公路

《光通过玻璃纤维时的情形

电报、电话的发明可谓人类通讯史上的里程碑，但人们在使用中发现，要想传输高质量、大容量的通信信号，这些通信方式还具有明显的局限性。而光导纤维的发明解决了这一问题，使信息走上了"高速公路"。

光导纤维的发明得从激光说起，因为光纤通信技术中用于传输信息的光，不是普通的光，而是激光。

1960年，年轻的美国物理学家梅曼，发明了世界上第一台红宝石激光器，他还用这种激光器发出了一种神奇的激光。从此，光通信有了发展。光谱线很窄的激光是纯度极高的单色光，其特性是：振动规则、单一频率、能量高度集中、方向性好、亮度极强。信息可以通过它传输。

1970年，超纯度玻璃纤维由美国康宁玻璃公司首次制成，光衰减为20分贝／千米的玻璃丝。光以这种拉得很细的玻璃丝——光纤作为"导线"，可以从一端传到另一端。科学家做了许多实验后发现，无论玻璃丝弯曲到何种程度，只要有合适的入射光角度，在玻璃丝内来回反射的激光便会沿着导线传到很远很远的对端。人们把这种玻璃丝称作光导纤维，光纤是对它的简称。

光纤包括2层，中间的一层是直径只有几微米的纤芯，外面的"包层"是用玻璃或石英制成的，这层对光具有极强的反射能力，光纤的外层还裹有厚厚一层保护光纤的塑料。光纤就这样紧紧地"封闭"住光，让其经过多次反射后到达另一端。

信息传递的速度由于光纤通信而大大加快，信息从此走上了"高速公路"。在一根比头发丝还细的光纤中，可以同时传输几千套电视节目或者几万路电话。这样大的通信容量的确令人吃惊。而最先进的"光波复用"技术，还可以将其提高几十倍。

◤ 光学纤维还可用于医学，外科医生利用内窥镜来观察腹腔内部的器官。

电报技术的诞生

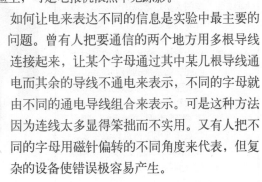

　　电报在如今早已不是什么新鲜玩意儿了，但它的发明却开辟了人类通信历史的新纪元。然而，令人惊讶的是如此伟大的发明，却与物理学家或别的科学家无缘，而是出自一个画家的奇思妙想。

　　此人名叫莫尔斯，是当时美国颇负盛名的画家。然而，一次偶然的旅行听闻却改变了莫尔斯的一生。

　　1832 年 10 月的一天，"萨利"号邮船从英吉利海峡驶出，进入到一望无垠的大西洋，慢慢向美国驶去。船上的旅客们正在听一位名叫杰克逊的年轻医生绘声绘色地讲述着一个有趣的小实验：如果给绕在一根普通铁棒上的电线通上电，这根普通的铁棒就突然摇身一变成了磁铁，能把铁钉和铁屑吸起来。他还说，不管电线有多长，电流也能在瞬间通过。现在我们大家对这个实验都很熟悉了，中学物理课本上就有描述。可是，生活在 19 世纪 30 年代的人们还不怎么了解电磁铁的原理，所以，听了这个实验以后，周围的听众都被这种奇怪的现象吸引住了，他们不停地为年轻医生鼓掌。

　　杰克逊的精彩演讲打动了莫尔斯，他彻夜难眠，心里一直在考虑这样一个问题：既然电在一瞬间可以传到千里之外，也许也可以用它来传递信息。就在那天晚上，已是 40 出头的他果断而又坚决地做出一个惊人的决定：放弃画画，放弃耗尽自己近半辈子心血的事业，转而研究如何使用电来传送信息。他准备以"电报"来命名用电来传送信息的方法。而当时，他连最基本的电学知识都不具备。

莫尔斯电码的发明者——塞缪尔·莫尔斯

　　莫尔斯的决心不曾因为任何困难而发生改变。他变卖全部家产购置了各种工具和电工书籍，疯狂地投入到电学知识的学习中。在 3 年的时间中，莫尔斯的全部积蓄几乎都花在了实验上，可是电报机依然不见踪影。

　　如何让电来表达不同的信息是实验中最主要的问题。曾有人把要通信的两个地方用多根导线连接起来，让某个字母通过其中某几根导线通电而其余的导线不通电来表示，不同的字母就由不同的通电导线组合来表示。可是这种方法因为连线太多显得笨拙而不实用。又有人把不同的字母用磁针偏转的不同角度来代表，但复杂的设备使错误极容易产生。

莫尔斯渴望找到一种简单实用而又行之有效的方法。他总结了自己屡次受挫的教训，认为结果总是重蹈他人覆辙，重复那些没有成效的实验，肯定不会取得成功，因此必须另辟蹊径，独树一帜，找到一条崭新的路。

※ 莫尔斯码试验接收机

莫尔斯用一根导线就实现了拉丁字母书面材料的传送。他于 1844 年用这台机器从华盛顿向巴尔的摩发报成功。

电流在一根导线中看到只有通与不通 2 种情况，在当时的技术条件下，要使 26 个英文字母仅用这 2 种情况表示出来，简直是不可能的。莫尔斯想，字母也可以用通电时间的长短作为一种特征表示出来。在长时间的摸索之后，他终于得出了一种崭新的方法：利用电流不通、电流通的时间较短以及电流通且通的时间较长这 3 种情况代表 3 种不同符号。如此一来，全部 26 个英文字母就可用这三种符号的不同组合表示出来。在纸上，分别用空白、点、横线来表示这三种符号，点、横线和空白的不同组合可代表每一个英文字母和每一个阿拉伯数字。这就是世界上最早的电码，后来人们就将其命名为"莫尔斯电码"。

一台像玩具一样的电报机终于诞生了。这台电报机就是基于电磁铁的性质及功能而制作出来的。当莫尔斯颤抖着把发报机上的电键按下时，立即令人振奋的"嘟嘟嘟，嘟—嘟—"的声音从导线另一端的发报机内发了出来。之后，他又想办法将笔尖与接收端的电磁铁连接起来，笔尖随着电流的变化在纸上画出了空白、点和横线，电报通信的实验最终取得了成功。

电报技术大事年表

1793 年　法国人克劳德·查佩发明了第一台臂板信号机，后来经过改装后又加上了手旗，并被广泛应用于海上。

1837 年　英国人威廉·库克和惠斯通获得首个电报机专利。

1837 年　美国人莫尔斯成功地制造了世界第一台传送"点"、"划"符号的机器，并起名为"电报机"。

1843 年　世界上第一次付费电报通过大西部铁路系统的帕丁顿到英国的斯芬之间的电报线路传送完成。

1861 年　意大利人乔万尼·卡塞利获得了"传真电报"的专利权，第一台真正实用的传真机诞生了，并于 1865 年进行了第一次商业传真服务。

莫尔斯的电报机结构简单，功能良好，所以很快传遍了世界各国。有线电报的发明成了 19 世纪中叶轰动一时的一大新闻，是人类通信史上的一个重要的里程碑。

※ 休斯的电报打印机

贝尔与电话的发明

1847 年 3 月 3 日，贝尔出生在英国苏格兰爱丁堡。他的祖父和父亲都是优秀的语言学家。贝尔在父辈们潜移默化的影响下，从小就对研究人类语言的交流和传递充满兴趣。

在一次描绘声波曲线的实验中，贝尔意外地发现，每当实验中电源的开关关上或打开时，一个实验线圈就会在导通和截断电流的刹那发出声音。这个细节吸引了贝尔的注意，他又特地重复了几次，结果都一样，每次都会出现这个声音。贝尔肯定这是一个客观规律。他不禁设想，如果对这一规律加以利用，使电流的变化与声波的变化一样，那么只要能传送出这种变化的电流，就能随之送出声音。

贝尔立即开始做实验。他在薄金属片上装上电磁开关，然后对着薄金属片讲话。他认为，薄金属片会在人讲话的时候随着声音而颤动，装在金属片上的电磁开关就会由于这种颤动而连续地开和关。这样一

❖ 贝尔像

电话的发明者。电话的发明开通了长距离通话的新时代。

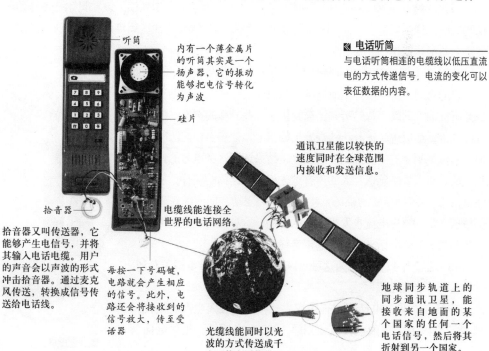

听筒

内有一个薄金属片的听筒其实是一个扬声器，它的振动能够把电信号转化为声波。

硅片

❖ 电话听筒

与电话听筒相连的电缆线以低压直流电的方式传递信号，电流的变化可以表征数据的内容。

拾音器

拾音器又叫传送器，它能够产生电信号，并将其输入电话电缆。用户的声音会以声波的形式冲击拾音器。通过麦克风传送，转换成信号传送给电话线。

每按一下号码键，电路就会产生相应的信号。此外，电路还会将接收到的信号放大，传至受话器

电缆线能连接全世界的电话网络。

光缆线能同时以光波的方式传送成千上万的电话信号。

通讯卫星能以较快的速度同时在全球范围内接收和发送信息。

地球同步轨道上的同步通讯卫星，能接收来自地面的某个国家的任何一个电话信号，然后将其折射到另一个国家。

❈ 最初的电话接线是人工操作。众多接线员中的一位获得电话拨叫者以及被拨叫者的电话号码，然后插线完成正确接线。早期的接线员大多为女性。

来，有规律的脉冲信号就形成了。事实上，声音的频率很高，这种方法根本不管用。于是，贝尔又请教电学界的专家，谁料他们竟嘲笑他的想法是天方夜谭，根本无法实现。

贝尔并没有泄气，一边向电学家请教，一边努力学习电学知识。就在贝尔准备开始电话研究时，偶然遇见了一位叫沃特森的电气技师。沃特森非常认同贝尔关于电话的想法，并决定与贝尔合作。

1875 年 6 月 2 日是具有特殊意义的一天。这天早晨，二人来到各自的房间，沃特森开始通过电话向贝尔发信号。贝尔则不停地调整听筒的振动膜，忽然听到话筒发出了一些异样的声音。他仔细加以分辨，最后确认这是沃特森发出的讯号。他疾步冲向沃特森房间，让他把刚才的一切加以多次重复，结果证明这种讯号的传播是稳定的。两人最终确认：人的声音首先振动了话筒的膜片，从而使底部的 U 型磁铁形成的磁场发生有规则的变动，促使缠在磁铁上的线圈产生的感应电流也发生相应的波动。这种波动随电流沿着导线传到另一端的电话。电流传递声音终于成为现实。

1876 年 2 月 4 日，贝尔为这种可以传送声音的机器申请了专利，并称其为"音频电报"。

1877 年，贝尔电话公司正式成立，并开始投入生产电话机。到 1877 年 9 月，美国已投入使用了 1900 台电话机。贝尔电话公

❈ 早期电话

196

司成立前后，有几位发明家发明了送话器和麦克风，
这些东西都能极好地改进电话装置，使电话更具有实
用价值。一开始，贝尔电话的送话器和听筒使用的是
同一个装置。由于通话的双方必须轮流讲话，所以使
用起来极不方便，通话质量也很差。1877 年，爱迪生
发明了炭粒话筒。讲话时，这种话筒炭粒间的电阻会
由于金属薄膜受到振动而发生变化，且话筒输出的电
流也会随之发生变化。采用了炭粒话筒后，电话的送
话质量大为改善。1878 年，休兹又发明了更灵敏的送

现代的电话
随着科技的进步，现代电话大
大发展了。通过人们的努力，
通话越来越方便。

话器，声音因此而变得更加清晰。1878 年 1 月，美国建成了世界上第一座电话人工交换台。

电话投入使用后，极大地方便了人们的生活和工作。1878 年，在贝尔的协助下，英
国率先建设了电话线路。1879 年，法国巴黎也实现了电话通话。到 19 世纪 80 年代初，电
话交换台相继在欧洲及美国的一些大城市建成。

电话发展到今天已形成一个庞大的家庭。在其交换手段上，电子程序控制交换机已被
采用。如今，全世界已有超过 2 亿部的电话机，还有许多种通讯工具从电话中衍生了出来，
这一切恐怕连贝尔也不曾想到过吧。

在贝尔的不懈努力下，人类终于实现了
顺风耳的理想。为了纪念这位伟大的发明家，
人们就用他的名字来命名声学计量功率等级
的单位。在实际测量中，人们一般不用显得
过大的"贝尔"这个单位，而是使用贝尔的
1/10——分贝，作为声强等级单位，也作为
声压等级单位。如今，假如我们在某份电子
产品说明书上看到"dB"或"＞75 分贝"，
我们就会明白这原来与电话发明者贝尔之间
还有关系。

亚历山大·格雷厄姆·贝尔（1847～1922）在为聋人
担任语言教师之后研制了电话机。这个画面就是他正在通
过纽约到芝加哥的电话线打第一个电话。1876 年，贝尔
取得了实用电话的发明专利。

贝尔的电话机模型

197

移动电话的发明

移动电话是通过电磁波输送信息的，我们所说的无线电覆盖区域就是电磁波所能达到的地区。这几年，移动电话的数量迅速增长，而相对于有限的无线电频率资源来说，不免产生"僧多粥少"的麻烦。所以人们给电视、广播及各处无线电通信规定了一定的频率范围，就像交通管理部门把马路划分成快车道、慢车道和人行道一样，以有效地减轻或防止信息传输中的"塞车"。无线电波也被分成不同的频段，指派了不同的通信业务。而分配给移动通信的频率范围是比较窄的，在同一地区，要是不同用户使用同一个频率，就会产生干扰。

为充分利用无线频率，解决频率"拥挤"的问题，美国贝尔实验室的通信专家于1947年率先提出了建立"蜂窝"式移动电话系统的设想。直到1979年，"蜂窝"式移动电话系统研制成功后，"僧多粥少"的矛盾才得以缓解。

为什么要将无线小区划分为蜂窝状呢？让我们先看看蜂窝是什么样子的。蜂蜡是蜜蜂的分泌物，遇到空气后变成蜡片。蜡片是制造蜂巢的原料，在建造蜂巢时，工蜂们一只拉着一只，拉成一长串。然后，将分泌并存在腹部的蜂蜡用腿拨下来，用口咀嚼后，粘在蜂房上，接着再加工一番，最终成为正六角形的柱状蜂房。蜂房的形状和结构是非常科学的，因为它占的空间最小，容量最大。

蜂房的六角形结构给科学家以很大启示，他们将这种结构应用到了无线电频率的分配上。这种结构的好处在于能够减少重复建设，发挥最大的效用。而且，无线电波可以通过控制其所发射的强度，将它限制在小区的范围之内。同时，在相邻的小区中，选用不同的频率进行通话，就不会发生干扰。而相隔一定距离的小区，又可以使用同一种频率。频率的重复使用，解决了频率不足的难题。

目前的移动电话，主要采用的就是蜂窝系统。蜂窝移动通信是把一个通信区域划分成一些规则的六角形小区，就像蜂窝一样，小区边长几千米到几十千米不等。每个小区内都设有一个无线基地台，每个基地台都有专线与移动电话局连接，再由移动电话局通过有线线路

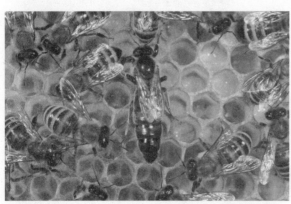

✿ 六角形的蜂窝

蜂窝的正六角形结构启发科学家将这种结构应用于无线电频率的分配上，从而成功解决了移动电话与国内外任何一台电话通话的难题。

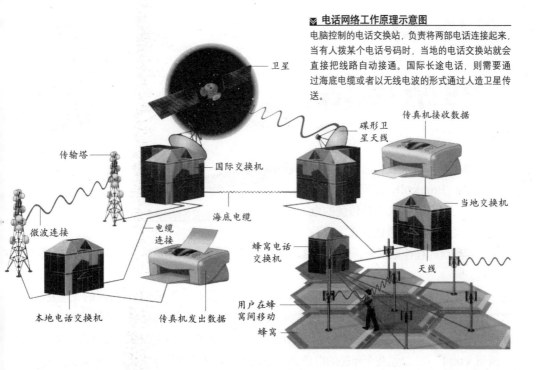

▼ 电话网络工作原理示意图

电脑控制的电话交换站，负责将两部电话连接起来，当有人拨某个电话号码时，当地的电话交换站就会直接把线路自动接通。国际长途电话，则需要通过海底电缆或者以无线电波的形式通过人造卫星传送。

卫星

碟形卫星天线

传真机接收数据

传输塔

国际交换机

当地交换机

微波连接

电缆连接

海底电缆

蜂窝电话交换机

天线

本地电话交换机

传真机发出数据

用户在蜂窝间移动

蜂窝

与市区电话局及长途电话局联系起来。这种蜂窝移动电话系统不仅能使用户相互通话，而且能在全地区自动连入公共电话交换网，与固定电话用户通话，这样就能够使移动电话与国内国外任何一台电话通话。

第一代蜂窝移动电话采用的是模拟技术，第二代蜂窝移动电话就是现在人们生活中最常采用的"GSM"数字移动电话，它采用的是数字技术。"GSM"是欧洲移动通信特别小组的英语缩写，它制定了统一的欧洲数字蜂窝移动通信系统标准。现在，中国采用此系统开通了138，139"全球通"数字移动电话网。与模拟系统相比，数字系统的优势在于频谱利用率高、手机体积小、省电、安全保密，而且能够提供数据、文字信息业务。

正六边形无线电覆盖区域的形状如同蜂窝，这就是"蜂窝式无线电小区"和"蜂窝式移动电话"名字的由来。

近年来，移动通信给人们带来很多方便，其发展之快、应用之广是任何人都始料不及的。

◤ 移动电话的进一步发展使人们可以看到"移动中"的朋友。

廉价的网络电话

☒ 各式各样的调制解调器

　　网络电话，就是我们通常所说的 IP(Internet Protocol)，即因特网协议电话，是一种以网络来代替传统的电话线进行通话的新型通话方式。这种电话比起传统的程控电话来，既有优点，也有不足之处，优点是通话费用低，不足是通话音质差。

　　网络电话诞生于几个年轻人手中。20世纪90年代以来，由于计算机技术的飞速发展，PC电脑逐渐普及。新的电脑硬件层出不穷，调制解调器、声卡、CD驱动器等多媒体软、硬件纷纷出炉，PC电脑进入了多媒体应用的时代。当时因特网正在全世界流行，美国新泽西州Vocal Tel公司几个年轻的以色列网络迷，同时又是电脑专家，经常在网络上编辑一些游戏，互相嬉戏为乐，或是到网上聊天室里胡侃神聊一番。电脑声卡出现后，这几个年轻人突发奇想，想通过声卡来打电话。于是，他们编辑了一个用来打电话的通信软件，在PC机上配置了声卡、话筒机和调制解调器等硬件设备，在网上打起电话来。网络电话这个新生儿就从此诞生了。

☒ 信息公路上廉价的通行证——IP电话卡

　　网络电话在新兴起的时候，存在着许多的限制条件。比如通话双方必须同时上网，且必须同时具备通话的一些硬件，如声卡、音箱、话筒等。虽然不足之处有很多，但这个通信家族的新生儿在诞生之后，立即风靡了美国高校，主要原因是它通话费用低廉。

　　为什么IP电话会如此便宜呢？

　　IP电话是现代计算机技术和通信技术相结合的高科技产物，它采用专门设备或软件，利用数字信号处理技术和语音压缩编码技术将语音信号经数字化处理、压缩，并将语音数字信号分段打成语音数据包，通过因特网传输给对方，对方PC电脑上的专门设备或软件接到语音包后，解压缩还原成模拟信号输送给电话听筒。比起传统电话来，在因特网上打电话，只占用了非常低的通讯宽带。传统电话需要64K DPS的宽带，而IP电话的语音数据包只占用了前者的 1/8 宽带。这大大提高了线路的利用率，降低了成本，实现了高效率多媒体通信。形象点说，因特网就好比信息公路，被压缩的语音信号数据包就像是坐在公共汽车上的乘客。大家都知道公共汽车的票价要远远低于"打的"的费用，所以说打 IP 电话好像坐上公共汽车，打普通电话像坐出租汽车，车上只有一位乘客。人多拥挤，人少舒服，自然打 IP 电话费用就低廉了。

IP 电话音质差，也和网络有关。我们知道，因特网是一个非常庞大的数据网，它就像一条宽阔的信息公路，上面行驶着各种形式的信息，不管是文字、图像、话音还是数据都以数字形式流动在这条公路上。然而因特网里信息数字比特流的流速是一定的，当上网人数增多时，流速就会慢下来。对于因特网来说，一旦数字比特流的流速慢了，就会出现延时现象。而在同一时间上下网的人数又处在不断的变动中，数字比特流流速就会呈现出不均匀的特点，这种现象就叫网络抖动。网络抖动得很厉害时，就有语音包因迟到而被丢弃，这是网络的丢包现象。IP 电话通常会产生话音断断续续、音质欠佳的麻烦事。然而 IP 电话低廉的话费，还是吸引了众多打长途电话的用户，尤其是那些常驻国外的商业公司。

现在，人们拨打 IP 电话已经是一件轻而易举的事情了。网络电话发展到如今已是第三代产品了。这时候，人们只需买一张电话卡，用上面的账号和密码就可以在随便哪一台普通电话机上拨打 IP 电话。一切有关网络联结的问题，都由提供 IP 电话服务的通信公司去解决。IP 电话低廉的通话费用使它成了电话通信史上继程控电话之后的又一个里程碑。

✉ 互联网的应用大大提高了信息的传送效率。

神通广大的全球定位系统

战国时期，我国发明了指南针，从此它便被广泛应用于航海中，以辨别方向，不久，指南针传到国外，也备受欢迎。1000多年过去了，科技越来越发达，指南针被更先进的仪器所代替，它就是神通广大的全球定位系统。

全球定位系统的英文名字是"Global Position System"，简称GPS系统。该系统是以卫星为基础的无线电导航定位系统，它能测出地球上任意一点的精确坐标，包括精确的时间、经度、纬度和误差在1米之内的速度定位，GPS系统代替了古老的指南针，被人们赞誉为"电子指南针"。

GPS全球定位系统是继"阿波罗登月飞船"和"航天飞机"之后美国第三大航天工程。美国国防部投资200亿美元，花了近20年时间来研制它。专门为配合飞机、导弹、船只和士兵运动的军用定位和导航系统，是目前世界上最先进的卫星导航系统。GPS全球定位的成功研制和使用把传统的导航定位技术一下推进到了电子信息导航的新时代。

GPS系统主要由3大部分组成，它们是导航卫星、地面监控站和GPS用户接收机。导航卫星由24颗卫星组成一个卫星星座，均匀地分布在围绕地球的6个轨道平面上，与地球同步运行，其中21颗是工作卫星，3颗为备份卫星。地球上任意一个地方至少能同时观测到4颗卫星。在20810千米的高空，每颗卫星上都装有7万年误差不超过1秒的原子钟和一台遥测发射机。它把有关卫星的遥测数据发向地球，同时也把来自地球的与导航定位有关的各种信息接收进去。地面监控站承担对卫星发射和导航信号的观测任务，由设在科罗拉多斯平士的联合空间执行中心的主控站和3个分设在大西洋、印度洋和太平洋美军基地的注入站、监测站组成，并将计算机中各颗卫星的星历和导航电文发射到卫星上，把卫星上的导航数据进行更新。GPS用户接收机则由天线、接收器、数据处理器和显示屏组成，外形就像一台重量仅有800克的小型计算器。它是一台多信道单向接收设备，能够24小时不间断地提供全球定位服务。同时，它的性能非常好，既能抗振动、抗湿气、抗沙暴，又能抗电磁干扰。经过改良，目前GPS军用定位精度已经达

⟐ GPS卫星

1米。

1991年美国部队把7000多台GPS接收机运用在海湾战争中。飞机、坦克、导弹在GPS的导航下，弹无虚发，命中率大大提高，从而使得大片的伊拉克固定或移动军事目标像一个个棋子一样落入美军计划好的棋盘中。

全世界的军事专家通过海湾战争都认识到GPS系统的神奇威力。一些国家纷纷制订计划，准备配备GPS系统来提高自己的战斗力。而美国五角大楼则制定了内外有别的GPS政策，只应用在美国及盟国的军事部门和特许的民用部门，为精密定位，服务使用P码，定位精度约1～3米。对外向全世界开放标准定位服务，使用C／A，定位精度100米左右的误差是故意制造的。显而易见，美国是害怕其他国家在GPS系统方面的发展会威胁和削弱它的霸主地位。

标准定位服务被广泛应用在海洋捕鱼、海洋船队监控、远洋轮船导航、飞机导航、地质勘探等工作中。由于标准定位误差很大，在工作过程中常常造成不必要的损失。于是，静态的测地型GPS接收机应运而生，把固定物体的定位精度提高到10^{-6}～10^{-8}。紧接着又研究出动态差分GPS接收技术，把物体在运动状态下的定位精度从100米提高到

每个GPS轨道有4颗卫星，使得地球上任意地点最少也能接收到4颗卫星的信号

卫星被发射进入6个不同的轨道平面上，以覆盖全球

◆ GPS 导航系统设计

1厘米。所谓差分GPS系统就是固定的卫星基准站进行GPS观测。通过已知的基准站精密坐标，把基准站到卫星的真正距离计算出来，再修正接收到的GPS误差定位信息并发送出去。用户把定位信息和修正数值一起接收，再对误差信号进行修正，计算出用户的精确位置。从此，像标准定位服务那样出现的误差，几乎没有了。差分GPS最早应用在海洋和内河航运方面。我国海岸线辽阔，航运事业发达，每天进进出出的远洋船舶和各国的远洋货轮繁多，非常需要准确的导航。在海面能见度很低时，船舶

导航系统数据	
全球定位系统	全球轨道导航卫星系统
卫星数目	24	24
轨道数目	6	3
轨道高度	2.02万千米	1.9万千米
完成部署	1994年3月	1996年1月

美国的"莱希"导弹巡洋舰，GPS 定位系统被广泛地运用在军舰上。

的导航尤为重要。现在只要把 GPS 接收机安装在船舶驾驶舱进行差分 GPS 定位，自动导航就实现了。

最近几年，GPS 还被活跃地应用在地面车辆的定位监控上。我国公安部门和科技单位合作，成功地开发出为银行运钞车监控用的车载 GPS 定位跟踪系统。他们把 GPS 系统与电子地图地理信息系统以及集群无线通信系统相结合，使得该系统能同时监控 75 辆银行运钞车和 50 辆警车，系统监控能力达 600 辆。这样，运钞车在工作时就安全多了，不论出现什么情况，都会及时地采取措施。出租车的客运调度、工程抢修车、特快专递车、城市急救车、消防车等都可以运用车载 GPS 系统来提高工作效率。GPS 与电子地图相结合，成为计算机化的电子地图，使汽车驾驶员轻而易举地知道自己在哪里，成了"永不迷路"的向导。把 GPS 汽车导航系统与移动电话结合使用，能够访问因特网上一些 Web 站。它的内容与导航密切相关，能让你在很短时间内了解你所处的环境，以及所需要的服务信息。

令人难以置信的是，GPS 系统能对农作物的精耕细作起到极大的推动作用。运用了 GPS 全球卫星定位系统接收器，一位农民能够改变千百年来日耕夜息的习惯，在农作物生长最旺盛的夜晚工作而毫无差错。在 21 世纪，全球卫星定位系统将被安装在自来水管道、煤气管道、通信线路和电力网上。到时，无论哪条管线发生故障，服务部门的人员都会及时发现并且迅速赶到出故障地点去排除。83 秒的接警反应记录就是美国利用全球卫星系统首创的。目前，我国地质测绘、航空拍照、飞机导航、防治虫害、长途运输、无线寻呼等领域也应用了 GPS。

全球定位系统已渐渐地在生活的各个方面被运用，它就像一个电子指南针一样，给人们的生活和工作带来了很多方便。

传真技术的发明与进步

　　传真就是一种通信方式，即采用扫描和光电转换技术，将文字、图纸、照片等通过有线或无线通信电路传送到千里之外的另一方，在接收端又复制出文件原样。之所以称这种通信方式为"传真"，顾名思义是因为它所传递的信息内容能保留原件的真迹。

　　与电话、电视相比，传真技术的发明要早几十年。早在 1843 年，一位苏格兰科学家贝斯就提出了传真通信的设想。而一直到法国物理学家贝兰发明传真机以后，传真技术才得以正式应用。1894 年，年仅 18 岁的贝兰获得了一种"秘密照相机"的发明专利。从此，他又全身心地投入到电报图像传输技术的研究中。

　　经过 3 年的艰苦努力，1907 年 11 月 18 日，贝兰首次成功地进行了图像传真的实验，传真电报就此诞生了。1913 年，贝兰又成功研制出第一台专供新闻采访用的手提式传真机。次年，用这部传真机传送的第一幅"传真照片"刊在了法国巴黎一家报纸上。1924 年，在美国华盛顿和法国巴黎之间第一次成功地用传真机进行了国际手稿真迹的传输。

　　那么，文件或图像是怎样通过传真机传送给对方的呢？假如你拿放大镜仔细观察报纸上的黑白传真照片，你会发现无论内容多么复杂的照片都是由许多深浅不一、密密麻麻的黑白小点儿组合而成的。如果点子多而且密，照片就会更清晰。传真通信的原理与此如出一辙。传真时，文件图像被分解成一个个像素，在扫描设备和光电转换器件的作用下，这些深浅不同的小点子变换成为相应强弱不同的电信号，然后放大调制，将其变成适于通信传输的传真信号送到对方。接收端与发送端刚好相反，接收端将电信号经过放大解调还原成强弱不同的光点，然后按发送的先后顺序排列组合、还原成像，再通过静电复印、照片或热敏打印等方式进行复制。这样，远在异地的对方收到的文件、图像就与原稿一模一样。

　　在传真通信中要注意这样一个问题，即发送端的图像分解和接收端的图像合成必须步调一致、同步进行。具体说来，就是扫描图像要有相同的起始点顺序，扫描图像的分解和合成要有一致的速度。否则，复制出的图像就会失真，甚至连辨认都比较困难。

　　传真机扫描顺序是从上到下，从左到右。现代扫描设备采用的是以电子方式进行的平面扫描，这种设备结构简单，扫描速度快，可靠性也高。

　　那为什么一直到近几十年，它才取得了长足

　▧ 传真机

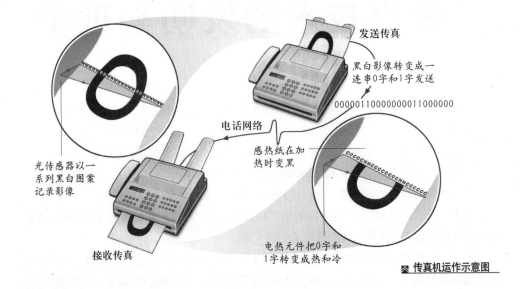

发送传真

黑白影像转变成一连串0字和1字发送

0000011000000001100000

电话网络

感热纸在加热时变黑

光传感器以一系列黑白图案记录影像

接收传真

电热元件把0字和1字转变成热和冷

⚜ 传真机运作示意图

发展并得到广泛应用呢？这是因为传真技术与电子、机械、光学、化学等多个领域中的先进技术息息相关，而且发送一页传真，要占用长途电话线路的一段时间，因而将耗费许多资金，所以传真机的普及和发展受到了技术上和经济上的限制。

随着通信技术的发展，如今人们已经开始广泛使用传真通信，因而各种各样的传真机被研制开发出来。按占用电话线路来分，可分为单路传真和多路传真；按传送文件、图像的色彩来分，则可将其分为相片传真机、真迹传真机和彩色传真机；按某些特殊用途来分，又可分为用户传真机、气象传真机、报纸传真机和信函传真机。此外还有将录音电话和传真功能相结合的多功能传真机。

在电脑时代，传真技术得到了极大的改革。把一块传真功能卡和相应的收发传真的软件安装在电脑上，就能对传真机的功能加以模仿，计算机数据代码也就变成了传真信号，这样就能按照人们设定的程序，通过电话线收发传真了。用电脑发送传真的功能有很多令人难以想象的地方，不管是发送或接收传真，电脑都可以处理其内容。

人们现在正在研制与笔记本电脑配合使用的传真卡。外出办事的人可以将笔记本电脑连上移动电话或车载电话，通过空中信道，随时随地发送传真。如今，除了在工作领域广泛地使用传真通信以外，传真还进入了生活领域，为人们的生活提供了极大的便利。

扫码获取更多资源

应用科学与
当代新科技

Application Science and

Contemporary Technology

计算机的研制历程

在现代社会中，人们可以尽情享受网络带给我们的方便和快捷，当你在网上冲浪、遨游时，离不开网络的载体——电子计算机。电子计算机发展到今天，其功能已向着智能化的方向发展，人类也因此步入了信息化时代。而电子计算机的发明则经历了一个漫长的过程，无数人为它的发明和创造做出了贡献。

17世纪，机械计算机的出现，使得计算机技术向前跨了一大步。1642年，法国著名数学家帕斯卡制成了第一台机械式计算机，该机器只能进行加法运算。1818年，法国人托马斯设计出来一种比较实用的手摇式计算机，开创了计算机制造业的先例。

从18世纪到20世纪初，西方国家许多人都致力于改进这种落后于实际要求的计算机。英国数学家巴贝奇就是其中之一。历史上第一个实现利用程序完成连续运算的计算机——差分机，就是巴贝奇设计的。

巴贝奇是英国剑桥大学的高才生，他对计算机的研究工作从学生时代就开始了。当时广泛使用的航海图中存在着许多数值计算方面的错误，巴贝奇发现之后便开始设计制造一种既能像以前的计算机那样完成一次独立运算，又能按操作者的意图完成一系列计算的机器。他称这种计算机为差分机。为了研究更精密的差分计算机，他先后画了几百张图纸，制作了许多台样机。经过了10年的苦心研究，终于设计出了更先进的计算机。但由于当时制造业还不具备加工精密机械零件的技术，所以，巴贝奇的设计思想无法实现。虽然巴贝奇申请到了英国政府的资助，但是这项开拓性工作需要耗费大量的资金，由于没有足够的研究经费，这项研究就此搁浅了。

进入了20世纪40年代后，近代意义上的电子计算机才开始了真正的发展和突破。20

答案在这里出现　　从这里拨入数字

帕斯卡计算器复原模型
为了帮助身为税务官的父亲，帕斯卡于1642年创造了一部计算器。这个计算器有很多齿轮，并且这些齿轮的同心圆环上有数字。将待加减的数字拨入，答案就会出现在后面的小孔里面。

世纪40年代，原子弹、火箭、导弹技术迅速发展。第二次世界大战非常紧张激烈，交战双方都想在装备上胜对方一筹，科学家在各自立场和热情的驱动下加紧进行各种研究。在研究过程中，出现了极其烦琐、复杂的数学计算问题，而手摇式、机械式计算机不仅劳民伤财，而且最令研究人员不放心的是，其精确度难以保证。现实迫使人们对机械式计算机作根本性的变革。

20世纪40年代初，以莫西莱、艾克特和格尔斯坦等组成计算机研制小组研制出了世界上第一台电子计算机。

第一台电子计算机看上去像庞然大物。但它比

» 世界上第一位计算机程序师——艾达

她是英国人洛夫莱斯伯爵夫人，也是拜伦伯爵的女儿，还是世界上第一位计算机程序师。现代编程语言ADA即取名于数学家艾达。微软证书的防伪水印标志就是这位伯爵夫人的肖像。

TIMELINE
计算机大事年表

1804年　约瑟夫－玛丽·雅卡尔（法国）开发了第一套穿孔卡片控制系统（1805年获得专利），用此原理研制的雅卡尔织布机被称为第一台可编程机器。

1835年　查尔斯·巴贝奇（英国）设计了"分析机"——理论上的第一台可编程的计算机。洛夫莱斯伯爵夫人（英国）为这台机器编写了一段程序，由此成为第一位计算机程序师。

1855年　乔治·舒伊茨（瑞典）根据巴贝奇所创的分析机的原理设计出一种简化版本，成为第一台实用的可编程计算机。

1884年　赫尔曼·何勒里斯博士（美国）为何勒里斯制表机申请了专利，这是第一台为处理数据设计的机器（1889年获得专利）。

1943年　"巨人"计算机，由马克斯·纽曼教授和艾伦·图林设计，汤姆斯·弗劳尔斯（同为英国人）制作，成为第一台可编程的电子计算机。

1950年　通用自动计算机1号（Univac）成为第一种商业计算机，由雷明顿·兰德公司生产上市。

1958年　在得克萨斯器械公司供职的杰克·基尔比开发出第一套集成电路，或称微芯片（1959年申请专利，1964年获得专利）。

1983年　美国泰迪公司（原名为无线电屋）推出了第一台膝上型电脑。

机械式计算机要快好几百倍。它还有一个特点，即整个计算过程都是按照预先编好的程序自动进行。

继之利用半导体材料制成的晶体管催生了第二代计算机，第二代计算机的体积只相当于并排摆放的大衣柜，可它的计算速度却提高到了每秒几百万次。

后来集成电路的出现把电子计算机推进到了第三代。这时的计算机体积只有半个写字台大小，而运算速度却提高了数十倍。当集成电路向着大规模方向发展时，由这种大规模集成电路制成的计算机的体积则小到如同一个香烟盒，可以放在口袋里随身携带。

人们不仅要求计算机有计算的功能，而且希望它具有智能。20世纪80年代开始研制的第五代计算机已经有了一定的逻辑判断能力，计算机发展已步入智能化时代。

磁芯存储器的发明

存储器是计算机系统的重要组成部分之一，没有存储器，计算机就什么都干不了。现代计算机存储器的制造技术已相当发达，但是你知道最早的存储器是什么样吗？它的发明者是谁呢？

最早的存储器是以磁芯为媒介，它的发明者是著名的物理学博士、美籍华人王安。其实王安发明磁芯存储器是一件很偶然的事，就像牛顿从苹果落地发现了万有引力定律一样，王安则是从苗圃里获得了启示。

王安进入哈佛大学后，哈佛大学计算机实验室的主持人、著名计算机专家霍华德·艾肯很欣赏他。王安进实验室还没到 3 天，艾肯就问他能不能承担计算机存储器的设计工作，王安毫不犹豫地答应了下来。接下任务后，王安认为磁芯是存储器的最佳材料，但是存在一个不好解决的问题，那就是读取信息时，给（或者输入）脉冲，磁芯就能够存储“1”（或者是“0”）；但是磁芯输出脉冲时信息又丢失了，这不能满足读出信息时必须保护信息的要求。怎么办？王安冥思苦想了整整 3 个月仍不能找到解决问题的突破口。

几个月过去了，研究设计工作毫无进展。有一天王安在校园里漫步时，忽然发现，绿化校园时，从苗圃移走一棵什么树，在苗圃原来的地方，再栽一棵同样的树，苗圃的状态就会保留下来。王安大受启发，拍了拍脑袋对自己说：为什么脑袋里一直只想如何解决读出信息时不破坏信息这个难题，而忘了任务的目的呢？自己的目的不就是取出信息并且还保存好这些信息吗？要是换成自然界常见的处理方法，问题就很简单了。他采用移树后再栽树的办法，把任务变为：第一步取出保存的信息，送到需要用的地方去；第二步立即把这一信息复制并存进原来的地方。这样就满足了取出信息和读出信息时不破坏信息的要求。

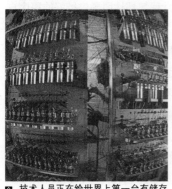

※ 技术人员正在给世界上第一台有储存程序的计算机输入数据。

就这样，王安发明了磁芯存储器，并申请了专利。由于王安在磁芯存储器方面的成就以及对计算机发展的贡献，1986 年 7 月他被选为全美最杰出的移民之一，美国政府颁发自由勋章给这位美国继爱迪生、贝尔等人之后的第 69 位大发明家。1988 年，美国总统里根给王安颁发了“杰出成就奖”。

未来的计算机是什么样的

▨ 这种佩戴式计算机可以为外出人员提供全套办公设备。

　　早在 1964 年，英特尔公司创始人戈登·摩尔就断言：传统硅芯片计算机的速度每 18 个月翻一番。这就是计算机界著名的"摩尔法则"。那么，下一代计算机是什么？科学界的回答是：生物计算机、光子计算机和量子计算机。而有关这些方面的研究和探索，将有可能引发下一次超级计算技术的革命。

　　就目前来说，所有这些新设计都还不成熟，大多数仍处于计划阶段。即使是那些有了工作样机的设计也还太粗糙，无法与硅计算机的便利性和有效性竞争。

　　科学家们预测，未来家庭中的日常设备和家用电器都将拥有"智能"。因此家庭管理计算机是未来计算机的又一种表现形式。将来，计算机为了为主人服务会自动调整自己的状态。各种各样的家用电器借助嵌入式处理器将更加智能化，电冰箱可以在线订购牛奶，微波炉可以自动上网下载菜谱。嵌入式处理器价格低廉，耗电量少。

　　要是将人的神经系统与计算机连接起来，那会是什么样的呢？目前，德国生物化学研究所的科学家马克斯·普朗克，在人类寻梦的道路上迈进了一大步，他成功地将动物神经细胞与芯片进行了连接，并实现了神经网络与芯片相互间的信息传递。这一研究的成功可以说是意义重大，将来人们可以将这一技术用于仿生器官的制造。未来的计算机将成为人体的一部分，微芯片将被最终植入人们的大脑中以使人们能以更便捷的方式控制周围的各种计算机。因此，生物化学电子技术是一项大有可为的新领域，前景广阔。

▨ 未来的智能化计算机，人坐在上面既可以工作，又能享受到计算机提供的保健服务。

　　20 世纪科学技术获得了迅猛的发展，电子信息技术给人类生活、人类社会带来了广泛而深远的影响。21 世纪的今天，信息技术革命更为我们提供了无限的可能性，计算机和网络技术定会更为深入地渗入到我们生活的方方面面，不管未来计算机以什么形式出现，它肯定会更有效地帮助人类按照自己的意愿去开拓和创造生活。

211

身手不凡的
神经计算机

电脑即电子计算机，已是现代生活的重要组成部分，它在逻辑判断、数值运算和存储记忆等方面，完全可以和人脑相媲美，甚至具有人脑所不具备的优势。但是，电脑

◤ 微型集成电路片、微晶片，这是神经计算机的重要构件。

仍然不能替代人脑，这是因为电脑不具有创造能力，它在形象思维方面远远逊色于人脑。

最简单的例子是：一个一两岁幼儿能识别他周围的生人和熟人，甚至能从任何角度很快地认出自己的妈妈，而目前的计算机对此却望尘莫及。这说明它的创造性智力水平还不如一个小孩子。

为什么人脑比电脑更聪明呢？这是因为人脑采用"并行处理方式"完成任务，即许多神经元同时协作完成同一任务。由于人的大脑皮层内约有 120 亿～ 10000 亿个神经细胞，每个神经元可同时连接多达 10 万个其他细胞，千千万万的神经元便组成庞大的神经网络，大脑采用分工合作、齐头并进的并行处理方式，其工作效率自然就提高很多了。而计算机

◤ 尽管计算机在工业领域起到举足轻重的作用，但是目前计算机仍然是按照人类设计的既定程序来工作的，故而它的创造性智力水平远不及人类。

▨ 自动化机器人
未来的家用机器人有可能会根据口令从事家务劳动。

声控指挥中心

轻便折叠机器人手臂

有轨底座

采用的是"串行处理方式",即把事物分解成许多前后相连的步骤,再按顺序一步步去完成。对于识别图像和事物来说,采用并行处理方式,无疑要快得多。

那么电脑有没有可能也采用"并行处理方式"呢?1990年,美国科学家霍普菲尔德提出了神经网络模型。这个模型就是使计算机仿效人类的神经系统进行工作,使计算机具有类似人的学习的功能,能像人的脑神经元那样并行处理数据,又具有联想能力,甚至还有自我组织能力,即在多

在温室内,这种由计算机控制的灌溉系统可按照植物最理想的生产模式提供足够的水分。

次处理同类问题后,能把各种神经元连接成最适于处理这类问题的网络。

虽然神经计算机目前处于研制开发阶段,但它的"本领"已逐渐显露出来。它不仅具有识别图像的能力,而且能够识别声音,不同的方言和不同人讲话的声音都难不倒它;此外,它还具有能控制机器人运动的运动控制本领等。总之,它已具有接近于人脑的创造性智能。

目前,神经计算机的研制和开发已得到了世界各国的重视,一些国家如美国、日本等不仅投入了大量的经费,而且集中了大量的科技人员,并制定了专门的开发计划。这种仿效人脑的电脑有望成为第七代计算机的典型代表。现在,以光为载体的光神经计算机已经问世,日本科学家于1990年制成的光神经计算机在识别26个手写拉丁字母方面和人类已没有什么差别。我们相信,随着研究的不断深入,神经计算机将会具有人的一部分思维,甚至有一天能像人一样会独立思考,这样,人类将获得更大程度的解放。

世界国际象棋冠军卡斯帕罗夫与深蓝计算机对弈,结果"深蓝"凭其1秒钟测算2亿种走法的速度战胜了象棋冠军。

机器人——人类的忠实助手

早在很久以前人们就期望能够创造一种机器以帮助人类完成各种困难繁杂的任务。机器人的诞生使人类的梦想终于成真。

自从首台机器人在 20 世纪 60 年代末问世以来，目前世界上活跃在工业生产、工程抢险、海洋打捞、服务行业、医疗卫生等领域的机器人共有 67 万台之多。使用机器人不仅能够提高几倍到几十倍的劳动生产率，而且还能节约能源和原材料，提高产品质量，把人类从有害、有毒、危险恶劣的环境中解放出来。因此说机器人技术对经济的发展和人类社会的进步具有深远影响。

现在，机器人已在一部分喷漆、焊接以及装配工作中担当了主角。喷漆是一项十分繁重而又使人厌烦的工作；而且，长期从事喷漆工作还容易得职业病，患上二甲苯中毒症。目前发达国家的机器人几乎承担了全部的喷漆工作。而负责电弧焊的机器人则更无愧于"优秀焊接工"的称号，由于加入了更多技术含量，使电弧焊机器人能观察焊接状态，决定焊接条件，如电压的强度，并通过控制程序对这些数据进行贮存和计算，对零部件实现自动焊接。

我们常用"蓝领工人"和"白领工人"来称呼工厂中的体力劳动者和脑力劳动者，那么，称呼活跃在工厂的不穿工作服的机器人为"钢领工人"，就更名副其实了。

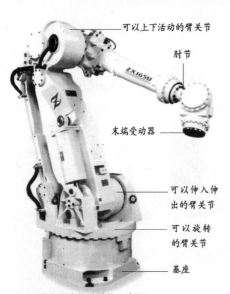

可以上下活动的臂关节

肘节

末端受动器

可以伸入伸出的臂关节

可以旋转的臂关节

基座

❑ 工业机器人构造结构示意图

最初的机器人被称作是"示范再现型机器人"，它只有一只机械手，能够学会一些简单的动作。但要通过人反复示范、多次重复来教它学习。所以，专家们就给它取了这样的名字。作为不知辛劳的工人，机器人活跃在生产第一线，深受人们赏识。

后来，视觉传感器和听觉传感器被加在了机器人身上。这时的机器人就像是长出了"眼睛"和"耳朵"，稍微复杂一些的工作它也可以做了。随后，装有力觉传感器的机器人也诞生了，它能轻轻地、不把鸡蛋捏破地抓放鸡蛋，还能进行精密的装配工作。

机器人发展的高级层次是具有"大脑"的智能型机器人。它像人一样具有感觉，也就是说它能将味觉、触觉、嗅觉甚至听觉融合在一起。智能机器人，是机器人家族中的佼佼者。它能进行逻辑分析、推断决策，并且有自觉和自制的能力。由此，我们可以这么说，机器人也在进化，这点也是和人一样的。

机器人勤勤恳恳不辞劳苦，从繁重的体力劳动到精密的装配工作，都干得得心应手。机器人还能装配机器人，为自己"传宗接代"。机器人还特别勇敢。不管是幽深的海底，还是高远的太空，甚至是面对让人谈"核"色变的反应堆，它们都有胆量闯一闯。

机器人常在海底寻找飞机残骸和遇难船只。比如1985年6月23日波音747客机在大西洋上空失事，它的黑匣子，就是机器人"圣甲早10号"在海底找到的。美国航天飞机"挑战者号"爆炸后的残骸搜寻工作也是机器人协助完成的。

日本研制的机器人，它可以代替人在高温、有毒的环境中工作。

而机器人更是实现了人类的太空梦。1997年7月4日美国"漫游者"六轮火星探测机器人在8个月的漫漫旅途之后登上了火星，开始了探险的历程。

1986年，机器人参加了苏联切尔诺贝利核电站事故的抢险工作。由于核电站对人体有辐射作用，这使机器人有了大显身手的机会。核反应堆里的机器人具有很强的自我适应性。这种机器人，除了移动和旋转自由灵活外，还具有视、听、触等感官，与刚开始的机器人相比，已经有了很大的发展。

机器人不仅直接参加生产活动，还为人类提供多种服务。在国外，经常抛头露面的"娱乐机器人"，由于能歌善舞，能说会道，很招人喜欢，它们常在展览会上接待客人，招揽生意，这已经不再是新鲜事了。另外还有些服务型机器人，它们可以照顾残疾人，为盲人引路，甚至可以为家庭和公共场所提供清扫卫生等服务。

另外新一代的智能机器人已经在医护领域初露锋芒。在美国，机器人成功地为一名心脏病患者施行了心脏手术并进行了缝合。由于机器人精确度高，且不含感情色彩，使预定的方案能够丝毫不差地在病人身上实施，所以，称它为"最冷静的外科医生"不足为过。

当今机器人的发展日新月异，世界机器人目前的平均密度是万分之一，也就是说，每1万人就拥有1台机器人，到21世纪中叶，将会发展到平均1000人就拥有1台机器人。美日等国都制订了大规模的机器人发展计划。机器人的发展前景是美好的。智能化、小型化是机器人的发展方向，而且将来机器人也会更灵活，更精确，更便于使用，也更安全可靠。

相信在不远的将来，机器人也会走进你的生活，或许它还会成为你的家庭一员。将来有一天，机器人或许也会变得像人一样充满感情……

神通广大的
微型机器人

这台用于搜取情报的微型间谍装置是利用微缩工程技术制造出来的，长度仅有25毫米，其电动机的直径仅有2.4毫米。

说起机器人大家一定不会陌生，但知道微型机器人的人恐怕就不多了。所谓微型机器人，是指一种很小很小的机器，它是人类了解和认识微观世界的手段之一。微型机器人的组成部分包括机械部分、传动部分、传感器和动力部分，微型电脑控制它的所有动作。微型机器人神通广大，可以完成许多人类无法做到的事情。

比如，微型机器人可以为人类治病。最近，日本的科学家研发了一种可以被"注射"到病人血管里的机器人，它能随着血液的流动到达患病的部位，清除血管里出现的粥状硬化肿块、斑块、血栓等。医生可以在病人体外通过仪器来对机器人的工作进行观察。这种治疗方法简便可靠，免去了病人开刀的痛苦。如果病人不愿意"打针"，还可以吃由超微型电脑做成的"小药丸"。别小瞧这"药丸"，它上面可有着"千军万马"。"药丸"的表面有着很多传感器，这些传感器有的会测心率，有的会量血压，还有的会"侦察"，专门对细菌的分布情况作侦察了解。这粒"小药丸"被病人吞到肚子里之后，就开始收集情报然后输送到超微型电脑里。再由超微型电脑计算出病人应服多少药物，然后启动阀门开关，从"药丸"的仓库里输出药物，自行治疗疾病。

微型机器人
可以用来处理家务，照顾老人和小孩。

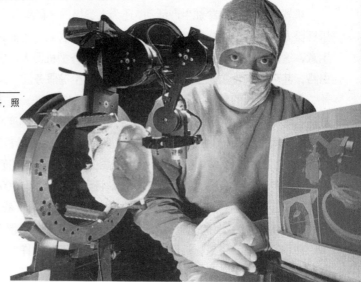

计算机操控下的机器人，能帮助医生准确无误地找出病人的发病区域。

不仅如此，微型机器人还能够融合2种不同的植物细胞，培养出新的植物，这样培养出来的新植物便具备原来2种植物的全部优点。超微型机器人在这个实验中起到了一个关键性的辅助作用。

植物的细胞就像个鸡蛋，外面裹着一层硬硬的壳，叫细胞壁；里面呢，是"蛋清"和"蛋黄"，也就是细胞液和细胞核。细胞融合技术真正要融合的是细胞核。可是细胞壁那么厚，力量小了，穿不透；力量大了，细胞壁是穿透了，可细胞核也被破坏了。最初，研究人员是将一大群待杂交的2种植物的细胞，通过化学方法，去掉所有的细胞壁，于是细胞就变成一个个光光的裸细胞核，然后再使它们自由组合、配对，形成一个个新的细胞。这样虽然融合成功，但存在着很大的弊端，因为会发生同类合并的情况。相同种植物的细胞相结合后，很难保证结合成功的细胞一定是最优秀的细胞。所以，这种方法的成功率很低。

图 这种机器人能够抓住个人脸部的特征，记忆人的面孔，有记忆功能。

图 新一代机器人能够像人类一样自由地谈话和行走。图中的这种微型机器人可以帮助家中的老年人做一些日常琐事。

发明了微型机器人之后，这个大难题就得到了解决。它的原理是，分别在预先选好的各种植物细胞壁上进行作业，在打穿了它们的细胞壁后，吸出其中一种植物的细胞核，再放入另一个细胞中，使它们2个细胞核很容易结合起来，大大提高了成功率。如20世纪80年代初，联邦德国一家研究所的工作人员把土豆和西红柿的细胞融合在一起进行杂交，结果得到了一种新的植物。它的地面部分结出了西红柿，地下部分却长满了土豆。

微型机器人不仅能治病，还能创造新生命，帮助人类探测未知世界，真是神通广大。随着科技的发展，我们相信微型机器人会更完善、更全面地为人类服务。

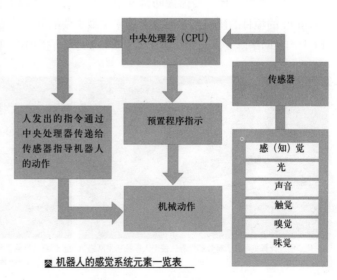
图 机器人的感觉系统元素一览表

217

怎样有效地利用网络

当今社会计算机网络技术发展迅猛，已经在很大程度上改变了人们的生活，我们常说21世纪是互联网的时代，那么到底什么是国际互联网？它有哪些具体功能？怎样才能更有效地利用网络呢？

国际互联网 Internet，就是通过通信线路将世界各个地方的计算机连接起来，大家制定协议，都遵守共同的规则，以使共享信息资源的目的得以实现。

借助一种在网络上查询信息的工具软件——网络浏览器，你就可以登录到世界上任何一台允许查看的电脑上，与它共享所存储的信息资源。这些多媒体信息不仅仅是文字，还包括图片、影像、声音等。当你对某一内容感兴趣，只要用鼠标点击其中一份资料中的某个关键词或图片，你就可以在浏览器的帮助下链接到另一份相关的画面或资料上。被链接的图片或资料未必存在同一台计算机上，可能该信息的来源是在相距极为遥远的一台计算机上。而且在新获得的资料中，你又可以用鼠标点击新发现的感兴趣的资料或图片，从而被链接到另一份资料中去，这样持续操作，可以使信息间的链接一直继续下去。而这样的链接又好像我们翻阅图书时，对你不太明白的地方去查阅书中注释一样及时。

自从计算机出现以来，这一行业便得到了飞速的发展，硬件和软件的技术水平也在不断提高，这使得小型计算机网络遍布世界各地，并得到快速繁衍，但这种发展也是不平衡的，于是，人们开始寻求一种方法，通过这种方法使世界各地的所有的网络都能连为一体。

20世纪90年代，美国国防部向世界公布了一个为了军事而研究的叫作 Internet Project 的项目的研究结果。这个结果中最重要的部分是2个重要的文件传输协议，即 TCP/IP 网络协议。这2个协议的重要性在于，它们确定了一种在不同的计算机网络之

🔲 用户通过计算机网络了解外部世界，使个人单独享受网络快乐成为可能。

🔲 网络已日渐成为人们互相沟通的重要交流工具，有效利用网络可以对工作、学习有很大帮助。

间传送文件和命令的方法。只要国际互联网的所有使用用户都共同遵守这一准则，网络传递和信息共享便可以实现。换句话说，TCP/IP 网络协议是计算机联网、全球信息资源共享的基础，它使这一切变为现实。

1994 年，世界各地的大约23 个大大小小的计算机网络在TCP/IP 协议的基础上终于实现了互联，人们一直以来对国际互联网的设想也真正地变成了现实。互联网发展速度极为迅猛，用户数量不断增加。据统计：1996 年全球上网人数仅为 2000 万，1998年已增至 1.5 亿，到 2000 年全球已有 5 亿人涉足网络。

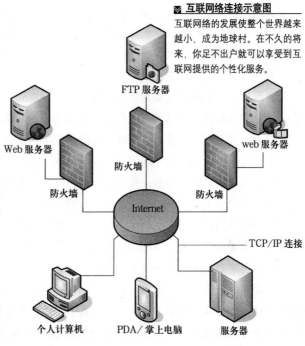

互联网络连接示意图

互联网络的发展使整个世界越来越小，成为地球村。在不久的将来，你足不出户就可以享受到互联网提供的个性化服务。

FTP 服务器

Web 服务器

web 服务器

防火墙

防火墙

防火墙

Internet

TCP/IP 连接

个人计算机　　PDA/ 掌上电脑　　服务器

国际互联网像一座藏着无数珍宝的迷宫一样，一旦你走进去，大量信息妙趣横生，无论对你有用没用的信息都会令你流连忘返、眼花缭乱、目不暇接。同时，又能激发你的好奇心和兴趣，让你不断深入地浏览下去。国际互联网就像波涛汹涌的海浪，扑面而来，势不可挡。国际互联网带给我们的帮助和乐趣不但是巨大的也是多方面的。

"数字图书馆"就是其中的一项，这个概念是 1994 年 10 月由美国国会图书馆首先提出的。具体说来，"数字图书馆"就是将所有文字、声音、图像等信息经过计算机处理，转变成数字化形式，再进行展示，并通过网络技术使这些数字化的信息得以存储和传播。

国际互联网使"数字图书馆"的建立成为可能，从而实现人类信息资源在全球范围内的共享这一梦想。

现在，随着计算机技术的发展，图书馆中已经出现了新型信息载体，从早期的录像带、录音带、缩微胶片到当今流行的电子图书、电子期刊、激光唱盘、全文数据库、激光视盘、教学软件、电子软件等，人们获取信息的途径已经大为增加，印刷类型的图书文献已不再是单一途径。

如果"数字图书馆"得以实现，读者的活动范围将不会仅仅局限在一个或少数几个图书馆中，而是待在一地就可以利用全球图书馆的文献和网上信息，而且所有网上开放的图书馆读者也都可以访问到。计算机的目录数据库可以帮助读者从多种途径检索馆藏图书，而且就算是其他图书馆的馆藏图书也可以在它的帮助下检索，这就取代了现在图书馆中体积庞大的目录柜。未来的"数字图书馆"中纸介质的文献将不再存在，图书馆中的资料和信息将转化为数字形式存在，而这具有众多的优点。首先，它们占据的空间非常小，甚至不占据空间。其次，这可以使现在各图书馆中某些读者很难接触到的珍贵图书，在经过数字化处理后，在计算机上被反复调阅，而且这些艺术作品的电子复制品的效果也是十分逼真的。最后，电子图书大多数是用多媒体技术制成的，这使它们不仅图、文、声并茂，有的还添加交互功能，使读者可以与多媒体图书进行对话，进行沟通式阅读，而不是被动地接受信息，甚至可以使读者参与到图书的创作中，那时我们将拥有博物馆式的图书馆。

除此之外，计算机和互联网还具有其他强大的功能。计算机网络如今已深入到各行各业，渗透到生活的方方面面，并展示着它强大的功能和无穷的潜力。

网上会诊便是其中的一项，它通过计算机网络强大的信息互联功能，在互联网上针对一种病症展开讨论和研究，征求多方意见，找到最为合适的治疗方案。实际上，它是把全球的医生联系起来，使一个病人得到全球众多最优秀的医生的治疗。1995年3月，山东少女杨晓霞进京求医。大医院专家经过会诊，对这种久治不愈的怪病仍然一筹莫展，只能眼看着病情一天天加重。中科院高能所的几位专家得知此事后，整理了杨晓霞的病历，在国际互联网上发出求救信息。500多封电子邮件，在短短2周内发到了主治医生的手上。许多医学专家都提供了诊断和治疗的方案。医学专家们参考这些信息，并进行反复讨论和研究，终于确诊病因为一种细菌噬食肌肉的病症。1994年夏天，这种病症曾在英国发作并导致多人死亡。医生对症下药，使杨晓霞的病情很快得到了控制，并取得了好转。至今，网络会诊已经使不少病人得到诊治和帮助，这都是计算机网络为我们带来的好处。

在互联网上进行学习也是计算机网络的一项

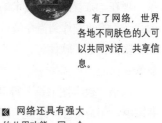

※ 有了网络，世界各地不同肤色的人可以共同对话，共享信息。

≪ 网络还具有强大的共用功能，同一个信息可供多人同时使用。

强大功能。未来信息社会，知识更新的速度加快，人们必须不断学习才能适应瞬息万变的社会。从网络上不断吸收新知识是每个人都应学会的。网络上的知识不像过去的教学大纲中那样按树状或线性组织，它是一个无穷联系的网状结构知识体系；围绕人类所创造的全部知识进行综合学习，才是未来学习的趋势。因此未来一个人选择知识和吸收有用知识的综合能力的高低，将成为判断他学习能力的标准。网络可能会引发令人吃惊的教育革命。有一天大学可能将不复存在，21 世纪没有围墙的网上学校将成为终身教育和全民教育的主要渠道。

计算机互联网的强大功能是很难想象的。只要有 1 台电脑和 1 根网线，无论你在地球哪个角落，都可以看到或听到世界上发生的任何事情，随时

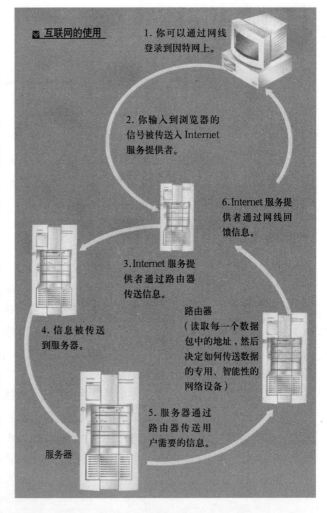

☑ 互联网的使用

1. 你可以通过网线登录到因特网上。

2. 你输入到浏览器的信号被传送入 Internet 服务提供者。

6. Internet 服务提供者通过网线回馈信息。

3. Internet 服务提供者通过路由器传送信息。

路由器
（读取每一个数据包中的地址，然后决定如何传送数据的专用、智能性的网络设备）

4. 信息被传送到服务器。

5. 服务器通过路由器传送用户需要的信息。

服务器

随地的消息更新使你能认识全新的世界。不管是远古时代的恐龙，还是伦敦股票交易市场的即时行情，又或者是世界各地的美景，甚至于电视台的实时新闻报道，都可以在小小的显示屏上显示。国际互联网的出现使我们真正消除了地球上的空间感和距离感。

国际互联网的探索者们孜孜不倦地求索，使计算机网络能够突飞猛进地发展。计算机网络对人类生活的影响也将会越来越大。作为一个现代人，我们应当不断学习计算机和网络的各种知识，更好地利用计算机来学习、工作和生活。

地球上最好的清洁燃料——氢

氢是自然界最轻的化学元素，在自然状态下，氢是无色无味的气体，它主要蕴藏在水中，而地球表面约 70% 为水所覆盖，因而氢在地球上的储量是极其丰富的，可以说是用之不竭的。

氢是一种理想的能源。用氢做燃料，燃烧后的主要生成物为水及少量的氢氧化物，不会产生导致"温室效应"的二氧化碳，因此有人把它称作地球环保的"救星"。氢燃烧放出的热量也非常大，1 千克氢燃烧时，可以放出 142000 千焦的热量，相当于汽油的 3 倍。氢作为气体燃料，首先被用在汽车上，它不会像普通汽车那样排放有毒有害的气体，不会污染环境。现在氢已经是飞机、航天火箭、航天飞机最常用的燃料，因为氢体积小，重量轻，能量大，燃烧时间长，容易控制，所以，人们已经将氢誉为"21 世纪的理想能源"。

◤ 氢气重量很轻，可以用来充气球、飞艇等，或作运输工具使用。

现在人们常用的制氢方法，主要是以煤、石油、天然气为原料，让其在高温下与水蒸气反应，从而得到氢。可是这样做会消耗大量能源，也会污染环境，因此得不偿失。

一些工业部门使用电解水的方法制氢。然而，电解水要耗费大量电能，成本非常高。

一些科学家还对植物叶绿素的光合作用进行模仿，从而得到氢。植物的叶子中有一种叶绿素，能够吸收阳光把水分解成氢和氧。释放出来的氧可以净化空气，而氢与二氧化碳作用可生成碳水化合物，这是植物生长所必需的养分。假如可以造出模仿植物光合作用的装置，同

◤ 氢气还可以用来做汽车的燃料。它干净、无污染，是未来汽车的主要燃料。

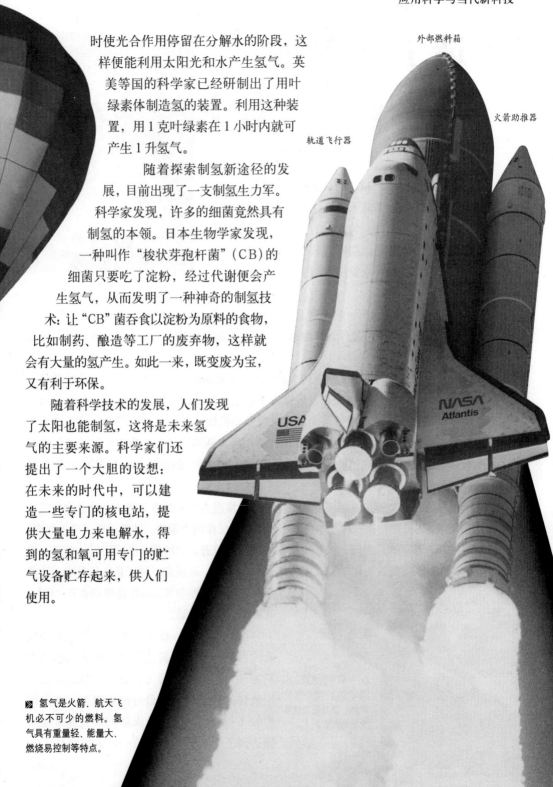

时使光合作用停留在分解水的阶段，这样便能利用太阳光和水产生氢气。英美等国的科学家已经研制出了用叶绿素体制造氢的装置。利用这种装置，用1克叶绿素在1小时内就可产生1升氢气。

随着探索制氢新途径的发展，目前出现了一支制氢生力军。科学家发现，许多的细菌竟然具有制氢的本领。日本生物学家发现，一种叫作"梭状芽孢杆菌"（CB）的细菌只要吃了淀粉，经过代谢便会产生氢气，从而发明了一种神奇的制氢技术：让"CB"菌吞食以淀粉为原料的食物，比如制药、酿造等工厂的废弃物，这样就会有大量的氢产生。如此一来，既变废为宝，又有利于环保。

随着科学技术的发展，人们发现了太阳也能制氢，这将是未来氢气的主要来源。科学家们还提出了一个大胆的设想：在未来的时代中，可以建造一些专门的核电站，提供大量电力来电解水，得到的氢和氧可用专门的贮气设备贮存起来，供人们使用。

外部燃料箱

火箭助推器

轨道飞行器

NASA
Atlantis

USA

氢气是火箭、航天飞机必不可少的燃料。氢气具有重量轻、能量大、燃烧易控制等特点。

人造卫星怎样 "飞" 上太空

人造卫星就是由人工制造的、能够环绕地球在空间轨道上运行的无人驾驶的航天器。这些环绕地球、在空间轨道上运行的人造天体，为我们的生活提供了很多的服务，比如它能给地球传回清晰的云图变化情况，为天气预报提供准确的信息；它能使人们坐在家里就可收看到全世界发生的新闻等等。

正在发射的运载火箭。

自从1957年苏联发射第一颗人造卫星以来，全世界至今共发射了近5000颗人造卫星。现在，人造卫星上天已不再是什么新鲜事了，但是万事开头难，人造卫星首次 "飞" 上天空并不是那么容易的事。

讲到卫星上天，我们还得先从近代火箭说起。齐奥尔科夫斯基是俄国一名中学教员，他双耳失聪但对火箭理论的研究和发展做出了巨大的贡献。他首先提出巨大的火箭动力应当是液体火箭发动机，并设计了用液体火箭发动机做动力的飞行器草图，还设想用煤油和液氧做燃料来推进火箭飞行。1932年齐奥尔科夫斯基的学生格鲁申柯和赞杰尔进行了一次火箭发动机试验。在试验中，他们使用煤油和硝酸等做推进剂，并于1933年发射了一枚探空火箭。

众所周知，任何交通工具都不能缺少推进力。推进力的来源有2种：一种是推开空气前进，像螺旋桨飞机那样；一种是本身喷出气体，靠反作用力前进，就像喷气式飞机那样。宇宙空间几乎是真空的。因而，火箭没法靠推开空气前进，只能靠自身喷出气体前进。但是，吸收空气后，喷气式飞机的发动机才能工作，所以，必须有一种工具来代替它，这种工具不需要外界空气，而是自带 "喷出物质"，这种工具就是火箭。

当然，利用一枚单级火箭，难以实现航天的目的。单级火箭使用化学推进剂作为火箭的动力，因而，其飞行速度缓慢。即使采用最轻的结构材料、最好的推进剂，在最理想的飞行条件下，单级火箭的最大速度也只能达到7千米／秒，而第一宇宙速度是7.94

早期现代火箭，它是德国 V—2 导弹的载体，是真正现代意义上的火箭。

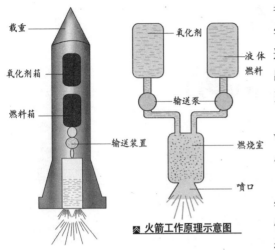

载重

氧化剂箱

燃料箱

输送装置

氧化剂

液体燃料

输送泵

燃烧室

喷口

◙ 火箭工作原理示意图

千米／秒，单级火箭的速度达不到第一宇宙速度，所以要用火箭实现宇宙航行，还要采取别的措施。齐奥尔科夫斯基提出了多级火箭理论，从而使这一难题迎刃而解。

1942年10月，V—2火箭研制成功。V—2火箭的成功在现代火箭史上有划时代的意义。

第二次世界大战后，美、苏两国科学家开始发展各自的运载火箭和航天器。但美对发展远程火箭缺乏热情，其火箭技术进展较慢。在苏联，斯大林预见到远程火箭的巨大作用，因而极其重视远程火箭的研制工作，苏联的火箭技术也因此发展神速。1957年8月26日，苏联发射了两级液体洲际弹道导弹SS—6；同年10月4日，又利用当时世界上最大的运载火箭，即SS—6改装的运载火箭，发射了世界上第一颗人造地球卫星，这颗人造卫星被取名为"斯普特尼克"号。从而，开创了航天史的新纪元，为人类开辟了登天之路。

苏联发射人造地球卫星成功的消息使美国非常震惊。其实，美国早在1946年就有人开始进行人造卫星可行性的研究，但直到1955年7月，美国总统才批准研制"先锋"号计划，并打算1957年7月1日发射卫星。1957年12月6日，"先锋"号卫星由于技术上的原因，并未发射成功。苏联2次人造卫星的发射成功刺激了美国政府，于是，美国加紧对运载火箭的研制，重新把被搁置的弹道导弹改制成运载火箭。在匆忙而又艰辛的研制工作结束后，1958年2月1日，美国终于用"丘比特"运载火箭把"探险者"1号卫星送上太空。这次发射主要由著名火箭专家布劳恩指挥领导。

≪ 德国 V-2 火箭

苏联和美国发射人造地球卫星的成功，引发了许多国家对航天活动的热衷和关注，但由于技术力量和财力薄弱，他们没有力量独立自主地研制运载火箭，只能依靠苏联和美国的力量，或者借助于苏联和美国的运载火箭来发射自己的人造卫星。1962年以后，法国、日本、中国先后发射了人造卫星，使得全世界的卫星数量猛增，人造卫星在不知不觉中成为人类生活的一部分。

人类在太空的住所——空间站

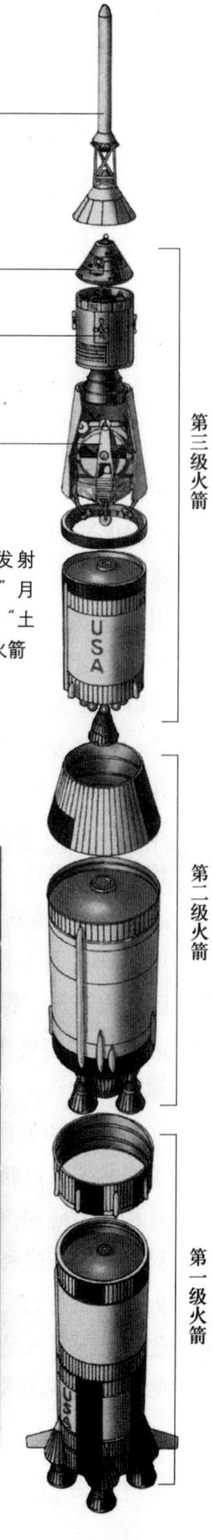
发射塔
指挥舱
服务舱
登月舱
第三级火箭
USA
第二级火箭
第一级火箭

用来发射"阿波罗"月球使者的"土星"5号火箭

通俗地说空间站是航天员在太空的家。他们在那里居住、工作。而这个家则是一个绕地球飞行的航天器。在运行期间，航天飞船或航天飞机把航天员的替换物资和设备送过去。天文和地球的观察，太空医学和生物学的研究，发展新工艺、新技术及航天活动都能在空间站中举行。航天员主要工作场所在轨道舱，休息场所在生活舱。

空间站还有与其他飞船等航天器对接的对接舱，航天员在轨道上出入空间站的气闸舱，及装置生命保障系统、供电系统等的设备舱。这些都是空间站的重要组成部分。算起来空间站发射已有近30年的历史了，在这一航天活动领域中的遥遥领先者就是苏联。1971年4月19日，苏联发射了世界上第一个（试验性）空间站"礼炮"1号，总长约12.5米，最大直径4米，总重约18.5吨。它由轨道舱、生活舱和对接舱组成，呈不规则

在国际空间站处工作的宇航员

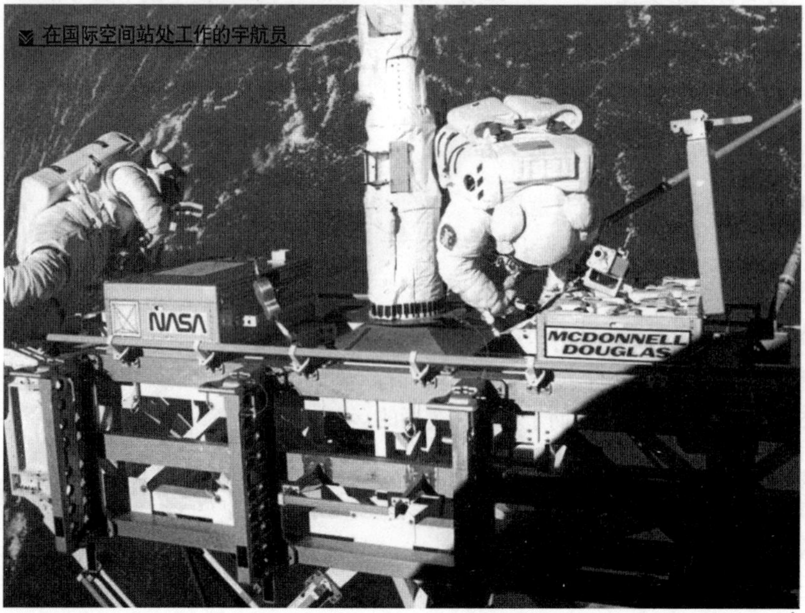
NASA
McDONNELL DOUGLAS

圆柱形，它只有与"联盟"号航天飞船对接的接口。

"礼炮"1号工作了6个月，在进行了载人和不载人的综合性科学考察和对地球的观测后完成使命。

继其之后，苏联又在"礼炮"1号（属于第一代空间站）的基础上先后发射了"礼炮"2～7号6个空间站。

国际空间站，它是人类在太空赖以生存的场所。

美国也曾于1973年5月发射了一个与苏联"礼炮"6号水平相当的空间站。即"天空实验室"，它也是美国发射的唯一成功的空间站。"天空实验室"总长36米，最大直径6.6米，重79吨，像一架巨大的直升机，由轨道舱、气闸舱、多用途对接舱和太阳望远镜等4大部分组成，其轨道舱是用"土星"5号火箭的第三级改制的。舱外有2块能发出3.7千瓦电力、供舱内仪器使用的翼状太阳能电池集光板。1973年5月25日、7月28日和11月16日，美国相继发射"阿波罗"载人飞船进入太空，与"天空实验室"对接成功。先后有3批共9名航天员在站内分别生活和工作了28天、59天和84天，还出舱活动达40多小时。

苏联的第三代空间站——"和平"号空间站的主舱发射入轨完成于1986年2月20日。这个空间站不像其他空间站在地面上一次做完再发射，而是采用模块式结构，先发射基础模块（主舱），再根据需要分别发射单独模块（各种科学实验舱），使它们在轨道上与主舱交会、对接而组成仍继续扩展的空间站，这项工作的难度可想而知。自主舱发射成功后，苏联又将5个科学舱模块相继发射成功，成功对接。它们分别是：(1)1987年4月发射，长5.8米，最大直径4.2米的"量子"1号天文物理舱。主要用于天体物理研究。舱内有重约11吨，配有观测辐射X射线和紫外线的天体物理学伦琴观测台。(2)1989年12月发射的"量子"2号服务舱，长13.7米，最大直径4.4米，重约20吨。这个舱的建立改善了"和平"号的活动空间，增大了电力供应，使全站有了更先进的观测和实验基地，增添了许多新装置和新仪器。(3)1990年6月发射，长12.5米，最大直径4.4米，重约20吨的"晶体"号工艺舱。舱内配有6个材料加工的熔炼炉、4个制新药的电池装置和2台照相机。它的主要用途是进行细胞杂交以及有关天体物理、地球物理等方面的技术实验，工业试生产半导体材料，培养各种蛋白质晶体。(4)1995年6月发射的"量子"4号光谱舱。因苏联解体，苏、美两国间的冷战状态结束，这个原来准备用于试验探测弹道导弹发射和检测外层空间的舱，后来只好改用于民间科学实验。(5)"量子"5号自然舱。1996年4月发射。舱内装有3台辐射计、3台光谱仪、2台扫描仪以及俄法联合研制的用于研究地球大气竖直构造的激光雷达和一部大型合成孔径雷达，还有美国搭载的600多千克的科研硬件。它是俄罗斯最先进和最复杂的地球观测航天器。该舱投入使用后，对于地球生活状况、保护

地球环境和保证美俄联合飞行任务的成功等方面产生了极重要的意义。

自然舱陆续对接成功了，整个过程持续了10年之久，而"和平"号空间站的组装全部完成之日，正是当年宣告的它的10年寿命到期之时。在"和平"号

※》"自由"号永久空间站（左）和国际空间站（右），它们是目前人类在太空进行科研的主要场所，也是最大的人造天体。

空间站工作的10年中，它的运行都很顺利。所以，在1989年底，"量子"2号服务舱发射成功之后，苏联开始了"和平"号的商业经营。美国的蛋白质晶体生成实验装置是它的第一个商业性载荷，56天以后实验成功，美方对结果十分满意。从此，类似的商业经营连续不断，给苏联带来了巨大利润。但是自设计寿命终结后，"和平"号已随着岁月的推移逐渐老化而不堪重负了，有1400多处大小故障被发现。其中有60多处至今未能排除，技术上的缺陷也日渐暴露出来。这座航天大厦摇摇欲坠，事故频频发生。那么，为什么不让这位老迈的大将光荣退伍呢？其实苏联早在20世纪90年代初就已经着手研制在"和平"号基础上改进的"和平"2号空间站，接替"和平"号，并准备让它在1997年左右上天。但是随着苏联解体，俄罗斯出现经济危机，它已无力继续研制新的代替品，甚至连老化的"和平"号都渐成包袱，无力维持。

1984年美国宣布要在10年内建立起比"和平"号规模大得多的永久性航天站"自由"号空间站，以与苏联抗衡。该空间站是一个国际性航天站，欧洲航天局、日本、加拿大都占有一个舱段，但巨大的耗资成了美国国会每年讨论航天拨款时的众矢之的。

1993年4月被讨论了9次、表决了9次的"自由"号的建设计划终于被美国总统克林顿在限制经费额度的前提下批准了。但是这个被压缩了规模的方案，其研制经费和运行管理费仍要超出白宫限定的标准，经费超支的威胁，使美国希望俄罗斯加盟。俄罗斯现成的硬件以及载人航天技术和对大型空间站的管理经验是可以弥补经济上的不足的。于是困难的双方一拍即合达成协议。

美俄之间1993年9月2日签署了一项具有历史意义的航天合作协议。在"自由"号和"和

平"号空间站合作下，一个真正意义的国际空间站"阿尔法"号诞生了。合作者中除美俄之外，美国原"自由"号空间站的伙伴欧洲航天局、日本和加拿大等也加入进去。与"和平"号相比，"阿尔法"号国际空间站有什么不同呢？"阿尔法"国际空间站的结构形式是把各个舱段都建在一根主桁架梁上，统一供电。全站总重达430吨，主桁架梁长为88米，太阳能电池板翼展宽为108米，轨道高度平均为397千米，总容积1200立方米。最终的空间站由美国1个、欧洲航天局1个、日本1个、俄罗斯2个、日美联合的1个共6个实验舱和1个居住舱、2个节点舱（供放置贮备物资及调节电力用）的服务系统、运输系统等组成。全站的建设分3个阶段进行。1994年至1997年是第一阶段。美俄两国将美国航天飞机与"和平"号空间站的7次对接飞行完成；每次都有一名美国航天员留在"和平"号上完成累计3年的工作。

第二阶段要达到有3人在轨工作的能力。从1998年6月开始至1999年6月完成，这是只有美俄两国参加完成的奠基工作阶段，美国的2个节点舱、俄罗斯的服务舱、美国的实验舱和俄罗斯的"联盟"号飞船与多功能货舱会分别发射入轨。站上将有初期科学研究所用的13个科研实验柜和10千瓦的电力。到本阶段结束时，空间站的核心部分将建成，达到有人照料的能力。

从1998年11月至2003年12月进行第三阶段的建设，达到6～7人在轨长期工作的能力。俄罗斯将把自己的"和平"号空间站上最后到位的光谱舱和自然舱移到国际空间站应用。美国的桁架结构、太阳能电池板、加拿大的移动服务系统、欧洲航天局的"哥伦布"实验舱、日本的实验舱和俄罗斯的桁架结构及太阳能电池板将会先后在此阶段组装。最后，发射美国的居住舱，自此国际空间站的建设装配彻底完工。

预计国际空间站建成后将会运行10年，到2012年它的寿命自然终结。而在整个10年中，美国将投入174亿美元的研制费，还有其他的参与国家投入的100亿美元研制费、110亿美元航天飞机和运载火箭运送装配构件的运送费，国际空间站总耗资将达514亿美元，10年间的运行费用也高达130亿美元。这是一笔多么惊人的资金啊！从此这一跨世纪的伟大航天器将为人类在21世纪观察地球和进行科学研究提供了一个前所未有的场地，为人类长期探索太阳系打开了大门，人类的生活条件将会大为改善，也为未来的地外旅行开辟了一条新路。

◈ "和平"号空间站在环绕地球轨道运行。